Über die Autorin:

Laura Weber ist ein Maikind der frühen achtziger Jahre. Schon in der Schulzeit schrieb sie Geschichten und gewann sogar einmal einen Schreibwettbewerb. Doch diese Leidenschaft wurde leider durch Studium und Beruf verschüttet – bis sie sich entschied, endlich ihren Traum vom Schreiben zu verwirklichen. Laura Weber ist verheiratet, hat zwei Töchter und lebt in einer deutschen Großstadt, in der sie sich sehr wohlfühlt.

LAURA WEBER

Das Glück wartet am Wegesrand

EIN JAKOBSWEG-ROMAN

BASTEI LÜBBE TASCHENBUCH
Band 17932

Dieser Titel ist auch als E-Book erschienen

Originalausgabe

Copyright © 2020 by Bastei Lübbe AG, Köln
Textredaktion: Wibke Sawatzki, Mainz
Umschlagmotive: © shutterstock: Arsenie Krasnevsky | trek6500 | Gena Melendrez
Umschlaggestaltung: Sandra Taufer, München
Satz: two-up, Düsseldorf
Gesetzt aus der Bembo
Druck und Verarbeitung: GGP Media GmbH, Pößneck
Printed in Germany

ISBN 978-3-404-17932-9

1 3 5 4 2

Sie finden uns im Internet unter www.luebbe.de
Bitte beachten Sie auch: www.lesejury.de

Für Anna

Ohne dich wäre ich diesen Weg nie gegangen.

Saint Jean Pied de Port, französisches Baskenland

Noch kann ich umkehren. Der Gedanke überfällt mich vor dem Eingang des mittelalterlichen Hauses, und ich atme tief durch. Ein Flügel der Holztür ist einladend geöffnet, bittet mich herein. *Will ich das hier wirklich machen?*, denke ich. Was, wenn ich mal wieder die falsche Entscheidung getroffen habe? Wenn mein Leben dadurch nicht besser wird, sondern schlimmer? Wenn ich Sachen über mich erfahre, die ich lieber nicht wissen will?

Ich seufze und blicke die Straße entlang. Kopfsteingepflastert führt sie bergauf, gesäumt von altertümlichen Steinhäusern mit roten und grünen Fensterläden. Menschen in Outdoorkleidung spazieren einzeln oder in Gruppen herum, die wenigen Einheimischen begegnen ihnen mit unverbindlicher Freundlichkeit. Die Bewohner der Häuser haben Blumenkübel aufgestellt, mit roten, weißen, gelben Blüten, die in der Aprilsonne leuchten. Es ist früher Nachmittag, und die Sonne strahlt, aber in der Luft hängt noch eine Ahnung von Winter. Ich spüre, wie sich die Härchen auf meiner Haut aufstellen und am Stoff meines Funktionsshirts reiben. Das Gefühl lässt mich frösteln. Trotzdem kann ich mich nicht überwinden, durch die Tür zu treten.

Eine Stimme in mir gibt Marc die Schuld daran, dass ich

hier stehe. Aber das stimmt leider nicht ganz. *Es gehören immer zwei dazu*, schießt mir durch den Kopf. Von den zweien bin eine nun mal ich. Oder vielmehr, *war* eine ich. Und ich werde nicht umkehren, denke ich tapfer. Ich habe meinen Entschluss nun einmal gefasst, und jetzt ist es an der Zeit, ihn umzusetzen. Hinter mir liegen bereits ein Flug in einem dieser unglaublich engen Billigflieger und eine Busfahrt vom Flughafen zum nächsten Bahnhof. Von dort aus ging es auf dem Gleis weiter. Auf der Zugfahrt konnte ich mich wenigstens in der bergigen, grünen Landschaft verlieren, die vor dem Fenster vorbeizog. Und jetzt bin ich am eigentlichen Anfang meiner Reise angekommen. Endlich. Schon. Jetzt wird es ernst. Mein Rückflug geht von Santiago, 800 Kilometer zu Fuß entfernt. Der Gedanke, einfach umzukehren, ist verlockend. Dann wäre ich Diana, die beinahe mal den Jakobsweg gegangen wäre.

Vielleicht schaue ich mir aber auch erstmal die Zitadelle an, zu der diese Straße, die *Rue de la Citadelle*, führt. Ist doch sicher viel interessanter als dieser bürokratische Akt hier im Pilgerbüro … *Nein*, ermahne ich mich, *ich gehe da jetzt rein*. Ich werfe einen letzten Blick auf das Symbol, das an der Eingangstür prangt und hier allgegenwärtig ist: gelbe Linien auf blauem Grund, die an einem Punkt zusammenlaufen. Es soll eine Jakobsmuschel darstellen und dient als Wegweiser entlang der Strecke.

Ich habe Glück, das Pilgerbüro ist bis auf einen Angestellten leer. Während ich draußen mit mir gehadert habe, sind mindestens vier Grüppchen aus der Tür gekommen, in der Hand ihre Pilgerausweise und die Jakobsmuscheln, die sie sich um den Hals oder an ihren Rucksack hängen werden, damit jeder es sehen kann: Dies sind keine Wanderer, dies sind Pilger. Sie gehen denselben Weg, der schon seit Jahrhunderten von

Tausenden, wahrscheinlich Millionen von Menschen aus den verschiedensten Gründen beschritten worden ist: Besinnung, Abkehr, die Suche nach einer Antwort, die früher einfach Gott hieß. Heute ist das wohl alles etwas komplizierter. Glaube ich.

Ob der Weg auch für mich eine Lösung bringt? Oder ist die schon längst vorhanden, und ich muss sie nur finden? *Wäre ja schön, wenn ich mir dafür keine Blasen laufen müsste*, meldet sich mein inneres Faultier wieder zu Wort. Ich schiebe es gedanklich beiseite und frage mich stattdessen, ob es einen Kodex gibt, bestimmte Verhaltensregeln, die mit dem Tragen der Jakobsmuschel einhergehen. Ich will hier schließlich alles richtig machen.

Den Angestellten im Pilgerbüro kann ich jedenfalls nicht fragen – die Sprachbarriere. Er begrüßt mich freundlich auf Französisch. Mein bisschen Schulfranzösisch ist über zehn Jahre alt, und nur noch traurige Reste sind davon vorhanden. Als er merkt, dass ich nichts verstehe, macht er nicht etwa Anstalten, ins Englische zu wechseln, sondern holt lediglich den Pilgerausweis hervor, den er mir hinhält. Es ist ein Faltblatt mit gelbem Deckblatt, auf dem meine persönlichen Daten eingetragen werden sollen und in dem ansonsten die Stempel der Pilgerstationen gesammelt werden, so viel weiß ich schon. Der Angestellte zeigt auf den Kugelschreiber, der auf seinem Tisch steht. Ich trage meine Daten ein. Daraufhin nimmt er den Ausweis und knallt dermaßen laut einen Stempel darauf, dass der ganze Tisch wackelt. Ich zucke zusammen. Es kommt mir vor, als ob gerade mein Schicksal besiegelt worden wäre.

Meine Stimmung kippt. Oder vielmehr ist es so, als ob die selbstverständliche, ruppige Art des Franzosen einen Vorhang beiseite reißt – den letzten Schleier, der mir selbst verhüllt hat, wie viel Schiss ich vor dem habe, was mir bevorsteht. Der

Mann drückt mir den Pilgerausweis in die Hände. Sein Lächeln kommt mir falsch vor. Er sagt etwas auf Französisch, von dem ich nur »Bon chemin!« – Guten Weg – verstehe. Ich murmele eine Verabschiedung und drehe mich um, nur um vor einem Ständer mit Jakobsmuscheln in allen Farben und Größen zu stehen. Brauche ich jetzt auch so eine? Es sind so viele! Mein Blick springt hektisch über die rötlichen, grauweißen oder in Bonbonfarben eingefärbten Muschelschalen, und ich versuche, eine Entscheidung zu treffen. Mein Atem geht schneller, mir wird heiß. Mir dreht sich alles. Nichts wie raus hier!

Ehe ich mich versehe, stehe ich ohne Muschel wieder vor dem Pilgerbüro auf der Straße, blicke auf den Ausweis in meiner Hand und versuche zu verstehen, was gerade passiert ist. Mit leerem Blick starre ich auf das Kopfsteinpflaster, spüre den kalten Schweiß auf meiner Stirn prickeln.

Wie von selbst tragen mich meine Füße den Berg hinauf, bis ich schließlich vor dem Tor der alten Festungsanlage stehe. Eine Brücke führt über einen Wassergraben dorthin. Ich merke, wie sehr ich außer Atem bin. Ist es die Steigung, oder ist es das Gefühl der Panik, das sich in meiner Brust ausgebreitet hat? *Atme, Diana*, ermahne ich mich.

Während ich mit vermutlich rotem Gesicht und starrem Blick versuche, meine Atmung in den Griff zu bekommen, schlendert ein Mann aus der Zitadelle auf mich zu. Er ist groß, schlank und trägt wie fast alle hier eine Outdoor-Kluft. Die graue Trekkinghose und die dunkelblaue Funktionsjacke sehen an ihm irgendwie unglaublich elegant aus. Vielleicht ist es die Art, wie er geht: beiläufig, doch gleichzeitig würdevoll. Als er näher kommt, kann ich sein Gesicht erkennen. Ich glaube, mich trifft der Schlag – das ist der schönste Mann, den ich je gesehen habe! Sein Antlitz – das ist wirklich das Wort, was mir in den Sinn kommt – ist wie aus Marmor gemeißelt. Elegante Nase, hübsches Kinn, volle Lippen. Seine sanften Augen sind verhangen, er scheint in Gedanken versunken zu sein. Unwillkürlich frage ich mich, was ihn gerade bewegt – es ist nur eine kleine senkrechte Falte zwischen seinen Augenbrauen, die mir zuflüstert, dass ihm gerade irgendetwas zu schaffen macht. In dem Moment trifft sein Blick auf mich, und ein offenes Lächeln stiehlt sich auf sein Gesicht.

»Na, auch noch die Zitadelle besichtigen, bevor es morgen richtig losgeht?«, fragt er munter auf Deutsch.

»Nein, ich …«, stammele ich. Woher weiß er, dass ich deutsch spreche? Verwirrt schaue ich ihn an, sehe seine braunen Augen, die angesichts meiner Unbeholfenheit amüsiert funkeln.

»Ich war im selben Flieger wie du«, grinst er. »Ich bin Raphael.«

Was? Das kann doch gar nicht sein! Jemand wie er wäre mir doch sicher aufgefallen, oder? Aber bevor ich mich darüber allzu sehr wundern kann, geht mir auf, dass *ich ihm* aufgefallen bin, und bei dem Gedanken wird mir jetzt doch etwas warm. Ich spüre, wie die Röte in mein Gesicht zurückkehrt. Nur diesmal aus einem angenehmeren Grund. »Ah … Didi.« Ich lächle nervös und strecke ihm unbeholfen die Hand hin. »Eigentlich Diana.«

»Ein schöner Name.« Er erwidert den Handschlag. Seine Hand ist feingliedrig, aber warm und kräftig. »Diana, die römische Göttin der Jagd. Mich haben meine Eltern nach dem Erzengel Raphael benannt.«

Oha. Das ist jetzt nicht ganz das, was ich erwartet habe. »Also sind sie sehr christlich, deine Eltern?«, wage ich mich vorsichtig vor.

»Kann man so sagen«, entgegnet er. »Und das ist auch in Ordnung, sie sind keine Fundamentalisten, falls du das glaubst. Der Name Raphael bedeutet ›Gott heilt‹. Raphael ist der Schutzpatron der Kranken und Apotheker, und mein Vater ist Apotheker, also … Aber ich schätze, der Name passt auch zum Jakobsweg, denn Raphael ist ebenso der Schutzpatron der Pilger. Jedenfalls war ich schon öfter hier, und wer weiß? Vielleicht hat mein Name damit zu tun.«

Smalltalk ist wohl nicht so Raphaels Ding. Kurz denke ich, dass dieser Mann genauso gut selbst ein Engel sein könnte, so wie er aussieht. Aber das kann ja nicht sein, dann wäre sein Vater nicht Apotheker, sondern … hm, Gott? Haben Engel überhaupt Eltern? Meine Güte, es ist schon erschreckend, wie wenig Ahnung ich von dieser ganzen Religionssache habe. Vierzig Jahre real existierender Sozialismus haben wohl ihre Spuren bei meinen Eltern und damit in meiner Erziehung hinterlassen.

Jedenfalls beeindruckend, was er alles über seinen Namen weiß. Und über meinen, wobei mich meine Mutter höchstwahrscheinlich nach Prinzessin Diana benannt hat. Nicht, dass ich sie mir je zum Vorbild genommen hätte, obwohl ich gewisse Parallelen zu mir erkenne. Bevor das jetzt eingebildet klingt: Ich meine eher ihr verkorkstes Privatleben. Wenigstens lebe ich noch.

»Aber genug von mir«, sagt Raphael. Mein Blick muss glasig geworden sein, während ich über englische Royals nachgedacht habe. »Was ist mit dir? Warum bist du hier?«

Mein Blick wandert zum Fenster, das ich nur verschwommen sehe. Draußen dämmert es bereits. Die Tage werden jetzt wieder länger, aber es ist immer noch kalt.

»Dann gehe ich jetzt wohl besser«, sage ich mit tränenerstickter Stimme.

Ich hasse es, dass sie so klingt.

»Tu das«, erwidert Marc. Ich mustere seine blauen Augen. Er meint es ernst. Er meint es wirklich ernst, und ich bin so neben mir, dass ich noch nicht einmal die Kraft habe, mich darüber aufzuregen. Drei Jahre, schießt es mir durch den Kopf. Drei Jahre meines Lebens habe ich mit ihm verbracht, und das soll jetzt einfach so vorbei sein? Ich weiß ja, dass alles nicht mehr so toll ist wie damals, als wir verliebt waren und alles ganz leicht erschien. Jetzt ist es kompliziert. Eigentlich war es immer schon irgendwie kompliziert. Das ist halt das Leben. Aber damals hat uns das nichts ausgemacht. Wann hat das aufgehört?

So leicht will ich jedenfalls nicht aufgeben.

»Ich …«, stammele ich und schlucke, um meine Stimme wiederzubekommen. »Ich kann nicht glauben, dass du es einfach so beenden willst.«

Kurz sehe ich in Marcs Augen etwas, das darauf hindeutet, dass ihm das hier nah geht. »Würde ich auch lieber nicht. Wem macht so etwas schon Spaß?«, entgegnet er dann.

»Darum geht es dir? Um Spaß?«, frage ich aufgebracht.

»Das habe ich nicht gesagt. Es ist halt alles nicht mehr so wie früher.«

Das hat er also auch gemerkt. Ich spüre, wie ich wütend werde. »Aber was du gemacht hast, geht einfach nicht. So kann man keine Beziehung führen.«

»Ich weiß«, sagt Marc, und mit einem Mal liegen Schmerz

und Bedauern in seinem Blick. »Ich wollte dir nicht wehtun. Es ist ... einfach so passiert.«

Soll ich das glauben? Er wirkt so aufrichtig. Aber Marc ist es gewohnt, zu sagen, was andere hören wollen. Ich habe gedacht, zumindest mir sagt er immer die Wahrheit. Bis vor einer Woche.

»Was schlägst du also vor?«, frage ich.

Marc antwortet nicht, sondern blickt sich in der Wohnung um. Ich folge seinem Blick über die teure Ledercouchgarnitur, den riesigen Flatscreen, den viel zu großen Esstisch aus Walnussholz, den Designer-Kronleuchter darüber.

Schließlich finden seine Augen mich.

»Du musst doch selbst merken, dass es aus ist zwischen uns«, sagt Marc. »Das hat doch alles keinen Sinn mehr.«

Und da ist es wieder, das Gespenst, das mich schon seit Monaten verfolgt: Trennung. »Aber ...«, sage ich reflexhaft und verstumme sofort wieder. Aber was? Ich weiß eigentlich, dass er recht hat. Und es ärgert mich, dass nicht ich es bin, die den Mut hatte, diese Worte auszusprechen. »Und jetzt?«, frage ich.

»Ach Didi, muss ich denn alles für dich ausbuchstabieren? Du nimmst dir jetzt erst mal ein Hotelzimmer, und am Wochenende holst du deine Sachen ab. Das muss hier doch alles kein Drama sein. Wir sind uns doch einig. Oder siehst du das etwa anders?«

Das ist Marc. Lösungsorientiert und pragmatisch. Das fand ich mal gut, ein Gegengewicht zu meiner Unentschlossenheit. Aber ich möchte kein Problem sein, das gelöst wird. Und im Moment möchte ich am liebsten meine nicht lösungsorientierte Wut über seine Kaltschnäuzigkeit wie eine Vase auf seinem Kopf zerschlagen.

»Tolle Idee«, erwidere ich. »Und wovon soll ich das Hotel bezahlen, bitte?«

»Kein Problem«, sagt Marc. »Ich gebe dir Geld. Das bin ich dir schuldig.«

Ich weiß schon, wie das klingt. Das Problem ist nur: Ich habe beinahe meine ganzen Ersparnisse in mein Fortbildungsstudium gesteckt. Master of Business Administration, ein Management-Studium. Es ist an einer dieser wirklich teuren Privatunis, und es war billiger, für alle Semester im Voraus zu bezahlen. Ich hatte etwas Geld zurückgelegt, aber so viel nun auch wieder nicht. Doch ich wollte für meine Ausbildung selbst bezahlen, schließlich bin ich eine selbstständige Frau. Ich würde bloß bei Marc wohnen, das war alles. Nur dass es in der Praxis natürlich nicht so war: Er ist einen Lebensstil gewohnt, der so teuer ist, dass ich von meinem mageren Bafög kaum etwas dazu beitragen konnte. Also bezahlte er bald so gut wie alles. Vielleicht ist das auch Teil des Problems. Bestimmt sogar. Aber es ist so einfach, so bequem, sich von ihm etwas zustecken zu lassen, wenn mal wieder Ebbe auf meinem Konto herrscht.

»Du entscheidest also, was du mir schuldig bist?«

»Warum drehst du mir ständig die Worte im Mund herum?«

»Vielleicht, weil du mich angelogen hast?«

Marc bläst die Backen auf und lässt die Luft mit einem Stoß entweichen. »Willst du das Geld oder nicht?

Wer bezahlt, entscheidet. Das ist so ein Marc-Spruch, den er wohlweislich nie an mich gerichtet hat, sondern immer nur benutzt, wenn er über einen Kunden geredet hat. Dass er das jetzt über Bord wirft, ärgert mich, aber nicht so sehr, wie es mich ärgert, dass er so tut, als ob ihm das nicht gefallen würde. Ich weiß, dass er sich dabei ganz groß fühlt. Für ihn ist das eine Win-win-Situation. Aber es gehören halt zwei dazu – eine, die die falschen Entscheidungen trifft, und einer, der sie darin bestärkt: Du brauchst doch nicht nebenbei zu arbeiten, Didi. Konzentrier dich lieber auf dein Studium. Ich freu mich, wenn du abends Zeit für mich hast, statt über deinen Büchern zu hängen. Der Weg ins große, echte Leben, dachte ich lange, aber eigentlich war es der perfekte goldene Käfig.

»Nein«, sage ich. »Will ich nicht. Aber du weißt genau, dass ich keine andere Wahl habe.«

»Geh doch zu deiner Mutter«, sagt Marc da.

Nein. Da kann ich jetzt unmöglich einfach so auftauchen.

»Du …« Mir fallen gleichzeitig tausend Begriffe und doch keiner für ihn ein. Die Luft entweicht aus mir – wie aus einem Schlauchboot, in das jemand ein Loch gestochen hat. Ich blicke den Mann an, der vor mir steht, sein selbstgefälliges Grinsen. Der Marc, in den ich mich verliebt habe, war nicht so.

Soll ich wirklich dieses Geld nehmen? Wozu würde mich das machen? Marc hat mir immer wieder erzählt, wie billig er die Frauen findet, die nur auf sein Geld stehen, und betont, dass es mit mir ganz anders sei. Das habe ich immer geglaubt, aber natürlich wollte ich das auch hören. Mittlerweile denke ich, dass er mit so einer oberflächlichen Tussi besser dran ist.

»Ach, scheiß drauf«, mache ich mit einer wegwerfenden Handbewegung. Dann ist es eben Schmerzensgeld. Und es ist ja nicht so, als ob Marc nicht genug davon hätte.

Der Moment, in dem ich dastehe und zusehe, wie er mir Fünfziger und Hunderter in die Hand zählt, ist trotzdem wahnsinnig unangenehm. Als würde ein Preis an unsere Trennung, an unsere ganze Beziehung geheftet.

»So, tausend Euro, das sollte für ein paar Nächte reichen. Wenn du mehr brauchst, sag Bescheid. Wir sehen uns ja am Wochenende.«

Für ein Hotelzimmer ist das eine ordentliche Summe, und trotzdem fühlt es sich schäbig an. Doch mit Marc ist darüber gerade nicht zu reden, das sehe ich genau. Der will mich jetzt einfach nur loswerden.

Ich blicke ihn ein letztes Mal an – vernichtend, wie ich hoffe, aber wem mache ich was vor? –, öffne die Tür und schlage sie hinter mir zu. Das ist das Souveränste, zu dem ich im Moment in der Lage bin. Ich fühle mich dumm, klein und leer. Was jetzt?

2 Saint Jean Pied de Port

»Warum ich hier bin? Ach, nur so. Ich hab so viel Gutes vom Jakobsweg gehört, da wollte ich mir den mal selbst anschauen«, lüge ich Raphael ins Gesicht. Dessen Augenbrauen wandern nach oben, und er runzelt die Stirn.

»Weißt du was? Das glaube ich dir nicht«, sagt er dann geradeheraus.

Mir klappt die Kinnlade herunter. Wie bitte? Ich meine, okay, ich bin eine schlechte Lügnerin. Bis jetzt habe ich das für etwas Gutes gehalten, aber ich will eben nicht erzählen, was der wahre Grund dafür ist, dass ich hier bin. Das hat niemanden zu interessieren außer mich. Und schon gar nicht diesen Verschnitt von Michelangelos David, der da vor mir steht.

»Das geht dich gar nichts an«, blaffe ich Raphael also entgegen. Der blickt mich beinahe erschrocken an. Na toll, jetzt denkt er bestimmt, ich hätte wer weiß was für ein dunkles Geheimnis oder gar ein Trauma. Und ganz so schlimm steht es ja auch wieder nicht um mich, oder?

»Klar«, beeilt er sich zu sagen. »Entschuldige. Jeder geht damit anders um.«

»Stimmt«, sage ich bloß und schaue ihn an.

Raphael runzelt wieder die Stirn. Es steht ihm. Sein schönes Gesicht wirkt plötzlich gleichzeitig weise und neugierig, wie er mich so anschaut, den Kopf zur Seite gelegt, und versucht, das Rätsel um diese Frau mit der Stupsnase und den zum Pferdeschwanz gebundenen schulterlangen Haaren zu lösen, die da vor ihm steht. Als ob ich eine mathematische Gleichung wäre. Von klarer, eleganter Schönheit.

»Tja, also ...«, beginnt Raphael.

»Ja.«

»Ich geh dann mal ... in die Herberge. Ähm. In den Schlafsaal. Vielleicht ... sieht man sich mal«, stottert er.

Also, wer so redet, kann jedenfalls kein Engel sein, egal wie überirdisch gut er aussieht. Aber vor allem: War das gerade etwa eine Anmache? Oder sagt man das so unter Pilgern?

»Klar«, erwidere ich leichthin. »Aber heute nicht mehr, ich übernachte zur Feier des Tages in einem Einzelzimmer.«

»Ah, ja, das empfiehlt sich. Also dann, einen guten Schlaf und eine gute erste Etappe!« Raphael scheint sich wieder gefangen zu haben. »Und viel Spaß in der Zitadelle!«

Nachdem wir uns verabschiedet haben, überquere ich die Brücke, die über den Festungsgraben führt, löse ein Ticket und betrete das burgähnliche Gemäuer. Es ist ein mächtiger Bau, ein umgebautes Schloss, wie mir eine Tafel verrät. Auf dem Exerzierhof im Inneren schaue ich mich um. Ich sehe die alten Steine, aber es will mir nicht gelingen, mir die Menschen vorzustellen, die einst darin gelebt haben. Stattdessen sehe ich mich selbst, wie ich nach dem Streit mit Marc heulend durch die kalten Straßen gelaufen bin, bis es Nacht war. Die tausend Euro wogen schwer in meiner Tasche, und es wäre so einfach gewesen, einfach in eine der hell erleuchteten Lobbys zu spazieren und ein Zimmer zu verlangen. Es wäre genau das, was Marc getan hätte; vielleicht habe ich es deswegen nicht gemacht. Stattdessen ging mir meine Mutter im Kopf herum. Ich war mir ziemlich sicher, dass sie es unsinnig finden würde, so viel Geld auszugeben, wo sie doch bestimmt noch einen Platz für mich hatte. Aber ganz sicher war ich mir nicht. Andererseits wäre sie wahrscheinlich ziemlich froh, die Nachricht von unserer Trennung zu hören.

Schließlich landete ich also verheult und durchgefroren im Haus meiner Mutter. Das heißt, in ihrer Wohnung im neunten Stock. Ich muss ihr hoch anrechnen, dass sie mich ohne zu zögern hereingebeten hat, nach dem, was ich ihr knapp drei Jahre zuvor an den Kopf geworfen hatte, als ich mit großem Getöse angekündigt hatte, zu Marc zu ziehen.

Und jetzt stehe ich auf diesem Festungshof im französischen Baskenland und frage mich erneut, warum ich mich überhaupt je auf Marc eingelassen habe. Tja, hinterher ist man immer schlauer. Aber das ist nicht die ganze Wahrheit, es gehören – wie gesagt – zwei dazu.

Allerdings bin ich nicht bereit, dem nächstbesten Mann, der mich danach fragt, mein Herz ausschütten. Auch wenn er so unglaublich gutaussehend ist, dass die Bezeichnung »Nächstbester« ihm einfach nicht gerecht wird. Aber bin ich wirklich so leicht zu durchschauen? Es lässt mich nicht los: Wer ist dieser Mann, der einfach so dahergelaufen kommt und nicht akzeptieren will, dass ich ohne besonderen Grund hier wandere? Weil es alle machen, weil die Landschaft so schön ist. Vielleicht sollte ich doch mit ihm darüber reden? Nein, es geht darum, mein Leben wieder in den Griff zu bekommen, und das muss ich doch wohl zuerst einmal mit mir selbst ausmachen! Mir schießt durch den Kopf, was meine Freundin Alex gesagt hat: »Die Lösung wird zu dir kommen.«

Ach, Alex. Noch so eine Baustelle.

Ich habe noch von Deutschland aus ein schönes Zimmer ganz für mich allein gebucht. Die Aussicht, sechs Wochen lang in Schlafsälen mit lauter verschwitzten, schnarchenden Pilgern zu übernachten, ist nicht gerade verlockend. Dennoch habe ich es vor. Nicht, weil ich ein »Superpilger« bin, ein Wort, das ich in manchen Foren gelesen habe, sondern schlicht, weil es sonst zu teuer ist. Aber die heutige Nacht gebe ich mir als Galgenfrist.

Ich kehre ins Hotel zurück, wo mein Rucksack auf mich wartet. Im Zimmer schlüpfe ich in meine kuschelige Schlaf-Leggings, die zur Not auch als lange Unterwäsche herhalten wird – im April kann es hier noch ganz schön kalt sein, habe ich gelesen. Dann lege ich mich bäuchlings aufs Bett und lese in meinem Reiseführer, bis es Zeit fürs Abendessen ist. Die Etappe morgen wird ganz schön anstrengend, es geht über einen Pass in einen Ort namens Roncesvalles. Sieben Stunden Berg- und Talwanderung. Ich denke, bergab geht es leichter, auch wenn jeder, den ich gefragt habe, das Gegenteil behauptet hat. Keine Ahnung, das letzte Mal so lange am Stück gelaufen bin ich ... noch nie. Das sollte mich mindestens beunruhigen, doch eine seltsame Schicksalsergebenheit befällt mich. Ich werde schon nicht sterben, und wenn doch, dann wenigstens mit einem Mindestmaß an Stil und Tradition. Im Mittelalter sind die Menschen auf dieser Strecke bestimmt gestorben wie die Fliegen. Didi Lilienfeld, Heldin der Pyrenäen!

Vor dem Abendessen ziehe ich wieder meine Wanderklamotten an. Hätte ich Schminke mitgenommen, würde ich jetzt welche auftragen. Albern, denke ich. Erstens sähe es bescheuert aus – Rouge zum Funktionsshirt! Und zweitens, wen will ich damit überhaupt beeindrucken? Ich meine, klar, es gibt solche Frauen, einige habe ich heute schon im Ort gesehen, aber zu denen will ich lieber nicht gehören.

Ich steige die enge Treppe hinunter in den mit einfachen Brettern verkleideten Speisesaal. Er ist rustikal, aber gemütlich. Von draußen fällt das schwächer werdende Licht des Abends hinein. Es gibt nur zwei Gerichte, die auf einer Schiefertafel neben der Durchreiche zur Küche stehen: Poulet basquaise, baskisches Huhn, und ein Ratatouille für die Vegetarier. Ich winke der übergewichtigen, herzlichen Frau mittleren Alters zu, die ich schon von der Rezeption kenne, und bestelle in meinem Schulfranzösisch das Huhn. Sie nickt, brüllt etwas in die Küche und bringt mir wie selbstverständlich Brot, Wasser und eine kleine Karaffe mit Rotwein.

Ich gieße mir etwas von dem Wein ein, atme tief durch und lehne mich zurück. Durch das Fenster sehe ich die Berggipfel, hinter denen die Sonne bereits versunken ist. Da werde ich morgen hochlaufen. Darauf nehme ich einen Schluck von dem Wein, der kräftig, aber gut ist. Ich habe mir den Reiseführer als Lektüre mitgenommen, doch ich denke, jetzt ist eher seelische Vorbereitung angesagt.

»Ist hier noch frei?«, reißt mich eine Stimme aus meinen Gedanken. Sie gehört einem gut gebauten und hochgewachsenen Mann, der mich aus blauen Augen anlächelt und auf den Stuhl mir gegenüber zeigt. Ich schaue links und rechts an ihm vorbei und sehe, dass noch einige Tische unbesetzt sind. »Ich esse nicht gern allein«, erklärt er.

»Ähm, ja, also, gern. Bitte.« Mit einer Hand weise ich auf den Stuhl. Wortgewandt wie immer, Diana. Zu meiner Verteidigung: Ich musste gleichzeitig überlegen, ob ich wirklich so deutsch aussehe, weil er mich direkt auf Deutsch angesprochen hat, bis mir auffiel, dass mein Reiseführer mich verraten hat.

»Danke«, sagt er und nimmt Platz. »Eric.«

»Diana. Aber die meisten nennen mich Didi.«

»Diana – ein schöner Name«, meint er. Ich muss grinsen.
»Was?«
»Nichts«, entgegne ich. »Hab ich bloß heute schon mal gehört.«
»Oh, dann war das wohl nicht so originell. Stimmt aber.« Ohne meine Reaktion abzuwarten, dreht er sich zu der Bedienung, die sich uns genähert hat, und bestellt in für meine Ohren gutem Französisch ebenfalls das Huhn. Und fragt die Frau noch etwas dazu.
»Was hast du zu ihr gesagt?«
»Ich habe sie gefragt, woher das Huhn kommt.«
»Und?«
»Hier aus dem Dorf, von einem der Bauern. Ist das nicht toll? Hier wird nicht groß über Zutaten aus der Region geredet, man benutzt einfach, was da ist. Ich wette, es schmeckt hervorragend!«
»Na ja, es ist baskisches Huhn, und wir sind im Baskenland. Man sollte annehmen, dass sie ihre eigenen Hühner nehmen und das Gericht auch ganz gut können.«
»Aber das ist nicht selbstverständlich.« Eric lächelt verschmitzt. »In Deutschland würden da mindestens drei Gütesiegel auf der Speisekarte stehen. Und das heißt noch nicht einmal, dass auch stimmt, was diese Siegel einem vormachen wollen. Oft kann man den Unterschied schmecken, aber den meisten fällt es nicht auf, weil sie nichts anderes gewohnt sind.«
Oh je, ein Ernährungsfanatiker. »Na, du kennst dich ja aus«, bemerke ich und schaffe es gerade so, den genervten Tonfall aus meiner Stimme herauszuhalten.
Er lächelt. »Tut mir leid, Berufskrankheit. Ich bin Koch. Derzeit allerdings ohne Anstellung und auf der Suche nach Inspiration.«

Ich muss über seine direkte Art grinsen. »Inspiration wofür?«, frage ich dann. »Willst du hier auf dem Jakobsweg die Landesküche erforschen?«

»Auch, aber das meiste kann man notfalls nachlesen. Nein, ich brauche eine Inspiration für mein Leben.«

Ah, und schon sind wir wieder beim Thema. Es scheint so, als müsste ich mich damit abfinden, dass die Leute hier frei von der Seele weg erzählen, was sie gerade wirklich beschäftigt. Was ja eigentlich etwas Gutes ist, aber es fühlt sich sehr ungewohnt an.

Eric allerdings hat mich neugierig gemacht. Und das liegt keinesfalls an seinem geheimnisvollen Lächeln. Oder an seinen Händen, die gleichzeitig sanft und kraftvoll wirken und mit denen er seine Aussagen unterstreicht. Nein.

»Wie meinst du das?«, frage ich.

»Ach, ich war auf dem besten Weg, mein Leben in Hotel- oder Großküchen zu verheizen. Das ist ein echter Knochenjob, und das wollte ich nicht mehr.«

»Und dann hast du gekündigt und bist losgefahren?«

»So ungefähr. Und du, wenn ich fragen darf?«

Ausgerechnet Eric möchte ich jetzt nicht von meiner gescheiterten Beziehung und den anderen Baustellen in meinem Leben erzählen. Gott sei Dank rettet mich unsere Gastgeberin, die in diesem Moment mit zwei dampfenden Tellern an den Tisch tritt. Auf jedem Teller liegen zwei Hühnerschenkel in einer Paprikasauce neben einem Riesenhaufen Reis. Eine Garnierung gibt es nicht.

»Und, was ist das Urteil des Fachmanns?«, frage ich grinsend.

»Erstmal probieren.« Er trennt mit der Gabel ein Stück Fleisch von einem der Schenkel, hebt es mit ein wenig Soße an den Mund und pustet sorgfältig darauf, bevor er kostet und die Augen schließt. Er schluckt, und dann beginnt er zu husten.

»O Gott, so schlimm?« Ich gieße ein wenig Wasser ein und halte es ihm hin.

»Nein«, bringt er röchelnd und mit hervorquellenden Augen hervor. »Es ist himmlisch!«

Ich muss lachen. »Nein, wirklich«, beteuert Eric. »Ich hab mich verschluckt ... Oje, ich hoffe, der Koch hat das nicht mitbekommen!« Er nimmt einen Schluck Wasser, und sein Anfall scheint vorbei zu sein. »Probier mal. Achte darauf, wieviel Geschmack das Hühnchen hat – gar nicht zu vergleichen mit denen aus dem Supermarkt!«

Ich tue, was er sagt, und er hat recht: Zuerst schmecke ich das fruchtige, leicht säuerliche Tomatenaroma, in das sich die Süße der Paprika mischt. Das Huhn ist perfekt, es zerfällt im Mund und schmeckt angenehm erdig, ein wenig nach Getreide, und bildet die Grundlage für die leichte Schärfe, die danach kommt. Als ich Eric meine Eindrücke mitteile, hebt er überrascht die Augenbrauen.

»Bist du etwa auch vom Fach, oder wo hast du gelernt, so über Essen zu reden?«

»Nein«, erwidere ich. »Ich esse einfach gern. Und ich hab mal in einer Werbeagentur gearbeitet. Da lernt man, Sachen schönzureden. Nicht, dass man hier besonders viel schönreden müsste. Außer der Präsentation vielleicht.«

»Stimmt«, lacht er. »Die fällt in die Kategorie ›rustikal‹. Also dann, auf das perfekte baskische Huhn und auf einen guten Jakobsweg.« Er hebt sein Weinglas.

Ich stoße mit ihm an. Seine Augen sind wirklich verdammt blau (meine sind langweilig braun, wie mir gerade wieder bewusst wird) und sitzen in einem Gesicht, das man nur markant nennen kann. Nicht so glatt und ätherisch schön wie das von Raphael, aber definitiv attraktiv. Eine gerade Nase thront über einer kräftigen und doch nicht massigen Kieferpartie, die in ein entschlossen wirkendes Kinn ausläuft. Darüber liegt ein Bartschatten, und trotzdem kann man Grübchen in seinen Wangen erkennen, wenn er, wie jetzt, lächelt. »Guten Appetit«, sage ich.

Während des Essens gelangen wir relativ schnell wieder auf das Thema Jakobsweg. Eric fragt nicht noch einmal nach, warum ich hier bin, und ich glaube, dass das aus Takt geschieht und nicht, weil er es vergessen hat oder es ihn nicht interessiert. Dazu fragt er mich zu sehr über mein Leben in Deutschland aus. Ich erzähle ihm von meinem Marketing-Studium und davon, dass ich es mit einem Kellnerjob finanziert habe.

»Dann hast du also Gastronomie-Erfahrung«, wirft Eric ein.

»Wenn du es so nennen willst. Aber das war eher eine Kneipe. Das aufwendigste Gericht dort war aufgemotzte Tiefkühlpizza.«

»Na gut, und was hast du dann mit deinem Studium und deinen Tiefkühlpizza-Kenntnissen angefangen?«

»Ich habe einen Job in einer Werbeagentur bekommen. Aber da habe ich mich nach nicht mal zwei Jahren wieder verabschiedet, um einen Masterstudiengang in Business Administration zu machen.«

Zum Glück fragt Eric nicht nach meinen genauen Lebensumständen, sondern nur, ob mir mein Studium gefällt. Da kann ich bei der Wahrheit bleiben: Nein, es gefällt mir nicht. Mit meinen überheblichen, kaltschnäuzigen Kommilitonen komme ich nicht zurecht, und die Studieninhalte sind bei weitem nicht so spannend, wie ich mir das vorgestellt hatte. Ich erwähne nicht, was für eine Rolle Marc bei der Entscheidung, wieder zu studieren, und bei der Wahl des Studienfachs gespielt hat. Ich lasse Marc komplett aus.

Bald kommen wir wieder auf das Thema Jakobsweg, und Eric erzählt, dass er gehört habe, jeder würde mindestens einmal während des Weges weinen, und er fragt sich, ob es bei ihm so weit kommt, und wenn ja, wann. Er sei sonst ja eigentlich nicht so der emotionale Typ, und er denke auch eigentlich nicht, dass er irgendwann weinen würde. Typisch Mann eben. Aber irgendwie auch sexy. Und wenn ich es mir recht überlege, hat er mir bisher noch nicht erzählt, was für eine Art von Inspiration er sich genau hier erhofft. Es ist, als ob hinter seiner offenen Art noch eine tiefere Schicht liegt, die er mir noch nicht offenbart. Und obwohl ich das absolut respektiere, weil ich ja genauso drauf bin, macht es mich ziemlich neugierig. Aber ich frage nicht, ebenso wie er nicht fragt.

Stattdessen erzählen wir uns gegenseitig unverbindlich von der Magie des Jakobswegs, die wir beide noch nicht kennengelernt haben. In dem Moment, als ich erwähne, dass ich mir hier zur Feier des ersten Abends ein Einzelzimmer genommen habe, merke ich, dass ich beginne zu flirten, ohne es zu wollen. Ich schaue ihm in die Augen, die genauso blau sind wie Marcs, aber sonst ganz anders. Herzlicher. Wärmer. Natürlicher. Ich lache, lege den Kopf zur Seite. Was mache ich denn hier? Heute Nachmittag habe ich mir noch geschworen, mich von Männern fernzuhalten und erstmal mein Leben auf die Kette zu bringen. Und jetzt sitze ich hier, spüre, wie mir der Wein zu Kopfe steigt und mir am ganzen Körper wohlig warm wird.

Es ist nicht so, als ob ich machtlos gegen ihn wäre. Ich könnte einfach aufstehen, mich verabschieden und schlafen gehen, aber kaum taucht dieser Gedanke am Horizont auf, ist er auch schon wieder verschwunden. Nach dem ganzen Mist, den ich in Deutschland hinter mir gelassen habe, genieße ich einfach diesen schönen Abend. Ich habe irgendwie das Gefühl, mir das hier verdient zu haben. Das Gespräch läuft wie von selbst, mir gefällt dieser Eric, und ich will noch ein bisschen länger mit ihm hier sitzen. Ich gefalle ihm auch, das kann ich an der Art sehen, wie er mir lange in die Augen schaut. Wie sein Blick über meinen Körper wandert. Der Rotwein hat uns beide in eine wohlige Stimmung versetzt. Als wir gleichzeitig nach der Flasche greifen, berühren sich unsere Hände. Ewige Sekunden lang lässt Eric seine Hand auf meiner.

»Wird langsam spät«, bemerke ich heiser.

»Naja«, grinst Eric. »Zehn Uhr. Aber du hast recht. Morgen heißt es früh aufstehen. Mein Wecker klingelt um sechs.«

»Meiner auch«, gebe ich zurück. »Wir sollten jetzt ins Bett gehen.«

Eric blickt mich eine Spur zu lange an. »Gut«, sagt er dann. Nachdem wir gezahlt haben, steigen wir die enge Treppe hoch, ich vor ihm. Ob er mir wohl gerade auf den Hintern guckt? Ich hab da so ein Gefühl ... Gleichzeitig überlege ich, wie sein Hintern wohl aussieht. Wie er sich anfühlen würde. Bestimmt gut ... Vor meinem Zimmer halte ich an.

»Tja, dann ...«, beginne ich und komme nicht weiter, weil Eric sich mir nähert und langsam, fast zaghaft seine Lippen auf meine legt. Er riecht männlich, herb und aufregend. Ich kann nicht anders, als den Kuss zu erwidern. Ich spüre meinen Puls in mir klopfen, er durchfährt meinen ganzen Körper, und meine Knie werden weich. Es ist ein guter Kuss, ein wirklich wahnsinnig guter Kuss, der langsam anfängt und sich dann steigert, bis Eric mir mit der Zunge zwischen die Lippen fährt und mich an die geschlossene Tür drängt.

Als ich den Widerstand im Rücken spüre, halte ich inne.

Drei Jahre alte Erinnerungen schießen mir durch den Kopf. Mit einem Mal bin ich wieder nüchtern. Was mache ich hier eigentlich? Ich bin doch nicht hier, um mich direkt in die nächste Männergeschichte zu stürzen, so spannend das jetzt auch gerade wäre. Verdammt noch mal, ich bin hier, um mich selbst zu finden, und nicht Eric, den Koch! Wie soll das funktionieren, wenn ich mir nicht vertrauen kann, die richtigen Entscheidungen zu treffen?

Bevor Eric auch nur merken kann, was in mir vorgeht, schiebe ich ihn grob von mir weg. Verwirrt blinzelt er mich an.

»Nein«, beginne ich und frage mich, was ich als Nächstes sagen soll. »Das ... geht nicht. Ich ... deswegen bin ich nicht hier. Gute Nacht.« Und damit drehe ich mich um und fummele den Schlüssel ins Schloss meiner Tür. Ich höre Eric hinter mir stammeln, dass es ihm leidtäte und dass er gedacht hätte. Nur was er gedacht hat, das will ihm gerade nicht einfallen. Wie auch, mit so etwas konnte er ja nun wirklich nicht rechnen. Aber ich kann nicht anders. Als die Tür hinter mir ins Schloss fällt, höre ich nur noch ein lahmes »Gute Nacht«.

Ich befinde mich in einem Konferenzraum der Eminent Bank. Links neben mir sitzt Herr Schirnfeldt – »der Mirko«, wie er immer betont. Dahinter zappelt Bianca, unsere aktuelle Praktikantin, aufgeregt auf ihrem Stuhl. Sie ist wirklich hirn- und ahnungslos, sieht aber umwerfend aus. Ein wandelndes Klischee, die Gute. Deswegen hat »der Mirko« sie mitgenommen – nachdem er ihr unmissverständlich klargemacht hat, dass sie hier durchs Zusehen lernen soll und dass ihr Input heute nicht erwünscht ist.

Wir sollen heute ein Marketingkonzept präsentieren, das der Eminent Bank hilft, sich als sozial engagiertes Unternehmen zu positionieren. Es geht darum, hat Schirnfeldt erklärt, dass die Eminent auf Lebensmittelpreise spekuliert und dass es Leute gibt, die sich darüber empören, weil sich dadurch Hunger und Armut in Entwicklungsländern verschlimmern. Das sei zwar umstritten, sagte Schirnfeldt, aber falls die Eminent ins Gerede gerate, sei die Faktenlage egal. Jedenfalls ginge es heute um einen Riesenetat, der uns allen auf Monate, wenn nicht Jahre die Brötchen zahlen würde.

Also sitze ich in diesem mit grauen Lochplatten verkleideten Raum an einem Resopaltisch und versuche, mir einzureden, dass das Geld, das im Rahmen unserer Kampagne an die Welthungerhilfe gehen soll, besser ist als gar nichts. Die Tür geht auf, und drei Banker in Anzügen treten ein. Na gut, der eine ist nicht so schneidig, und sein Anzug sitzt etwas eigenartig. Wahrscheinlich der Praktikant. Aber die anderen beiden sehen gut aus. Vor allem derjenige, der als Erster den Raum betritt. Seine Haare sind gescheitelt und haben einen seidigen Glanz. Sein Lächeln ist professionell, aber seine Augen haben ein Funkeln, das nicht nur Willensstärke, sondern auch eine gewisse Tiefe verrät.

Wir schütteln einander die Hände, stellen uns vor und setzen uns an den Tisch. Der Gutaussehende, der sich als Marc Schneider vorgestellt hat, ist der Wortführer. Er ist eloquent, gewandt. Normalerweise würde ich ihn aalglatt finden, aber seine verbindliche Art zieht mich in ihren Bann. Irgendwann blickt er mich an, und ich merke, dass ich ihn angestarrt habe. Schnell schlage ich die Augen nieder und tue so, als würde ich mir eine Notiz machen. Als ich wieder aufschaue, zwinkert Marc Schneider mir zu.

Ich weiß auch nicht, wieso, aber Männer, die so selbstsicher sind, finde ich einfach attraktiv. Vielleicht, weil ich zwar zielstrebig und fleißig bin und es damit immerhin bis in diesen Konferenzraum gebracht habe, mich hier aber eigentlich wie eine Betrügerin fühle, die das Erwachsensein und das große Business nur spielt.

Die Verhandlungen gehen gut, Schirnfeldt und Schneider sind sich in den meisten Punkten einig. Bald ist das Meeting vorbei, und alle erheben sich, um einander erneut die Hände zu schütteln.

Als wir den Raum verlassen, nimmt mich Marc Schneider zur Seite. »Sagen Sie, würden Sie heute Abend mit mir essen gehen?«

Wie bitte? Ich blicke nervös zur Seite, doch die anderen sind damit beschäftigt, irgendein Detail des Konzepts noch einmal zu erörtern.

»Sie meinen, um unsere Geschäftsbeziehung zu feiern?«, entgegne ich ironisch und komme mir extrem durchtrieben vor.

»Nein, völlig privat«, antwortet er gelassen lächelnd. »Also, wie sieht's aus? Im *Chez Martin*, sieben Uhr? Wo kann ich Sie abholen?«

So überrumpelt bin ich von seiner Unbefangenheit und seinem frechen Charme, dass ich ihm meine Adresse nenne. Ich bin positiv überrascht, dass er nicht Bianca gefragt hat, die definitiv der größere Hingucker ist. Und ich bin froh, dass »der Mirko« nichts mitbekommen hat, auch wenn er dieses Treffen sicher im Sinne der Kundenbindung gutheißen würde.

Wie versprochen werde ich um sieben abgeholt. Mein Date sieht super aus – er hat den Anzug gewechselt und trägt jetzt ein extravagantes, teuer aussehendes Modell. Und seine Manieren sind formvollendet: Zuerst sagt er mir, dass ich hinreißend aussehe, und dann, dass er sich freuen würde, wenn wir uns heute Abend duzen könnten. Anschließend erklärt er mir, was für ein Fabrikat sein Luxuswagen ist, denn ich erkenne es nicht und frage aus Höflichkeit. Irgendwas Seltenes, Englisches. Er hält mir die Tür auf, und ich steige ein.

Das Lokal ist der Wahnsinn. Ich habe schon davon gehört, und obwohl ich mein elegantestes Kleid angezogen habe, komme ich mir underdressed vor. An den großzügig im Raum verteilten Tischen speisen Menschen, denen man schon von Weitem ansieht, dass sie sich auf der Sonnenseite des Lebens befinden.

»Ist das da nicht Bürgermeister Jürgens?«, flüstere ich Marc zu und nicke möglichst unauffällig in Richtung eines Anzugträgers im mittleren Alter, der mit einer attraktiven Frau an einem Zweiertisch sitzt.

»Ja, und sie ist nicht seine Frau«, raunt Marc mir vielsagend zu. Er ist so weltläufig, dass ich mich an seiner Seite wie in einer Schutzblase fühle.

Während des Essens – fünf Gänge, kleinste Portionen – erzählt Marc von seinem Job. Es klingt, als ob er in dieser Bank ganz schön Karriere macht. Aber er stellt es so dar, als ob das Geld nur ein angenehmer Nebeneffekt wäre. »Ich mag es einfach, das große Rad zu drehen«, sagt Marc. »Wenn meine Entscheidungen Konsequenzen haben. Aber es ist auch eine große Verantwortung. Das ist nicht immer schön, man muss es schon wirklich wollen.« Ich glaube, wenn sich dieser Mann etwas in den Kopf gesetzt hat, lässt er nicht mehr locker, bis er es bekommt. Ob das wohl auch mich betrifft?

Sein Job interessiert mich allerdings nicht so richtig, und als er das merkt, erzählt er, dass er am Wochenende zum Pferderennen gehen würde, ob ich da nicht mitkommen wolle. Da würde er auch seine Freunde treffen, die seien zwar alle etwas bescheuert, aber eben seine Freunde. Das klingt irgendwie liebenswert, also sage ich zu. Marc wirkt schon beinahe unerbittlich perfekt, aber er hat anscheinend auch eine menschliche Seite.

»Darf ich dich was fragen?«, wage ich mich vor.

»Na klar, alles.« Er lächelt mich erwartungsvoll an.

Ich hole tief Luft. Es ist mir unangenehm, das zu fragen, aber ich muss es wissen: »Warum ich?«

Marc legt den Kopf schief. »Warum ich mit dir ausgehe?«

»Ja. Versteh mich nicht falsch, ich versuche nicht, nach Komplimenten zu angeln, aber … du hättest zum Beispiel auch Bianca fragen können, die sieht doch viel besser aus.«

»Eure Praktikantin?« Marc lacht. »Ich bitte dich. Ja, sie ist hübsch, aber das war's auch schon. Kein Charme, kein Witz, keine Klasse.« *Ganz im Gegensatz zu dir.* Diesen letzten Satz spricht er nicht aus. Und das muss er auch nicht. Die Botschaft ist angekommen, und ich spüre Hitze in mein Gesicht steigen. Ich freue mich, dass dieser Mann, der so ganz offensichtlich außerhalb meiner Liga spielt, ernsthaftes Interesse an mir zeigt. An mir, der Neuen in der Werbeagentur, die vor ein paar Monaten noch eine einfache Studentin war, die trotz Plattenbausiedlung, nicht vorhandenem Vater und frustrierter Mutter ihren Weg durchs Abitur und in den Bachelorstudiengang Werbe- und Kommunikationsmanagement gefunden hat, mit der Vorstellung, damit irgendwas in ihrem Leben anfangen zu können.

An diesem Abend jedoch bin ich eine andere. Alles läuft so perfekt, so reibungslos, dass ich denke: So sollte sich das Leben immer anfühlen. Ich bin glamourös. Ich bin schön. Marc gibt mir dieses Gefühl. Ich höre, wie aufreizend mein Lachen klingt. Einen Augenblick lang wirft mich das aus der Bahn, und ich wundere mich darüber, was mir gerade durch den Kopf geht. Doch der Gedanke verflüchtigt sich sofort, als ich sehe, wie sein Blick aufmerksam meinen Hals, mein Dekolleté streift.

Als wir schließlich das Restaurant verlassen und an seinem Auto ankommen, drängt er mich gegen die Tür des Wagens und küsst mich leidenschaftlich. Er geht ganz schön zur Sache, und er küsst gut, aber irgendwie wirkt es genauso unwirklich wie der restliche Abend. Schön und aufregend, aber wie in einem Traum. So, als ob ich mir selbst dabei zuschauen würde. Und irgendwie kommt es mir unanständig vor – nicht die Küsse, sondern die Verlockung, mich auf Marc und sein glamouröses Leben einzulassen. Wenn das überhaupt seine Absicht ist. Zweifellos will er, dass ich jetzt zu ihm nach Hause mitkomme, aber das kommt gar nicht in die Tüte. Marc merkt, dass ich nicht mehr so ganz bei der Sache bin. Bevor er fragen kann, was los ist, sage ich, dass ich nach Hause wolle, ich müsse schließlich früh raus morgen. Er akzeptiert, doch er entschuldigt sich nicht. Oh ja, dieser Mann wird nicht lockerlassen, bis er mich erobert hat.

3 Saint Jean Pied de Port – Roncesvalles

Als am nächsten Morgen der Wecker klingelt, kann ich kaum die Augen öffnen. Ich habe die halbe Nacht wachgelegen und fühle mich wie gerädert. Ich muss mich wirklich dringend von Eric fernhalten, wie auch von allen anderen Männern. Erst muss ich meinen emotionalen Ballast loswerden. Was könnte es dafür Besseres geben als sieben Stunden Bergwanderung?

Bevor ich anfangen kann, in Gedanken all das Bessere aufzuzählen, was mir spontan einfällt, husche ich schnell die Treppe hinunter in den Speisesaal. Man ist hier auf früh aufbrechende Pilger eingestellt, und so gibt es um kurz nach sechs schon Frühstück. Ich schmiere mir schnell ein Brötchen, das ich mit einer Tasse Kaffee herunterspüle, und dann noch zwei, die ich in eine Serviette einwickele und als Proviant mitnehme. Ich habe Glück, Eric lässt sich die ganze Zeit nicht blicken.

Oben schnüre ich dann meine Wanderstiefel, packe zusammen und breche auf. Es ist noch immer nicht ganz hell, als ich auf die Straße trete. Im Zwielicht und fast menschenleer wirkt der Ort wirklich wie aus der Zeit gefallen. Eigentlich interessant, dennoch fröstele ich. Die Kälte der Nacht kriecht unter mein Wanderfleece. Ich lege einen schnellen Schritt vor, meine Wanderstöcke klackern auf dem Kopfsteinpflaster. In wenigen Minuten habe ich das Stadttor erreicht, das von einem

Uhrenturm gekrönt wird. Ich überquere den Fluss, ein träge dahinfließendes Gewässer namens *Nive de Béhérobie*, wie mir ein Schild verrät. Dann laufe ich durch eine steil ansteigende Straße mit modernen Häusern. Mit jedem Schritt wird mir wärmer, und das fühlt sich gut an.

Ich konzentriere mich ganz aufs Gehen, auf das Spiel meiner Beinmuskeln, die Bewegungen meiner Arme. Ist es das, was die Leute so am Wandern fasziniert? Dass sich der Körper anfühlt wie eine funktionierende Maschine? Denn das ist die Assoziation, die ich im Moment habe. Kurz denke ich, dass das kalt klingt und dass ich lieber keine Maschine sein will, doch dann fällt mir auf, wie angenehm leer mein Kopf gerade ist. Prompt gerate ich mit meinen Wanderstöcken aus dem Takt. Bevor mein Kopf also wieder auf Gedanken kommt, besinne ich mich wieder auf meinen Gehrhythmus. Dass man so einer alltäglichen Tätigkeit so viel Aufmerksamkeit widmen kann!

Ich ahne, dass irgendwann heute der Punkt kommen wird, an dem ich nicht mehr weiterwill, aber gerade im Moment ist mir das egal. Ich will es jetzt wirklich wissen: Wo genau liegt meine Belastungsgrenze? Wann ist der Punkt erreicht, an dem es wirklich nicht mehr weitergeht? Denn, mal ehrlich, so verfahren mir mein Leben auch erscheint: Was könnte eine größere Ausweglosigkeit sein, als in den Bergen keinen Schritt mehr tun zu können, womöglich noch mitten in einem Unwetter? Na gut, nach einem Unwetter sieht es gerade wirklich nicht aus, der Himmel ist wolkenlos. Aber das Verrückte ist: Die Aussicht auf den Weg macht mir keine Angst. Irgendwo in mir drin gibt es dieses Urvertrauen, dass sich selbst in der schlimmsten Situation noch immer ein Ausweg findet. Dass jemand mir hilft. Oder mir etwas einfällt, womit ich mir selbst helfen kann. Ha! Die erste heilsame Erkenntnis dieser Reise. Na also, geht doch!

Während ich noch meinen Durchbruch feiere, führt der Weg durch ein kleines Wäldchen. Ich werde von einem Rascheln und Krachen im Unterholz aus meinen Gedanken gerissen, und als ich aufschaue, sehe ich, wie sich Raphael einen Weg in Richtung Straße bahnt.

»Ach, hallo!«, rufe ich. Er muss die ganze Zeit kurz vor mir gewesen sein und hat wohl eine Pause gemacht, um in die Büsche zu pinkeln. Auch wenn die Vorstellung, dass dieser edel aussehende Mann die gleichen Körperfunktionen wie jeder normale Mensch hat, irgendwie nicht in meinen Kopf will.

»Ah … äh«, macht Raphael, der sich wahrscheinlich fragt, wie viel ich gesehen habe.

»Dass wir uns so schnell wiedersehen, hätte ich jetzt wirklich nicht gedacht«, biete ich ihm einen Ausweg aus seiner Verlegenheit an.

»Ja«, lächelt er dankbar, »das kann hier schnell gehen. Laufen wir ein Stück zusammen?«

Ich lächle und weise einladend auf den Weg. Dass ich eigentlich mit Männern nichts mehr zu tun haben wollte, fällt mir erst wieder ein, als wir schon losgelaufen sind. Aber seine Unbeholfenheit hat mich das wohl kurz vergessen lassen.

Außerdem versucht er, kaum dass wir ein paar Schritte gegangen sind, noch einmal, sich für seine Frage von gestern zu entschuldigen.

»Ach, vergiss es«, sage ich in versöhnlichem Tonfall. »Ist schon in Ordnung und wirklich nicht deine Schuld. Ich will bloß einfach nicht drüber reden.«

Das scheint ihn zufriedenzustellen. Und so beginnt er, stattdessen von der Geschichte des Jakobswegs zu erzählen. Santiago, der Ort, an den wir pilgern, bedeutet Heiliger Jakob. Davon gab es zwei, beide waren Jünger Jesu, und der ältere hat angeblich auf der Iberischen Halbinsel missioniert. Das hat offensichtlich nicht besonders gut geklappt, denn er ist später in Jerusalem enthauptet worden. Aber die Spanier glauben fest daran, dass sein Leichnam nach Spanien überführt wurde und heute in Santiago de Compostela begraben liegt.

»Und was glaubst du?«, frage ich Raphael.

»Ich glaube, dass der Jakobsweg seit Jahrhunderten eine starke Inspiration für die Menschen ist. Ob die Gebeine wirklich in Santiago liegen, ist unerheblich. Der Glaube an sich zählt«, erwidert er.

»Glaubst du an Gott?«, frage ich unvermittelt. Wo kam das denn jetzt her? Ich bin nicht religiös erzogen worden, und bisher habe ich mit einem vagen »Ich glaube, dass da irgendetwas ist« ganz gut gelebt.

»Ja«, sagt Raphael, »tue ich. Um ehrlich zu sein, ich studiere sogar katholische Theologie.«

Wow, deswegen weiß er also so viel über diese ganzen Heiligen. Ich bin sprachlos. Einerseits bin ich wirklich kein Fan der katholischen Kirche, vor allem nicht ihres Frauenbilds, aber andererseits kann ich nicht anders, als ein wenig beeindruckt zu sein.

»Willst du etwa Priester werden?«, frage ich vorsichtig.

»Ich ... also, ich habe mich noch nicht entschieden«, erwidert Raphael. »Das ist einer der Gründe, warum ich hier bin.«

Habe ich jetzt etwa seinen wunden Punkt getroffen? »Verstehe ... man muss ja auch ziemlich viel dafür aufgeben, richtig?«

An Raphaels Gesichtsausdruck sehe ich, dass er eigentlich nicht darüber reden will. Aber er gibt sich einen Ruck und sagt: »Naja, nur Ehe, Kinder ... und Sex.« Er hebt eine Augenbraue und grinst mich an. »Aber man kriegt ja auch was dafür.«

»So, was denn?«

»Die Liebe und Nähe Gottes. Ich weiß schon, das klingt jetzt ziemlich platt. Ich vermute, da ist auch das gute Gefühl, für seine Gemeinde da zu sein. Anderen zu helfen.«

»Ich verstehe«, sage ich lahm. In Gedanken bin ich nämlich ganz weit weg. Ich kann nicht anders, als mir Raphael beim Sex vorzustellen. Einerseits sieht er jetzt nicht direkt aus wie ein feuriger Liebhaber. Aber andererseits wäre er mit Sicherheit sehr aufmerksam im Bett. Es wäre ihm wichtig, dass seine Partnerin genauso viel Spaß hat wie er selbst. Oder ... sein Partner? Ist er vielleicht schwul? So leichtfertig, wie er das mit Ehe und Kindern dahingesagt hat ... Oder tut er nur so, als ob ihm das nichts ausmacht? Er hat aber auch so eine sanfte Art und außerdem ein sehr gepflegtes Äußeres. Und über katholische Priester hört man ja auch so einiges ... Ach, Quatsch, Diana, vergiss doch diese blöden Klischees. Aber der Gedanke wird mich nicht mehr loslassen, das spüre ich.

Raphael lächelt. »Du findest die Idee, Priester zu werden, bestimmt bescheuert.«

»Hm? Nein, überhaupt nicht, das ist ... interessant. Ich habe mich bloß noch nie so recht damit befasst.«

Sein Lächeln wird breiter. »Aber wie gesagt, noch habe ich mich nicht entschieden.«

Wir laufen weiter, und während mir Raphael die wirklich spannende Geschichte des Jakobswegs erzählt, steigen wir immer höher in die Pyrenäen. An einem Café machen wir Rast. Die Aussicht ist beeindruckend: Vor der Terrasse breitet sich das Vorland der Pyrenäen aus, direkt vor uns ist ein steiler, grüner Hang, an dem Schafe weiden. Wir trinken etwas Wasser, und Raphael besorgt für uns beide Gebäck. Als wir es aufgegessen haben, drängt er auch schon zum Weiterlaufen: »Wer rastet, der rostet, Didi!« An jedem anderen Tag hätte ich ihn für diesen altmodischen Spruch aufgezogen und wäre sitzengeblieben, vor allem, da die ungewohnte Anstrengung mir mittlerweile wirklich zu schaffen macht. Aber ich möchte nicht, dass Eric uns einholt. Schließlich habe ich Vorsätze. Auch wenn ich sie mir gerade ein bisschen zurechtbiege. Aber Eric übt auf mich so eine animalische Anziehungskraft aus, und das kann ich wirklich nicht gebrauchen, wo ich mich doch gerade so gesittet unterhalte. Ehrlich gesagt wüsste ich nicht, was ich tun würde, wenn Eric plötzlich vor mir stünde. Also raffe ich mich auf.

»Wir haben das Schlimmste noch vor uns, oder?«, jammere ich.

»Stimmt«, bestätigt Raphael. Er klingt vergnügt. Kein Wunder, er scheint topfit zu sein und macht das hier alles schließlich nicht zum ersten Mal.

Und es wird wirklich schlimm. Nach einer weiteren Stunde Bergaufmarsch brennen meine Beine wie Feuer. Raphael erträgt tapfer mein Gequengel und versucht, mich mit Geschichten und Begebenheiten entlang des Weges abzulenken. Er zeigt mir ein Pferdeskelett, das die Geier abgenagt haben, die am Himmel kreisen und für die die Gegend hier berühmt ist. Ich erwidere, dass ich wahrscheinlich als Nächstes dran bin. Wir machen Pause an einem Brunnen, an dem ein Held namens Roland mit Karl dem Großen gerastet haben soll, als er unterwegs war, um Sarazenen zu erschlagen, die in Spanien eingefallen waren. Ich sage, Roland solle bitte nochmal zurückkommen und mich auch erschlagen. Raphael verweist auf die großartige Aussicht, das Wetter sei so gut, dass man ewig weit gucken könne. »Mir würde es schon reichen, wenn ich endlich Roncesvalles sehen könnte«, jammere ich.

Und endlich, endlich ist es so weit. Wir haben zwei Pässe überquert, und übrigens hatte ich unrecht: Bergab ist noch schlimmer als bergauf, meine Knie schmerzen, und ohne meine Wanderstöcke hätte ich den Weg mit Sicherheit gar nicht geschafft.

Roncesvalles ist ein kleiner Weiler, eigentlich nicht viel mehr als das Kloster gleichen Namens. Zuerst kommen wir an großen Mülltonnen vorbei, dann stehen wir vor dem massigen alten Gebäude, in dem wir heute übernachten werden. Ein Augustinerkloster aus dem 12. Jahrhundert, verrät mir Raphael, und ich nicke bedeutungsschwer.

Der Mönch, der uns in dem kleinen Büro erwartet, in dem man seinen Stempel im Pilgerpass erhält, und uns unsere paar Euros für das Bett abnimmt, hat bemerkenswert schlechte Laune, finde ich.

Als wir im Schlafsaal ankommen, glaube ich zu verstehen, warum. Wahrscheinlich beschwert sich jeder zweite, der hier übernachtet, bei ihm über irgendetwas. Der Saal hat bestimmt 100 Betten, ist hoch und zugig. Und auch wenn Raphael erzählt, wie toll es sei, dass man hier inmitten von 800 Jahren Geschichte übernachtet, kann ich dem nichts abgewinnen. »Du hast nicht zufällig Oropax dabei?«, frage ich. Das wird laut werden heute Nacht.

»Nein, tut mir leid«, sagt Raphael. »Aber irgendjemand wird dir bestimmt helfen können. Komm, wir gehen was essen, im Restaurant findest du bestimmt Pilger mit überschüssigen Ohrstöpseln!«

Das Restaurant, in das er mich führt, ist einfach, aber liebevoll eingerichtet. Unter den dunklen, schweren Deckenbalken sitzen zwischen den weißgetünchten Wänden auch schon eine ganze Menge Menschen in Outdoor-Kleidung. Ein Stimmengewirr erhebt sich, ich erkenne Englisch, Französisch, viel Deutsch. Es sitzen auch einige Asiaten da, aber von ihnen hört man nichts.

Raphael blickt sich um, als jemand seinen Namen ruft. An einem Tisch sitzt ein bunt zusammengewürfeltes Grüppchen, und ein rundlicher Mann mit grauen Haaren und roten Wangen winkt ihm zu.

»Hans«, ruft Raphael erfreut. »Wie schön, dich hier wiederzusehen! Das ist Diana«, er zeigt auf mich, »wir sind heute zusammen gelaufen. Hans habe ich letztes Jahr auf dem Weg kennengelernt«, erklärt er mir. »Ich wusste ja, dass du zur selben Zeit läufst, aber dass wir uns jetzt schon treffen!«

Hans begrüßt mich und stellt mir die anderen Leute am Tisch vor. Alle sind Deutsche, aber ansonsten scheinen sie nicht viel gemeinsam zu haben: Da sitzt ein junges Pärchen, Dominik und Steffi, vielleicht Anfang zwanzig, das aber nicht viel sagt. Hans hingegen ist sehr gesprächig, auch wenn ich seinen starken schwäbischen Dialekt kaum verstehe. Ihm gegenüber sitzt Jutta, eine hagere Frau Mitte fünfzig mit hennarotem Haar, die so beständig von der Magie und besonderen spirituellen Bedeutung des Jakobswegs redet, dass es sogar dem geduldigen Raphael offensichtlich zu viel wird. Aber er bleibt höflich.

Ich bin genauso schweigsam wie Dominik und Steffi und höre dem Gespräch zwischen Raphael, Hans und Jutta zu. Ziemlich bald sind die beiden Männer in ihre Erinnerungen an die gemeinsame Pilgerschaft vertieft. Ab und zu wendet sich Raphael an mich, zum Beispiel, um mir zu erzählen, dass der Spitzname seines Freundes »Formel Hans« sei, weil er so schnell wandere, auch wenn man ihm das gar nicht ansehe. Hans grinst mich stolz an, worauf ich höflich zurücklächele.

Es ist nicht direkt so, dass ich mich langweile. Ich merke nur, dass ich absolut fertig bin. Dieser Tag war so anstrengend, dass ich keine Energie mehr habe, um mich zu unterhalten. Also konzentriere ich mich auf mein Pilgermenü, das aus Vorspeise, Hauptgericht und Nachtisch besteht und für den günstigen Preis sogar recht schmackhaft ist. Dazu habe ich ein Glas Rotwein bestellt, der mir ziemlich schnell zu Kopfe steigt.

Wer sich hingegen bei dem Gespräch zwischen den Männern zu langweilen scheint, ist Jutta. Während ich gerade meinen Hauptgang auseinandernehme – Fleischbällchen in Tomatensoße mit Reis – wendet sie sich mir zu: »Und, was ist dein Anlass für diese spirituelle Reise? Wenn ich fragen darf«, setzt sie hinzu.

Sie darf, aber sie wird keine Antwort bekommen. Sogar für die halbe Wahrheit fehlt mir im Moment die Kraft. »Ach, nur so«, erwidere ich möglichst leichthin. »Alle reden davon, da wollte ich mal sehen, was dran ist.« Hoffentlich hat Raphael gerade nicht zugehört. Wir haben das Thema heute den ganzen Tag vermieden, aber dass ich Jutta dieselbe Lüge erzähle wie ihm, würde er wahrscheinlich zum Anlass nehmen, wieder darauf einzusteigen.

»Sei mir nicht böse, Diana, aber ich spüre bei dir ganz deutliche Schwingungen, dass du ein ungelöstes Problem mit dir herumträgst.« Jutta sieht mich eindringlich an. »Ein Beziehungsproblem?«

Das darf doch wohl nicht wahr sein! Bin ich hier für jeden ein offenes Buch, oder was? Ich meine, schon klar, vermutlich haben viele hier irgendein »ungelöstes Problem« in ihrem Leben, so ist das Leben nun mal, und dass es ein Beziehungsproblem ist, könnte Jutta einfach nur gut geraten haben. Zumal es ja nicht den Kern der Sache trifft: Die Beziehung ist nun einmal vorbei. Das Problem besteht eher darin, dass ich mich überhaupt für Marc und alles, wofür er steht, entschieden habe. Ich habe damals gezögert, und heute würde ich nichts lieber tun, als alles rückgängig zu machen. Und ich brauche wirklich jemanden, mit dem ich darüber reden kann, das ist mir schon klar. Aber doch nicht mit einer Wildfremden! Und es geht doch wohl nicht an, dass hier jeder, den ich treffe, gleich einen Seelenstriptease von mir will!

»Schwingungen?«, frage ich mit einem Tonfall, der deutlich machen soll, für wie beknackt ich diesen Eso-Quatsch halte. »Sorry, Jutta, da musst du dich irren. In meinem Leben ist alles in bester Ordnung.«

Ich sehe, wie Jutta versucht, ihre Enttäuschung zu verbergen. Ich vermute, sie hat auf ein weiteres Gespräch über die spirituelle Bedeutung des Jakobswegs gehofft. Tut mir leid, Jutta, heute nicht. »Ich hatte ja gehört, die Qualität dieser Pilgermenüs sei nicht so toll, aber das hier ist wirklich nicht schlecht«, fahre ich fort und zeige auf die Fleischbällchen. »Obwohl man ja sagt, dass Hunger der beste Koch ist. Und hungrig bin ich! Und der hier hilft auch!«, plappere ich und zeige auf den Rotwein.

Falls Jutta mich jetzt für eine oberflächliche Tussi hält, lässt sie sich das nicht anmerken, sondern steigt höflich auf das Thema der Qualität des Essens am Jakobsweg ein. Mehr schlecht als recht schaffe ich es, das Gespräch in Gang zu halten. Sogar Dominik und Steffi, die bei genauer Betrachtung genauso fertig zu sein scheinen wie ich, beteiligen sich ab und zu daran. Als ich mit meinem Nachtisch – roter Wackelpudding – fertig bin, stehe ich auf.

»Seid mir nicht böse, aber ich bin das Wandern nicht gewohnt, und diese Etappe hat mich echt fertiggemacht. Ich gehe schon mal zurück in die Herberge«, erkläre ich. »Ach, hat vielleicht jemand von euch Oropax, das er mir später geben kann?«

Jutta lächelt. »Ja, ich. Dieses Geschnarche in den Schlafsälen ist wirklich eine Geduldsprüfung. Hier, ich habe es sogar dabei«, sagt sie und reicht mir zwei Ohrstöpsel aus der Packung, die sie aus ihrer Bauchtasche zieht.

Ich bedanke mich, zahle und trete hinaus. Das Oropax, das Jutta mir gegeben hat, wiegt schwer in der Tasche meiner Funktionsjacke. Jetzt habe ich doch ein wenig ein schlechtes Gewissen, dass ich Jutta so habe auflaufen lassen. Sie hat es sicher nicht böse gemeint. Auch wenn ich finde, dass sie mit ihrer unverlangten esoterischen Analyse eindeutig eine Grenze überschritten und meine Privatsphäre verletzt hat. Aber eines ist klar: Über kurz oder lang werde ich mich hier jemandem anvertrauen. Ich könnte zwar immer wieder abblocken, aber es kommt mir vor, als ob dieser sanfte Druck, über seine Lebensthemen zu reden, Teil dessen ist, was diesen Weg – meinen Weg – ausmacht. Jetzt muss ich nur noch die richtige Person finden, der ich mich anvertrauen kann. Und ich habe auch schon eine Ahnung, wer das sein könnte.

Es ist noch nicht ganz dunkel, und im Zwielicht gehe ich den kurzen Weg zurück zur Herberge. Auch wenn ich wirklich völlig erledigt bin, muss ich lächeln. Ich habe die erste Etappe geschafft! Und mit Raphael war es heute wirklich nett. Er ist so ziemlich alles, was Marc nicht ist – bescheiden, einfühlsam, zurückhaltend, gelehrt.

Und als ich endlich im Bett liege und noch darüber nachdenke, dass ich ab morgen jeden Tag meine Socken und Unterhosen waschen muss, bin ich auch schon eingeschlafen.

Heute kommt Marcs neue Assistentin Sarah zum Essen. Er sagt, ich müsse sie unbedingt kennenlernen, sie sei total nett. Also habe ich ein Abendessen vorbereitet. Eigentlich hätte ich heute meine erste MBA-Vorlesung zum Thema Entscheidungsmodelle gehabt, aber ich habe mir eingeredet, dass in der ersten Vorlesung sowieso nie was Wichtiges passiert. Und ich kann mir die Inhalte immer noch online angucken.

Der Sommer ist vorbei, es ist Federweißer-Zeit, darum habe ich einen Zwiebelkuchen gezaubert. Diese Küchenzauberei ist ein dreckiges Geschäft, darauf hat mich meine Mutter nicht vorbereitet, aber so langsam werde ich ganz gut darin. Habe ich erwähnt, dass ich in letzter Zeit immer öfter koche? Wenn ich in der Küche stehe, kann ich alles andere vergessen. Marc lobt mein Essen stets, auch wenn es natürlich nicht so ist, dass ich kochen müsste. Wir könnten auch etwas bestellen. Es macht mir halt einfach Spaß.

Von der Küche aus höre ich, wie sich ein Schlüssel den Weg ins Türschloss bahnt. Kurz darauf erklingt undeutlich Marcs Stimme, und ich höre eine Frau bewundernd quietschen. Dann nähern sich Marcs Schritte und ein Stakkato von Stöckelschuhen. Ich habe gerade noch Zeit, die dreckige Schürze abzunehmen und mich umzudrehen, da steht er schon mit Sarah in der Tür.

Ich frage mich, ob er sie selbst eingestellt hat, und wenn ja, ob er sie nur nach ihrem Aussehen ausgesucht hat. Sie ist groß, fast so groß wie Marc (na gut, sie trägt Absätze, die mindestens zehn Zentimeter hoch sind), und kurvig. Ich bin mittelgroß und eher drahtig. Sie trägt ein ultramarinblaues, knappes Cocktailkleid, immerhin mit bedeckten Schultern, auf die eine blonde Mähne fällt. Geht sie so etwa zur Arbeit, oder hat sie sich noch irgendwo umgezogen? Über ihr Gesicht kann ich wenig sagen, es verschwindet hinter einer Maske aus Lippenstift, Rouge und Eyeliner. Sie ist so ziemlich das Gegenteil von mir mit meinem braunen Pagenschnitt, bis auf Wimperntusche ungeschminkt.

»Hallo«, strahlt sie. »Ich bin Sarah. Marc hat schon so viel von dir erzählt.«

Von dir auch, aber anscheinend nicht alles, denke ich und erwidere: »Wie schön, dass wir uns endlich kennenlernen!«

Sie drückt mir eine Flasche Sekt in die Hand, eine edel aussehende Marke, die ich nicht kenne. »Für die Dame des Hauses, zum Anstoßen«, sagt sie und kichert.

»Danke, das ist aber nett! Setzt euch doch schon mal nach drüben, ich bereite noch alles vor. Es gibt Zwiebelkuchen und Federweißen, ist doch jetzt Saison.«

Ein Schatten, den ich nicht deuten kann, huscht über Sarahs Gesicht. Dann blickt sie Marc an, der ihr den Weg ins Wohnzimmer weist.

Ich hasse sie schon jetzt.

Es wird den ganzen Abend nicht besser. So ziemlich alles, was Sarah sagt, ist darauf ausgelegt, sexy zu wirken. Ich merke, dass es bei Marc zu funktionieren scheint. Jedenfalls lässt er sich nicht anmerken, dass er die Maske durchschaut, aber nüchtern betrachtet verhält sich Sarah wie ein debiler Teenager. Sie nickt eifrig, wenn Marc etwas von der Arbeit erzählt, und regt sich mit ans Psychotische grenzender Heftigkeit über Promi-Klatsch auf, bei dem ich wenigstens einigermaßen mitreden kann. Ständig erzählt Sarah Geschichten, die ihr »unglaublich peinlich« waren, die sie aber eigentlich nur schlüpfrig erscheinen lassen, wie zum Beispiel die, in der sie mit zwei roten Stringtangas in der Hand einem Vorstand der Eminent, der offensichtlich seine Frau begleitet hat, in der Unterwäscheabteilung begegnet ist.

Ich frage mich: Wenn ihr das so peinlich ist, warum erzählt sie es dann uns, oder besser: Marc?

Denn mich schaut sie kaum an. Meinen Zwiebelkuchen würdigt sie mit einem knappen »lecker«, und ich bin sicher, sie ist besorgt, dass sie davon Blähungen bekommt, sich aber zu fein, das Thema anzusprechen. Eigentlich sieht sie so aus, als ob sie schon welche hätte, wenn sie das Essen nur anschaut. Folglich isst sie auch nur ein halbes Stück. »Eigentlich mache ich ja gerade Paleo«, erklärt sie. »Steinzeit-Ernährung: Viel Obst und Gemüse, Nüsse und Fleisch. Ich weiß schon, das ist ziemlich 2016, und es ist echt nicht leicht durchzuhalten, aber halt total gesund. Mir hat das ein völlig neues Körpergefühl verschafft!« Beim letzten Satz blickt sie Marc an. Ich nicke grimmig, während ich überlege, ob es den Alkohol, den sie in sich hineinschüttet, in der Steinzeit auch schon gab. *Ein Hoch auf das Hier und Jetzt*, denke ich und nehme selbst einen tiefen Schluck.

Und irgendwann ist dieser Abend endlich vorbei. Marc bringt Sarah zur Tür, während ich am großen Massivholz-Esstisch im Wohnzimmer die Teller und Gläser zusammenräume und mich frage, was das Ganze eigentlich sollte. Es war Marcs Idee gewesen, und auch wenn es mir seltsam erschienen war, seine Assistentin zum Essen einzuladen, wollte ich keine Spielverderberin sein. Und jetzt? Den ganzen Abend hatte sie nur Augen für ihn und hat mich schlechtgemacht.

Ich erinnere mich an eine Zeit, als ich mich an Marcs Seite schön und stark gefühlt habe und er mir zu verstehen gab, dass er das genauso sah. Es gab so einige Situationen, als wir noch an dem gemeinsamen Projekt gearbeitet haben – er für die Eminent und ich für Schirnfeldt –, in denen ich den ganzen Meetingraum unter Kontrolle hatte. In denen sogar der eingebildete Mirko anerkennend genickt hat. Und nach denen Marc und ich uns heimlich in sein Büro verzogen haben und heißen, wilden Sex hatten.

Das war die beste Zeit unserer Beziehung. Damals dachte ich sogar: Das ist die beste Zeit meines Lebens! Ich hatte meine anfänglichen Bedenken, mich auf Marc einzulassen, über Bord geworfen. Alle Einwände von Alex (»So ein arroganter Schmierlappen!«) und meiner Mutter (»Er tut dir nicht gut!«) habe ich beiseite gewischt. Und es fühlte sich gut an. Ich hatte eine Entscheidung getroffen und mein Leben selbst in die Hand genommen.

Aber das ist lange her. Jetzt sitze ich hier und beginne, den Weg zu bereuen, den ich eingeschlagen habe. Dass Marc diese Tussi hier anschleppt, trägt dazu bei. Steht er etwa auf die? Was ist aus »kein Charme, kein Witz, keine Klasse« geworden? Denn all das hat Sarah nun wirklich nicht.

Ich weiß genau, wenn ich Marc jetzt darauf anspreche, wird er sich herausreden und sagen, er wisse nicht, was ich meine, und ich solle nicht so paranoid sein. Wir werden uns streiten und wütend nebeneinander im Bett liegen. Marc wird bald einschlafen, während ich die ganze Nacht wachliege. Also halte ich die Klappe.

Und langsam beginne ich, mich zu fragen, ob ich nicht doch besser in der Werbeagentur geblieben wäre. Aber ich kann auf keinen Fall dorthin zurückkehren. Und irgendwie bringe ich die Energie nicht auf, mich woanders zu bewerben. Ich bin ja jetzt auch schon über anderthalb Jahre nicht mehr im Beruf. Wie soll ich das erklären? Wie schnell die Zeit vergeht!

Ich hatte gekündigt, weil mir alles auf die Nerven ging. Das Gehabe von Schirnfeldt und allen, die ihm in den Arsch gekrochen sind, die Intrigen der anderen Assistentinnen, wie sie da überschminkt mit zu kurzen Röcken und zu hohen Absätzen jeden Tag ins Büro gestelzt kamen, das Buckeln und Schmeicheln vor rechthaberischen Kunden. Alles eben. Doch als »der Mirko« mich fragte, warum ich gehen wollte, meine Arbeit wäre doch so vielversprechend, war mein Hauptargument, es sei unethisch, eine Bank wie die Eminent dabei zu unterstützen, ungehindert mit Lebensmitteln zu spekulieren. Zum Glück hatte ich meine Beziehung zu Marc bei der Arbeit immer geheim gehalten, das wäre sonst schwierig zu erklären gewesen. Ich wusste natürlich, wie verlogen diese Begründung war. Marc gegenüber hatte ich sie auch nicht erwähnt. Stattdessen hatte ich ihm nur von dem fürchterlichen Klima bei der Arbeit vorgejammert und dass es überhaupt viel besser sei, wenn ich mich fortbilden würde. Marc sagte, er würde mich unterstützen. Aus Bequemlichkeit und Angst vor der Konfrontation sagte ich niemandem die ganze Wahrheit.

Diese Wahrheit hat, wie immer, viele Facetten. Zum einen war es unangenehm, Marc bei der Arbeit zu treffen, wenn wir einen Termin bei der Eminent hatten. Aber damit wäre ich zurechtgekommen. Und natürlich gingen mir meine Kollegen auf die Nerven, aber das konnte ich natürlich nicht sagen. Obwohl mir die Arbeit an sich – das Erstellen von Marketingplänen, die Recherche – eigentlich Spaß machte. Aber ich wollte gerne eigenverantwortlich arbeiten. Und obwohl Schirnfeldt mich ermutigte, hatte ich so das Gefühl, dass ich in dieser Hinsicht in der Agentur nicht weit kommen würde. Da musste ich mir nur angucken, wer die Chefs waren, die die Entscheidungen trafen – allesamt Männer. Und die Frauen verließen die Agentur entweder recht schnell wieder, oder sie blieben irgendwo auf der mittleren Hierarchieebene stecken. Daher hatte ich mir – mit Marcs Unterstützung – den Plan zurechtgelegt, einen Master in Business Administration zu machen und dann oben wieder einzusteigen.

Ich kam also mit meinen vorgeschobenen Begründungen durch und fühlte mich noch heldenhaft – ich hätte schließlich auch sagen können, dass die Arbeit halt einfach nichts für mich sei. In den ersten Wochen war ich damit zufrieden, auf der Couch zu liegen und zu lesen, mich ab und zu mal in der Stadt mit einer unserer gemeinsamen Bekannten auf einen Kaffee oder zum Shoppen zu treffen und mich ansonsten auf Marc zu freuen, wenn er nach Hause kam. Schließlich hatte ich noch Zeit, bis mein Studium anfing.

4 Roncesvalles – Larrasoaña

Auch wenn ich vergessen habe, die Ohrstöpsel zu benutzen, habe ich geschlafen wie ein Baby. Mein erschöpfter Körper hat all die Schnarcher, die es mit Sicherheit gegeben hat, einfach ausgeblendet und seine Erholung eingefordert. Vage erinnere ich mich, geträumt zu haben, aber als ich versuche, mir den Traum vor Augen zu rufen, entgleitet er mir.

Wohlig will ich mich im Bett strecken, da merke ich schon, dass der gestrige Tag nicht spurlos an mir vorbeigegangen ist. Tausende Stiche wie von einem Nagelbrett prickeln in meinem Rücken. Und warum habe ich Muskelkater in den Armen?

Vorsichtig stehe ich auf und schreie fast los: Meine Beine stehen in Flammen! Steifbeinig wanke ich in das Gemeinschaftsbad. Es ist noch früh und nicht so voll, und das Wasser in den Duschen ist immerhin noch lauwarm. Es scheint, als hätte sich das frühe Zubettgehen gelohnt.

Als ich aus dem Bad komme, wartet Raphael an meinem Bett.

»Guten Morgen! Na, gut geschlafen?«, strahlt er mich an.

»Schon«, gebe ich zu, »aber mein Körper ist ein einziger Muskelkater.«

»Da hilft nur Weiterlaufen«, entgegnet Raphael ungerührt.

»Ich glaub, ich brauch erstmal einen Kaffee …«

»Tja, hier kriegst du den nicht. Höchstens im Restaurant von gestern. Aber ich sag dir was: Lass uns erstmal zwei Kilometer laufen, da gibt es ein schönes Café, und wir können mit dem guten Gefühl frühstücken, schon etwas geschafft zu haben!«

Ich überlege, dann lächle ich gequält. »Trägst du mich?«

»Wenn es sein muss«, stöhnt er gespielt entnervt und grinst dann. »Na komm!«

Also bin ich schon bald wieder mit Raphael auf der Landstraße. Die Sonne ist gerade erst aufgegangen und beginnt, die beißende Kälte der Nacht zu vertreiben. Wir spazieren an einer Kapelle vorbei, und am Ortsausgang verrät uns ein Schild, dass es noch 790 Kilometer bis nach Santiago de Compostela sind. Na, da ist es doch gut, dass ich schon so früh losgegangen bin! Ich lasse meinen Blick über die Bergketten am Horizont streifen, betrachte die aufblühende Frühlingsvegetation am Wegrand und habe ganz allgemein das Gefühl, dass es vorwärtsgeht. Trotz schmerzender Gliedmaßen.

Raphael und ich laufend schweigend, jeder in seine eigenen Gedanken versunken. Zwischen uns herrscht die stillschweigende Übereinkunft, dass das in Ordnung ist. Allerdings merke ich, dass Raphael gerne schneller laufen würde und sich meinetwegen ständig bremst. Und auch wenn die Landschaft sanfter und weniger anspruchsvoll zu wandern ist als gestern, bin ich langsamer. Es liegt nicht nur an meinen schmerzenden Beinen, sondern auch daran, dass ich die Stimmung so genieße.

Immer wieder muss ich Raphael verstohlen von der Seite anschauen. Im Profil sieht er noch edler aus als von vorne. Und wie er so federnd einen Fuß vor den nächsten setzt, schleicht sich wieder die Frage in meinen Kopf, wie er unter seinen Trekkingklamotten aussieht.

Irgendwann muss ich zu auffällig gestarrt haben, denn Raphael dreht sich zu mir. »Ist was?«, fragt er mit einem irritierten Lächeln.

»Nein«, grinse ich verschmitzt. »Nichts.«

Flirte ich etwa mit ihm? Und wäre das so schlimm? Ich meine, klar, ich wollte mich erstmal von Männern fernhalten. Aber Raphael ist zwar wunderschön, doch eigentlich nicht mein Typ. Außerdem wird er ja sowieso Priester, vielleicht jedenfalls, oder er ist womöglich schwul, oder beides zusammen. Jedenfalls richte ich bis auf Weiteres meinen Blick streng geradeaus und zwinge mich, die Landschaft zu genießen. Jetzt laufen wir gerade durch einen Laubwald. Die meisten Bäume kenne ich nicht, eigentlich kann ich nur die vereinzelten Birken identifizieren. Jedenfalls haben einige Stämme weiße Rinde – dann sind es doch Birken, oder?

Ich beginne mit Raphael ein Gespräch darüber, in dem sich zeigt, wie erschreckend niedrig mein Kenntnisstand auch hier ist. Als wir an dem Café ankommen, von dem er gesprochen hat, ist dort schon ganz schön was los. Seltsam, unterwegs haben wir so gut wie niemanden gesehen. Jedenfalls besorge ich mir als Erstes einen großen Milchkaffee, der hier *café con leche* heißt, und einen Toast mit Marmelade. Außerdem kaufe ich Proviant für unterwegs.

Während wir essen, erzählt mir Raphael, dass es einem französischen Priester aus dem 12. Jahrhundert namens Aymeric Picaud zu verdanken ist, dass der Jakobsweg heute noch genauso gegangen wird wie damals. Er hat fünf Bücher darüber geschrieben, heute würde man Reiseführer dazu sagen, und so die genaue Strecke definiert.

»Dann ist hier wohl im zwölften Jahrhundert eine Menge passiert, stimmt's?«, frage ich.

»Nicht nur zu der Zeit«, entgegnet Raphael. »Den Wallfahrtsort gab's ja schon vorher. Aber im 12. Jahrhundert begann man zu glauben, der heilige Jakob helfe im Kampf gegen die Muslime, die den Südteil der Iberischen Halbinsel eingenommen hatten. Und im 14. Jahrhundert war der Weg dann so populär, dass ihn angeblich eine Million Menschen gelaufen sind. Aber irgendwann ist er in Vergessenheit geraten, und erst seit der Jahrtausendwende ist hier wieder wirklich viel los.«

Dann erklärt mir Raphael noch, dass der Jakobsweg auch Milchstraße genannt wird, vielleicht, weil sich die Pilger früher nachts an den Sternen orientiert haben. Und ein Einsiedler namens Pelagius habe in der Gegend des heutigen Santiago mehrere Nächte in Folge seltsame Himmelszeichen beobachtet, weswegen die Stadt Compostela heißt, was Sternenfeld bedeutet.

»Sternenfeld, wie schön«, murmele ich. »Ich muss mir unbedingt die Sterne über Santiago anschauen, wenn ich dort bin. Vielleicht haben sie mir ja etwas zu sagen?« Das war jetzt aber mal eine Steilvorlage, mein lieber Raphael.

»Tja, gute Idee. Aber dieser Bezug zu den Sternen ist tatsächlich eher theologisch als astronomisch zu verstehen. Du wirst da wohl keine besonderen Sternschnuppen oder sowas sehen. Oder gar irgendeine astrologische Erleuchtung. Das ist eh Hokuspokus.«

Und du willst nicht zufällig mit mir die Sterne anschauen, unter streng theologischen Gesichtspunkten, versteht sich? »Aha. Gut, sollen wir dann mal weitergehen?«, frage ich stattdessen.

Raphael schaut überrascht, stimmt aber zu. Und so laufen wir weiter. Mal schweigen wir, mal reden wir über die Umgebung, und mal sprechen wir über das Leben im Allgemeinen und Besonderen. Ich habe nicht vor, Marc zu erwähnen. Schließlich bin ich hier, um Abstand von dieser ganzen Geschichte zu gewinnen! Aber Raphael ist wirklich einfühlsam und fragt nur so weit nach, wie es mir angenehm ist. Also erzähle ich ihm, dass ich mich in einer Umbruchsituation befinde, und das ist ja nicht mal gelogen – ich muss mir dringend überlegen, was ich machen soll, wenn ich wieder nach Deutschland komme. Soll ich mein Studium durchziehen, auch wenn es mir überhaupt nicht liegt? Und wie würde ich dabei meinen Lebensunterhalt bestreiten? Soll ich etwa einen Studienkredit aufnehmen? Für etwas, von dem ich nicht einmal sicher bin, ob ich es überhaupt beenden werde? Bei meiner Mutter kann ich jedenfalls nicht wohnen bleiben, so lieb ich sie auch habe. Wir würden uns gegenseitig in den Wahnsinn treiben, da bin ich mir sicher. Ich gebe uns maximal zwei Monate. Die Alternative wäre, mir wieder einen Job zu suchen. Allerdings nicht in meiner alten Firma, nach all dem, was ich ihnen beim Abschied an den Kopf geworfen habe. Gut, irgendeinen Job würde ich wohl finden, zur Not über eine Zeitarbeitsfirma oder so was. Aber ich habe das Gefühl, dass *irgendein* Job mich nicht glücklich machen würde. Ich meine, wenn ich schon neu anfangen muss, dann auch richtig, oder?

Aber am schlimmsten ist, dass ich Angst habe, schon wieder eine falsche Entscheidung zu treffen. Und die Tatsache, dass ich diese Entscheidung allein treffen muss, ist nicht etwa befreiend, sondern noch beängstigender. So viel zu Didi Lilienfeld, furchtlose Bezwingerin der Pyrenäen.

Raphael versucht, bei meinen beruflichen Überlegungen hilfreich zu sein – Marc erwähne ich immer noch nicht –, aber er kennt sich überhaupt nicht auf dem Arbeitsmarkt aus. So klug er ist, so weltfremd ist er manchmal auch. Allerdings gibt er wirklich sein Bestes, damit ich mich nicht schlecht fühle, als ich ihm mein Leid klage.

»Uns wird immer eingeredet, wir müssten es aus eigener Kraft schaffen, uns aus unserem Elend zu befreien«, sagt er. »Dabei stimmt das überhaupt nicht. Es ist nicht schlimm, Hilfe zu benötigen. Einige finden sie in Gott, andere in ihren Freunden oder ihrer Familie, oder in allem zusammen. Und ja, auch die finanzielle Hilfe des Staates gehört dazu. Jedenfalls brauchst du dir keine Sorgen zu machen, solange du jemanden hast, auf den du dich verlassen kannst.«

Tja, da fühle ich mich dann erst recht schlecht. Denn wen gibt es da? Marc kann ich ja wohl abschreiben. Die einzigen anderen Menschen, auf die ich mich verlassen konnte, waren meine Mutter und Alex. Und die habe ich mit Füßen getreten und gegen Bekannte eingetauscht, die vorgaben, meine Freunde zu sein. Und auch wenn meine Mutter mich bei sich wohnen lässt – wie früher ist es nicht mehr zwischen uns. Ganz abgesehen von meinem schlechten Gewissen. Wer weiß, ob wir jemals wieder so vertraut werden? Sie ist immer noch verletzt, das kann ich spüren. Ich hätte vor meiner Abreise mehr tun sollen, um unsere alte Vertrautheit wiederherzustellen. Doch ich habe es nicht hinbekommen, und das ist irgendwie meine Schuld. In einem flüchtigen Gedanken nehme ich mir vor, das zu ändern, sobald ich wieder in Deutschland bin.

»Das Problem ist, so jemanden habe ich nicht«, erkläre ich. »Es gab da einen Mann, aber ich glaube, er hat mich betrogen, auch wenn ich es nicht handfest beweisen kann. Es war eine ziemlich hässliche Trennung, und es sieht so aus, als hätte ich mein Leben ganz schön an die Wand gefahren. Und jetzt weiß ich nicht, wie ich weitermachen soll.« Jetzt ist es raus. Ich glaube, Raphael ist der Richtige, um so etwas zu erzählen. Irgendwas an seiner Art ist so ... aufmerksam. Er ist ein guter Zuhörer, man spürt, dass er einen ernst nimmt.

»Oh. Wie ist es denn dazu gekommen?« Raphael schaut mich mit aufrichtigem Mitleid an. Das ist nicht das, was ich will. Zumal er einen wunden Punkt getroffen hat.

»Ich will eigentlich nicht darüber reden«, sage ich.

Jetzt habe ich ihn verletzt. Und da ist noch etwas anderes in seinem Blick, das ich nicht ganz deuten kann. Aber Gott sei Dank merkt er, wie sehr mir das Thema zu schaffen macht, und bohrt nicht weiter nach.

Wir arbeiten uns weiter in Richtung unseres Etappenziels Larrasoaña vor.

Nach dem steilen Abstieg durch Wälder und vorbei an Feldern hin zum kleinen Örtchen Zubiri überqueren wir eine Brücke namens *puente de la rabia* – das heißt Tollwutbrücke, wie Raphael erklärt.

»Der Name kann aber nichts mit den Pilgern zu tun haben«, mutmaße ich. »Ich bin jedenfalls viel zu erschöpft, um noch toll zu wüten.«

Raphael lacht freundlich über meinen lahmen Witz. »Ich weiß auch nicht, wieso sie so heißt. Komm, wir ruhen uns etwas am Wasser aus!«

Der schmale Fluss heißt Rio Arga. Wir steigen die Böschung hinab, setzen uns ans Ufer und betrachten das alte Gemäuer der Brücke sowie das weißverputzte Haus gegenüber. Ich ziehe meine Wanderstiefel aus und kühle meine Füße in dem herrlich klaren, eiskalten Gewässer.

Träge blinzele ich in die Sonne und lasse meinen Blick zur Brücke schweifen, als ich plötzlich Eric darauf erblicke. Mist, er hat mich auch gesehen! Hoffentlich kommt er nicht herunter.

Er wird langsamer, schaut mich an. Doch dann hebt er nur eine Hand zum Gruß, lächelt scheu und beschleunigt wieder.

»Kennst du den?«, fragt Raphael neben mir.

Würde ich gern, schießt es mir unwillkürlich durch den Kopf. »Nee«, sage ich, »hab bloß in St. Jean kurz mit ihm gesprochen.« Das war jetzt eindeutig eine Notlüge!

Warum guckt Raphael auf einmal, als ob er mir nicht glauben würde? Bin ich etwa rot geworden? Ach, Mist, schon wieder schlecht gelogen! Jetzt muss ich Zeit schinden, wenn ich Eric nicht noch einmal begegnen will.

Ich strecke mich, dann stehe ich auf. Beinahe verliere ich auf den Kieseln des Flussbetts das Gleichgewicht. Raphael will schon aufspringen, doch dann fange ich mich.

»Warum ziehst du dir nicht auch mal die Schuhe aus?«, schlage ich Raphael vor

»Dann werden meine Füße nass.«

»Ja, das ist doch Sinn der Sache! Los, komm!« Das kühle Wasser des Bachs strömt um meine Waden und belebt mich. Doch Raphael guckt mich nur an und lächelt.

Also, so geht das nicht. Ohne Vorwarnung beuge ich mich vor und spritze ihm zwei Handvoll Wasser ins Gesicht.

»He!« Da ist ein Funkeln in seinen Augen. »Na warte!«

So schnell habe ich noch nie jemanden Wanderstiefel ausziehen sehen. Na gut, ich habe noch nie jemanden dabei beobachtet, aber Raphael verschwendet jedenfalls keine Millisekunde. Geübt öffnet er die Schleifen, schwingt mit ein, zwei schnellen Handgriffen die Senkel aus den Ösen, streift die Schuhe gleich mit den Socken ab. Es ist seltsam, aber aus seinen Bewegungen spricht keine Hast, sondern Dringlichkeit, gepaart mit der ihm eigenen Eleganz. Keine Bewegung zu viel.

Und während ich dastehe und mich frage, warum es mich so fasziniert, wie sich dieser Mann die Schuhe auszieht, springt er bereits mit einem Satz zu mir ins Wasser. Ich kriege einige Spritzer ab und quietsche vergnügt.

Wir stehen uns gegenüber, warten darauf, wer die erste Bewegung macht. Raphael lächelt immer noch, aber es ist nicht mehr das schüchterne Lächeln vom Ufer. Nein, er blickt mir direkt in die Augen, und sein Blick verrät seine Gedanken. Ich bin ziemlich sicher, dass sie mit mir zu tun haben und damit, was er jetzt gerne mit mir tun würde.

Doch das geht zu schnell. Mit dem Fuß spritze ich eine Wasserfontäne auf ihn und lache. Das heißt, ich will lachen – doch es bleibt mir im Hals stecken, denn ich rutsche auf den glatten Kieseln aus.

Einen kurzen Augenblick gerät die Welt aus dem Gleichgewicht. Ich spüre, wie ich ganz leicht werde und falle. Mein Körper wappnet sich bereits für den Aufprall.

Doch er kommt nicht. Es platscht und spritzt, und dann hält die Welt an. Über mir ist der blaue Himmel. Langsam senkt sich mein Blick auf Raphaels Gesicht. Seine braunen Augen sind vor Schreck weit geöffnet, doch jetzt wird sein Blick sanft. Ein zärtlicher Ausdruck schleicht sich hinein.

Mir wird bewusst, dass ich in Raphaels Armen liege und unter mir das Wasser rauscht. Ich senke den Blick noch ein Stück weiter auf seine Lippen, die sich fragend öffnen. Doch ich weiß keine Antwort. Ja? Nein? Vielleicht? Alles ist gerade richtig. Ich schließe die Augen. Doch ich spüre nur meinen Herzschlag, wie er hart und laut in meiner Brust hämmert.

Ja, denke ich, ja, welche Antwort könnte es sonst geben? Und in diesem Moment spüre ich auch schon seine Lippen auf meinen, sanft, tastend, fast zögerlich.

Mein Körper will seinen Kuss erwidern. Ich atme tief ein – Raphael riecht nach Sonne und ein wenig nach Pfefferminz. Wahrscheinlich ist es dieser Geruch, der mich in die Wirklichkeit zurückholt.

Unwillkürlich drehe ich den Kopf. Raphael reagiert sofort. Er zieht den Kopf zurück und stellt mich wieder auf die Füße.

»Entschuldigung«, murmelt er.

»Es gibt nichts, wofür du dich entschuldigen musst«, erwidere ich. Und das meine ich auch so. Schließlich habe ich auch schon darüber nachgedacht, ihn zu küssen. Und meine Andeutung mit dem Sternenfeld schießt mir durch den Kopf. »Es ist nur so, dass ich gerade erst mal mit mir selbst ins Reine kommen muss.«

»Selbstverständlich.« Raphael ist das personifizierte schlechte Gewissen. Keine Ahnung, wie viel Erfahrung er mit Frauen hat, aber es scheint ihm tatsächlich unangenehm zu sein, derart die Initiative ergriffen zu haben.

»Hör mal, vergessen wir es einfach«, versuche ich, es ihm leichter zu machen. »Ich meine, ich mag dich wirklich, und das war ein schöner Kuss. Aber können wir nicht einfach so tun, als ob du mich nicht aufgefangen hättest? Wenn du willst, lasse ich mich sogar in den Fluss fallen.«

Raphael lächelt gequält. »Ja, klar, wenn du willst ... Ähm, wäre es dir lieber, allein weiterzulaufen?«

»Nein, ich will gerne mit dir zusammen laufen. Es ist doch auch nicht mehr weit, oder?«

Raphael blickt mich verunsichert an. »Stimmt, es ist nicht mehr weit.«

Wir schnüren unsere Schuhe und machen uns wieder auf den Weg. An Eric denke ich jetzt nicht mehr, der Kuss von Raphael hat ihn völlig aus meinem Kopf vertrieben. Doch ich tue mein Bestes, um auch diese Gedanken zu überspielen und frage Raphael über die Geschichte des Jakobswegs und der Region aus. Er nimmt dankbar an und erzählt mir, dass Larrasoaña im 12. Jahrhundert das Stadtrecht der sogenannten Frankensiedlung erhielt, benannt nach den Franken, die auf dem Jakobsweg entlanggepilgert kamen, und dass sich dadurch auch das Stadtbild der entlang des Pilgerwegs gebauten Häuser erklärt. Doch ich höre nur mit einem Ohr zu, in meinem Kopf wird »Franken« zu »frank und frei«. Immer wieder wirbeln die Wörter durcheinander, frank und frei, verbunden mit dem Gedanken an Raphael.

Ohne weitere Küsse, sogar fast ohne peinliche Gesprächspausen, aber auch ohne dass ich mir irgendein Detail von Raphaels Erläuterungen gemerkt hätte, kommen wir etwa zwei Stunden später in Larrasoaña an. Von Eric keine Spur. Nicht einmal in der städtischen Herberge treffe ich ihn. Keine Ahnung, wo er steckt. Will ich auch gar nicht wissen. *Klar, Diana, red dir das nur ein*, sagt eine andere Stimme in mir.

Ich schlüpfe in meine Leggings und wasche meine Socken und Unterhosen in der Gemeinschafts-Waschküche. Eitelkeit ist auf dem Jakobsweg völlig fehl am Platze, das habe ich schnell gemerkt. Ich sehe schwielige Füße in Trekkingsandalen, fürchterlich gemusterte Outdoorhemden und ein Sammelsurium scheußlicher Haartrachten, vom Vokuhila mit Schnäuzer bis zur zotteligen Rastamähne. Um mich herum schwätzen die Pilger in allen Landessprachen, die Deutschen sind auch hier wieder zahlreich vertreten.

Ich habe mich mit Raphael zum Abendessen in einem kleinen Restaurant im Ort verabredet. Glücklicherweise ist auch hier keine Spur von Eric. Denn ich habe mir etwas überlegt, das ich Raphael in Ruhe mitteilen will.

»Hör mal«, beginne ich, als wir mit dem Nachtisch – Milchreis – fertig sind. »Es ist wirklich schön, mit dir zu laufen. Du weißt so viel, und unsere Gespräche tun mir echt gut. Aber ich glaube, ich brauche einfach ein wenig Zeit für mich. Bis auf Weiteres will ich lieber allein laufen. Außerdem bist du viel schneller. Ich merke doch, dass du dich die ganze Zeit meinetwegen bremst.« Das ist nur die halbe Wahrheit. Es gehört auch dazu, dass Raphael mich irritiert und ich ihn irgendwie nicht einsortieren kann. Die kurze Begegnung mit Eric und der Kuss heute haben mir das klargemacht. Und die Lösung für dieses Problem heißt »Abstand«.

»Ich bremse mich nicht«, erwidert Raphael. Nach einer kurzen Pause fügt er hinzu: »Also gut, vielleicht doch. Ich hab halt viel längere Beine als du.«

»Na, vielen Dank!«, sage ich gespielt empört.

»So meine ich das nicht«, windet er sich. »Damit will ich sagen, dass ich dich nicht als Bremse empfinde. Im Gegenteil. Ich komme zwar langsamer voran, aber ich finde deine Gegenwart extrem bereichernd!«

Das ist zwar etwas geschraubt ausgedrückt, aber irgendwie charmant. Auch wenn ich nicht verstehe, was genau an meiner Gegenwart so bereichernd sein soll. Das Gequengel, die Probleme oder die Selbstzweifel? Vielleicht hat er ja einen Helferkomplex.

»Danke, Raphael, wirklich. Sei mir nicht böse. Wir können ja Nummern austauschen.«

Raphael schaut mich mit seinen sanften braunen Augen verletzt an. Er will etwas sagen, und ich bin gespannt, was es sein wird.

»Es liegt an dem Kuss, oder?«

»Nein. Oder zumindest ... nicht wirklich. Ich hätte wahrscheinlich eine klarere Ansage machen sollen. Ich fand es eigentlich ...« ganz gut, wie du mich geküsst hast, will ich sagen, aber ich kann mich gerade noch bremsen. Damit würde ich alles nur noch komplizierter machen. Und das Gegenteil davon will ich.

»Lass es uns vergessen, Raphael, bitte. Das ist vielleicht viel verlangt, aber anders geht es für mich im Moment nicht.«

Raphael mustert mich nachdenklich. »Schade«, bringt er schließlich hervor. »Aber wie gesagt, jeder geht mit seinem Weg anders um. Das muss ich akzeptieren.«

»Danke«, sage ich und hebe mein Glas mit dem letzten Rest Rotwein. »Und ich bin ja nicht aus der Welt. Wir sehen uns bestimmt vor Santiago noch einmal wieder.«

»Bestimmt«, erwidert Raphael und stößt mit mir an. Bald findet er zu seiner alten Form zurück, indem er mir die Geschichte von Larrasoaña erzählt. Und dann ist es auch schon wieder Zeit, in die Unterkunft zurückzukehren.

Wir verabschieden uns am Eingang mit einer kurzen Umarmung. Ich atme durch und bleibe noch einen Augenblick draußen.

Nach einer Weile schalte ich mein Handy ein. Keine Nachrichten. Ich denke an Alex, aber die würde mit Sicherheit keine SMS schreiben. Ich bin nicht einmal sicher, ob sie im Moment ein Handy hat.

Ich wünschte, ich hätte mein Smartphone mitgenommen. Aber natürlich musste ich beschließen, dass es eine gute Idee wäre, das Pilgern mit Digitalfasten zu verbinden. Als ich mit Marc zusammen war, hatte ich ständig mein Smartphone in der Hand. Sein ganzer Freundeskreis auch, es war einfach normal. Und nach der Trennung wurde es nicht besser, sondern schlimmer: Denn zu allem Übel konnte ich über die sozialen Netzwerke verfolgen, wie das Leben der anderen weiterging, während meines ... irgendwie nicht weiterging.

In irgendeinem Blog – ironischerweise – habe ich dann vom Trend zum Digitalfasten gelesen. Und konnte dem, was ich da las, nur zustimmen: dass wir nämlich viel zu viel Zeit damit verbringen, uns online Sachen anzuschauen, zu liken, zu teilen, die uns nicht nur nichts bringen, sondern im Gegenteil sogar sinnlos aufregen, unsere eigenen Vorurteile bedienen oder einfach die Zeit stehlen. Digitales Fasten bedeutet, eine Zeitlang konsequent auf digitale Medien zu verzichten. Keine sozialen Netzwerke, kein Internet, kein Smartphone. Im Alltag wäre das kaum denkbar, oder nur eingeschränkt. Aber der Jakobsweg ist doch eigentlich wie dafür gemacht, dachte ich. Also habe ich meinen alten Handyknochen wieder ausgegraben, entstaubt und mich gefreut, dass er noch funktionierte. Zudem hält der Akku ewig, das kann hier ja nur nützlich sein.

Aber jetzt wäre ein Smartphone mit Internetzugang wirklich praktisch. Vielleicht hat Alex ja eine Mail geschrieben? Oder soll ich ihr etwa schreiben? Ich beschließe, noch ein wenig damit zu warten. Sie hat zwar gesagt, ich soll sie auf dem Laufenden halten, aber nachdem wir so lange keinen Kontakt hatten, weiß ich nicht, welchen Ton ich ihr gegenüber anschlagen soll. Und vielleicht ist sie ja doch noch verstimmter, als sie sagt. Was ich ihr nicht verübeln könnte.

In der Herberge ist der Schlafsaal noch recht leer. Einige liegen auf ihren Betten und schreiben Tagebuch, hängen an ihren Smartphones oder lesen. Ein paar Holländer machen sich gerade lärmend auf den Weg zur Waschküche. Bestimmt gibt es auch heute Nacht wieder Schnarcher. Ich bin froh, dass ich noch die Ohrstöpsel von Jutta im Gepäck habe.

ES IST TAG ACHT NACH DEM STREIT. Nachdem mich Marc aus der Wohnung geworfen hat. Nachdem ich zu meiner Mutter in den Wohnblock gezogen bin.

Die letzten Tage sind nach folgendem Muster abgelaufen: Meine Mutter verlässt die Wohnung, und ich setze mich im Bademantel vor den Fernseher. Meine Mutter kommt irgendwann wieder von der Arbeit und hält mir einen Vortrag, weil ich noch nicht angezogen bin und es so nicht weitergehen könne. Dabei bleibt es dann auch, denn jedes Mal, wenn sie das Thema Marc anschneidet, blocke ich ab. Erstens weiß ich, dass sie keine besonders ausgewogene Meinung von ihm hat. Sie hat nie verstanden, was ich an ihm fand. Zweitens ist meine Mutter selbst nicht gerade eine Beziehungsexpertin. Also habe ich einen Vorsatz gefasst: Ich werde meine Freundinnen anrufen. Oder besser, Marcs und meine Freundinnen. Ich muss dringend mit jemandem sprechen, der Marc kennt. Eine von ihnen muss doch Zeit für mich haben. Nur auf einen Kaffee. Oder besser Tee, ich trinke hier viel zu viel von Mutters schrecklichem Filterkaffee. So oder so muss ich hier mal rauskommen.

Als Erstes versuche ich es bei Katinka. Mit ihr habe ich mich immer am besten verstanden. Sie ist zwar etwas exaltiert – ihre Maxime lautet: Alles was es wert ist, getan zu werden, ist es auch wert, übertrieben zu werden –, aber sie sagt, was sie denkt, und wir hatten viel Spaß zusammen. Es tutet im Hörer, dann nimmt sie ab.

»Jaaa?«, kommt es gedehnt aus dem Hörer.

»Ja, hallo, hier ist Didi. Ähm, wie gehts?«

»Ja, du, furchtbar viel zu tun. Du weißt ja, die Agentur ...« Katinka arbeitet in einer Modelagentur. Nicht so meins, aber sie geht in dieser Arbeit voll auf.

»Hmmm.« Jetzt wäre der Moment, wo sie fragen könnte, wie es mir geht.

Aber da kommt nichts.

»Also, ich hab mich gefragt ...«, beginne ich.

»Du, das ist gerade etwas ungünstig, ich hab hier gleich einen wichtigen Termin, kann ich dich mal zurückrufen?«

»Ja, klar, ich wollte auch nur fragen, ob ...«

»Alles klar, supi, tschühüs!« Dann klickt es im Hörer. Ich starre ins Leere. Höre das Tuten in meinem Ohr. Katinka wird nicht zurückrufen, sagt es mir.

Ich verstehe nicht, warum sie mich plötzlich so behandelt. So war sie noch nie zu mir, so kurz angebunden und ... falsch. Nur weil es zwischen Marc und mir aus ist? Aber ich werde nicht so leicht aufgeben. Ich werde Michaela anrufen. Mit ihr hatte ich zwar nie so viel Kontakt wie mit Katinka, und ihr Mann ist Marcs bester Freund Paul, ein wahnsinnig teurer Anwalt. Aber Michaela und ich sind auf einer Wellenlänge. Definitiv derselbe Humor. Und sie selbst hat nicht so viel mit Marc zu tun.

Es klingelt. »Ach, hallo, Didi!« Michaela klingt etwas verwundert.

»Hey!«, eröffne ich. »Wie geht's?«

»Och, gut, der Laden läuft super, und mit Paul, naja, du kennst ihn ja, aber alles gut.« Michaela hat einen Laden für Deko-Artikel – sie sagt Interior Design –, der eigentlich Paul gehört. Er sagt, es sei gut, dass seine Frau etwas zu tun habe, was ich immer ziemlich herablassend finde. Aber Michaela scheint dagegen immun zu sein, und der Laden ist wirklich ihr Ein und Alles. »Und bei dir?«, fragt sie, die Stimme zu einem vertraulichen Raunen gesenkt.

»Tja«, seufze ich. »Ich nehme an, du weißt, was passiert ist.«

»Im Groben. Niemand redet wirklich darüber ...«

»Also, es ist wirklich vorbei. Ich bin mir sicher, dass er mich betrogen hat, obwohl er das nicht zugibt. Aber das Schlimmste ist, dass ich aus Marc nicht herausbekomme, was ihn wirklich bewegt. Wir hätten uns beide verändert, hat er nur gesagt, es sei nicht mehr so wie früher ... so Standardsätze eben!« Ich spüre, wie sich mir die Kehle zuschnürt, als ich sein ausdrucksloses Gesicht vor mir sehe, das diese Sätze sagt.

»Ach, Süße ... dann hat er halt mit einer anderen gevögelt. Nimm dir das doch nicht so zu Herzen!«

Wie bitte? Ich soll mir nicht zu Herzen nehmen, dass der Mann, mit dem ich meine Zukunft geplant hatte, keine Lust mehr auf mich hat? Ich will mich gerade empören, da geht mir auf, mit wem ich hier spreche. Irgendwie habe ich nie darüber nachgedacht, was Michaela und Paul für eine Beziehung führen. Also, nachgedacht schon, ich habe sogar mal Marc darauf angesprochen, aber der hat nur mit den Schultern gezuckt und gemeint, es würde für sie halt funktionieren. Und ich habe nie versucht zu verstehen, wie sich so eine Beziehung anfühlt. Wieso auch? Meine war ja anders. »Also, mir macht das schon etwas aus«, erwidere ich. »Wie könnte es nicht?«

»Naja, Männer wie Marc ... die langweilen sich eben irgendwann«, erklärt sie gedehnt.

»Langweilen?« Also wirklich, jetzt bin ich fassungslos.

»Nimm das doch nicht so persönlich. Sieh es mal so: Ihr hattet beide euren Spaß, du hattest eine gute Zeit, und jetzt geht ihr eben getrennte Wege!« Ich kann genau hören, dass sie ungeduldig wird. »Nur blöd, dass du ihn nicht geheiratet hast. Aber dafür ist er halt zu schlau ...«

Mir bleiben die Worte weg. Als ich sie wiederfinde, ist jegliches Verständnis aus meiner Stimme verschwunden: »Weißt du eigentlich, wie berechnend du klingst?«

»Niemand ist hier berechnend«, erwidert Michaela spitz.

»Ach«, ätze ich. »Du lässt dir von Paul deinen Deko-Krempel finanzieren, und dafür bleibst du mit ihm zusammen. So läuft das, oder was?«

»Also, das muss ich mir nicht anhören! Ich lasse mich doch hier nicht von dir beleidigen!«

Ich habe eigentlich nicht angerufen, um sie zu beleidigen. Ich habe angerufen, weil ich verdammt nochmal nicht weiter weiß. Weil ich dachte, vielleicht sei noch irgendetwas an meiner Beziehung zu retten. Aber Michaela hat klargemacht, dass ich ihr damit nicht zu kommen brauche.

»Tja, dann ...« Ich schlucke den Kloß in meinem Hals herunter. »Schönes Leben noch« ist das Beste, was ich noch herausbringen kann, bevor ich auflege, das Telefon aufs Sofa schmeiße und das Gesicht im Kissen vergrabe.

Während ich den muffigen Geruch des Kissens einatme und versuche, nicht zu weinen, wird mir klar, dass es wirklich niemanden gibt, den ich anrufen kann. Die Leute aus meinem MBA-Studium kann ich vergessen. Damals im Marketingstudium hatte ich ein paar Bekannte, sogar eine recht gute Freundin, Daniela. Aber sie ist nach dem Abschluss in die USA gegangen, und wir haben uns aus den Augen verloren. Ebenso meine anderen Bekannten – mit einigen bin ich gelegentlich noch weggegangen. Ich habe versucht, sie mit Marcs Freundeskreis zusammenzubringen, aber irgendwie waren die nicht kompatibel. Und ich Trottel war dermaßen verknallt in diesen Mann, der mir die Welt zu Füßen legte, dass ich dachte, das hätte nichts zu bedeuten. Seine Freunde lebten nun einmal ein anderes, größeres, irgendwie erwachseneres Leben.

Es ist wahr: Alle Menschen, mit denen ich in den letzten zwei bis drei Jahren so etwas wie freundschaftliche Beziehungen unterhalten habe, sind eigentlich Marcs Freunde, und für die bin ich jetzt Luft. Ich weiß nicht, was er ihnen erzählt hat, wahrscheinlich, dass ich ihn mit meiner Liebe erdrückt habe, dass ich geklammert hätte.

Ironischerweise habe ich Alex damals etwas Ähnliches vorgeworfen: Ich habe ihr gesagt, ich müsse mich jetzt auf meine Beziehung zu Marc konzentrieren. Ihr, meiner ältesten Freundin. Die ich jetzt anrufen würde, wenn ich nicht so verbohrt gewesen wäre. Sie konnte Marc nie leiden, deswegen habe es ich nach zwei Doppeldates mit ihr und ihrem damaligen Freund Jonathan aufgegeben, die beiden zu versöhnen. Ganz davon abgesehen, dass meine impulsive Freundin Alex und Marc, der sich stets kontrolliert gibt, einfach nichts miteinander anfangen konnten: Es war von Anfang an aussichtslos. Alex mit ihrer idealistischen Ader kriegte »das kalte Kotzen« (ihre Worte), wenn Marc von seinem Job erzählte. Mir warf sie auch vor, dass ich den Eminent-Job machte. Und dann habe ich mich für Marc entschieden. Ich redete mir damals ein, dass Alex ja auch mit Jonathan beschäftigt sei und es uns beiden vielleicht ganz gut täte, Abstand voneinander zu haben. Was für ein Unsinn das war, ist mir nicht erst seit heute klar. Aber jetzt gerade schmerzt es sehr, dass ich mich nie wieder bei Alex gemeldet habe. Das Letzte, was ich von ihr gehört habe, war eine kurze Mail:

Didi, ich werde Deutschland verlassen und in Somalia als Entwicklungshelferin arbeiten. Jonathan ist ein Schwein, und wir sind nicht mehr zusammen, falls es dich interessiert (ich vermute, nicht). Jedenfalls komme ich schon klar – ich falle immer auf die Füße. Dasselbe wünsche ich dir auch.
Mach's gut.
Alex

Damals hat mich das tierisch wütend gemacht. Gleichzeitig hatte ich schon längst bereut, den Kontakt abgebrochen zu haben. Dass sie mir jetzt zuvorkam, führte mir vor Augen, was für eine miserable Freundin ich war. Und dann siegte wieder der Ärger, denn das war komfortabler, als mir selbst Vorwürfe zu machen: Wie konnte sie es wagen, mir durch die Blume zu sagen, dass sie sich wünschte, dass Marc und ich uns trennten? Und dann dieses Gutmenschentum – warum musste sie mir unter die Nase reiben, dass sie irgendwelchen hungernden Afrikanern hilft? Doch wohl nur, um mir ein schlechtes Gewissen zu machen! Sie konnte mir gestohlen bleiben!

Das dachte ich jedenfalls für einen kurzen Moment. Dann folgten viele lange Momente, in denen ich auf Marcs Designersofa saß und mich nicht auf die Serie konzentrieren konnte, die ich gerade guckte, wenn er wieder länger im Büro war. Ich dachte an Alex und an Afrika und wie es ihr wohl gerade ging. Aber gemeldet habe ich mich nicht. Sie hatte ja wirklich Besseres zu tun, als sich um mein Selbstmitleid zu kümmern.

Tja, und jetzt liege ich mit Kissen im Gesicht auf dem Sofa und denke, dass sie vermutlich Recht behalten hat mit Marc. Ich dachte lange, dass ich mit ihm an meiner Seite eine bessere Version meiner Selbst werden würde. Schön, selbstsicher, weltläufig. Nicht mehr das Mädchen aus dem Plattenbau, das kellnern gehen muss, um irgendwie durchs Studium zu kommen. Tja, und wohin hat mich das gebracht? Wieder zurück in die Platte. Zugegeben, Katinka und Michaela haben aufregende Leben, mit denen ich nur allzu gern gleichziehen wollte – aber der Preis ist mir zu hoch. Und es ärgert mich, dass ich nicht auf Alex gehört und beharrlich alle Zweifel ausgeblendet habe, bis es nicht mehr ging.

Ich hätte gerne mit Alex über die ganze Sache gesprochen. Aber ganz davon abgesehen, dass ich nur eine Mailadresse und keine aktuelle Handynummer von ihr habe, kann ich mich nicht einfach so wieder bei ihr melden. Oder etwa doch?

5 Larrasoaña – Pamplona

Am nächsten Tag stehe ich auf, um ganz alleine loszulaufen, und der Gedanke fühlt sich gut an. Das hier mache ich ganz für mich selbst, kein Marc, kein Eric, kein Raphael. Mal sehen, wohin mich das bringt.

Zunächst mal nach Pamplona, die Provinzhauptstadt von Navarra, hoffe ich. Es ist eine alte Stadt, sagt mein Reiseführer, und ich freue mich darauf, nach vier Tagen bewaldeter baskischer Berglandschaft und Pyrenäendörfern mit kleinen Feldern darum herum wieder in einer richtigen Stadt zu sein. Ich bin halt ein Stadtkind. Auch wenn ich gerade nicht wirklich für die Stadt angezogen bin.

Es ist heute nur eine kurze Etappe, und das ist auch gut so, denn ich habe nicht besonders gut geschlafen, trotz Ohrstöpsel, und außerdem habe ich wieder wirre Fetzen aus meiner Vergangenheit geträumt –, und mein Körper sagt mir, dass ich dringend eine Pause brauche. Meine Füße sind schwer und lassen sich kaum zum Loslaufen überreden, und ich habe niemanden, der mich antreibt. Naja, denke ich mit einem Seufzer, dann muss ich das halt selbst erledigen. Als ich loslaufe, bin ich überrascht, wie gut es geht!

Nachdem es die ersten paar Hundert Meter relativ steil bergan gegangen ist, habe ich bald eine Anhöhe erreicht, und der Weg senkt sich sanft am Waldrand zwischen Bäumen hindurch wieder ins Tal. Die Aussicht ist nicht spektakulär, aber schön. Ich halte inne und fühle mich mit mir selbst im Reinen. Während des Aufstiegs habe ich tatsächlich an nichts gedacht außer an meinen schmerzenden, arbeitenden Körper. Wie gut sich das angefühlt hat!

Doch kaum komme ich zu Atem, kommen auch die Gedanken. Vielleicht hätte ich Raphael nicht einfach so in die Wüste schicken sollen. Wie verletzt er mich angeschaut hat! Was findet er bloß an mir? Und was finde ich an ihm? Denn irgendwas ist da, ich stelle mir ja nicht jeden gutaussehenden Mann nackt vor. Wahrscheinlich war es richtig, alleine weiterzulaufen. Ich will ja zu mir selbst finden und mir überlegen, wie ich wieder auf die Füße komme.

Grübelnd folge ich einer Wegbiegung, und plötzlich steht Eric vor mir! Lässig lehnt er an einem umgestürzten Baumstamm am Wegesrand und lächelt mich an. Ich werde langsamer und bleibe vor ihm stehen. Mit einem Schlag sind alle Gedanken an Marc und Raphael verschwunden.

»Na, schon Pause?«, frage ich gezwungen locker. »Wir sind doch nicht einmal eine Stunde von Larrasoaña entfernt!«

»Stimmt«, erwidert er. »Ehrlich gesagt hatte ich gehofft, dass du vorbeikommst. Ich habe schon den ganzen Morgen gesammelt und wüsste gerne, was du davon hältst.«

Was ich davon halte, dass er sammelt? Ich würde mal sagen, das ist mir herzlich egal. Was denn überhaupt sammeln? Als er meinen verständnislosen Blick sieht, weist er neben sich auf den Baumstamm. Auf der zerfurchten Rinde thront ein Tuch, das er an den vier Ecken so geknotet hat, dass eine Art Schale entsteht, und darin liegt ein Haufen Grünzeug.

»Ich habe einen Wildpflanzen-Salat gemacht«, erklärt Eric.

»Und ich würde mich freuen, wenn du mir dabei hilfst, seinen Geschmack zu beschreiben.«

Also, das ... ist wirklich die seltsamste Anmache, die mir je untergekommen ist. Und irgendwie auch die süßeste, denke ich, als ich Erics aufrichtig hoffnungsvollen Gesichtsausdruck betrachte.

»Keine Sorge«, beeilt er sich zu sagen, »das Taschentuch ist unbenutzt!« Das – was? Ah, jetzt sehe ich es: Seine improvisierte Schale ist offensichtlich aus einem Stofftaschentuch hergestellt. Na, da freue ich mich aber, dass da kein Schnodder drin ist.

»Und die auch.« Eric hält mir eine Gabel hin. »Sollte man immer dabeihaben. Manche Dinge kann man einfach nur damit in Würde essen.«

Zögernd nehme ich das Essbesteck entgegen und betrachte das kleingezupfte Grünzeug in der Schale. Außer Blättern in verschiedenen Formen, die ich auf Anhieb alle nicht erkenne, liegen obenauf einige gelbe Blütendolden und wie zur Garnierung lilafarbene Blütenblätter. »Was ist da drin?«, frage ich.

»Verrate ich dir erst, nachdem du probiert hast«, entgegnet er. »Ist aber garantiert alles ungiftig und genießbar. Hab's selbst gerade probiert. Und außerdem – ich wäre ja schön blöd, wenn ich dich vergiften würde.«

Ich muss lächeln und denke daran, wie er mir erzählt hat, dass er auch kulinarisch nach Inspiration sucht. Also gut, Diana, auf zu neuen gastronomischen Abenteuern! Ich mache mich innerlich darauf gefasst, den Geschmack dieses Haufens Unkraut schönreden zu müssen, als ich die Gabel hineinstoße. Aber das Schönreden hab ich schließlich gelernt.

Ich bin in keiner Weise darauf vorbereitet, was dann in meinem Mund passiert: Das Erste, was ich wahrnehme, ist der aromatische Duft von Fenchel, in den sich schnell Minze mischt. Ich beginne zu kauen, und zuerst entsteht ein allgemeiner Geschmack nach Pflanze. Ich konzentriere mich und ziehe die Brauen zusammen, um genauer hinzuschmecken. Eric wirkt besorgt, als er meinen Gesichtsausdruck sieht, also nicke ich anerkennend. Und es ist wirklich interessant: Erst schmeckt es beinahe wie junger Blattspinat, doch so langsam schält sich eine feinsäuerliche Note heraus. Außerdem taucht eine angenehme Bitterkeit an meinem Gaumen auf, die von einer gewissen Süße in Schach gehalten wird. Einen Augenblick lang schmeckt es fast nach Lakritz, nur harziger, irgendwie nach Wald. Ich schließe die Augen, schlucke und schmecke nach. Es bleibt eine minzige, ätherische Süße, die mir durch Rachen und Nase schwebt.

»Mmh«, mache ich und öffne die Augen. »Ich weiß gar nicht, wo ich anfangen soll. Das war … Wahnsinn! Und das hast du alles hier gesammelt?«

»Ja, ich habe unterwegs Brennnessel und Gundelrebe gefunden, und dann ist es mit mir durchgegangen. Ich bin einen kleinen Umweg zum Fluss gegangen«, er weist hinter sich bergab, »und dort gab es noch Minze und Fenchel.«

»Ja, Minze und Fenchel habe ich sofort herausgeschmeckt. Brennnessel habe ich noch nie gegessen, glaube ich, und Gundelrebe kenne ich überhaupt nicht.« Ich beschreibe ihm ungefähr, was ich geschmeckt habe.

»Die Gundelrebe oder auch Gundermann hat auf Spanisch viele Namen. Der schönste ist *zapatitos de la virgen*, das bedeutet Jungfernschühchen«, doziert Eric mit für meine Ohren perfekter Aussprache der spanischen Wörter.

Ich muss lachen. »Und das mir!«

Er grinst. »Wie dem auch sei, sie ist für die bittere Note zuständig und unterstützt außerdem den Fenchel und die Minze. Und die Brennnessel ist das Säuerliche, das dich an Spinat erinnert hat. Vom Fenchel habe ich einige Blätter und den Pollen genommen, der für die Süße sorgt. Fenchel ist außerdem gut für die Atemwege und die Verdauung.«

»Ja, das mit den Atemwegen hab ich gemerkt, und das mit der Verdauung wird sich zeigen«, platze ich schneller heraus, als ich denken kann. Dann wird mir klar, was ich gerade gesagt habe, und ich spüre, wie mir die Hitze in die Wangen steigt. Mensch, Diana!

Falls Eric das stört, lässt er es sich jedenfalls nicht anmerken. »Ich hätte gerne noch ein Dressing aus Wildfruchtsaft gemacht, hab allerdings nichts Passendes gefunden. Aber ich finde, er ist auch so ganz gut.«

»Auf jeden Fall«, stimme ich ihm zu. »Und du hast also zufällig am Wegesrand diese Pflanzen gesehen und dir gedacht, ach, ich mach mal 'nen Salat und zeige den der Didi?«, frage ich dann mit einer Mischung aus Gerissenheit und Flapsigkeit.

Eric windet sich. »Naja, nicht ganz zufällig. Ich meine, klar, ich bin hier schon auch in kulinarischer Mission unterwegs, aber eigentlich wollte ich mich bei dir entschuldigen.«

Hm, denke ich. Muss er sich überhaupt entschuldigen? Gut, er hat mich geküsst, ohne zu fragen, aber immerhin habe ich ihm Anlass zu der Vermutung gegeben, dass mir das durchaus recht wäre. Und dann hab ich ihn einfach so weggeschubst – am Ende bin ich noch diejenige, die sich entschuldigen sollte?

Keine Ahnung, was ich gerade für ein Gesicht mache, jedenfalls schleicht sich ein nervöser Ton in Erics Stimme, als er fortfährt: »Das war nicht in Ordnung, dich einfach so zu küssen, das ging alles viel zu schnell, und ich ... Also, wenn du ein Stück mit mir laufen würdest, würde ich dir gerne einiges über mich erklären.«

Das klingt interessant. Und er meint es wirklich ernst, das kann ich an seinen flehenden Augen und der Art sehen, wie er die Stirn runzelt. Es ist mir fast schon unangenehm, ich habe es nie gemocht, wenn Männer vor mir zu Kreuze gekrochen sind. Lieber halte ich mich an übertrieben selbstbewusste Typen wie Marc, die so lange ihr eigenes Ding machen, bis ich es nicht mehr aushalte, und die das dann achselzuckend abtun. Beziehungsweise mich rausschmeißen.

»Okay«, sage ich. »Also, gern. Lass uns laufen!«

Eric lächelt erleichtert und packt sorgfältig den Salatrest in seinen Rucksack, den er dann auf seine Schultern hebt. »Na dann los!«

Wir laufen weiter, der Weg schlängelt sich unweit des Rio Arga sanft bergab. Ich betrachte die roten Ziegeldächer des nächsten Dorfes, die hinter den Baumwipfeln auftauchen, und warte, bis Eric das Wort ergreift.

»Also, es ist so«, beginnt er und atmet tief durch. »Ich hab dir ja erzählt, dass ich hier bin, weil ich mich beruflich neu orientieren muss. Die harte Arbeit, unregelmäßige Arbeitszeiten, beschissene Bezahlung, all das. Was ich dir nicht erzählt habe, ist, dass ich noch etwas Anderes in meinem Leben suche, nämlich Beständigkeit. Und damit meine ich jetzt nicht nur die Arbeit, sondern auch das Privatleben, obwohl das zusammenhängt.« Er macht eine Pause. Das klingt irgendwie nach Bewerbungsgespräch, finde ich. Als ob er sich als mein fester Freund bewerben wollte.

»Ich ... hab nicht nur meine Jobs häufig gewechselt«, beginnt er dann von Neuem, »sondern auch die Frauen. Ich war ein ziemlicher Schürzenjäger!«

Bei dem altmodischen Wort muss ich lachen. »O nein!«, rufe ich gespielt bestürzt und lege die Hände an die Wangen.

Aber Eric lacht nicht. »So witzig ist das nicht. Wir, die Jungs aus der Küche, sind oft abends nach der Arbeit noch raus. Du kannst dir ja nicht vorstellen, wie stressig und rau die Umgangsformen in so einer Küche sind. Da wird nur gebrüllt, und ständig sitzt dir einer im Nacken und treibt dich an. Also haben wir Dampf abgelassen. Uns betrunken, manchmal noch anderweitig nachgeholfen, wenn du verstehst, was ich meine. Und oft genug bin ich am nächsten Morgen mit irgendeiner Frau aufgewacht, von der ich nicht einmal mehr den Namen wusste. Vor zwei Monaten hatte ich dann einen Hörsturz. Mitten bei der Arbeit, wir mussten gerade ein Acht-Gänge-Menü für irgendwelche saudischen Prinzen zubereiten, nichts durfte schiefgehen, und plötzlich habe ich nichts mehr gehört. Keinen Ton. Sie mussten mich natürlich zum Arzt schicken, haben sie auch gemacht, aber meinen Job war ich danach los. Ich war nach fünfeinhalb Monaten noch in der Probezeit, also haben sie mich fristlos entlassen. Und da wusste ich, dass ich nicht nur irgendwas in meinem Leben, sondern eigentlich alles ändern muss.«

»Ähm, Moment, das ist doch wohl rechtlich nicht in Ordnung, dich wegen eines Hörsturzes rauszuschmeißen«, werfe ich ein.

»Kann sein«, entgegnet Eric, »aber darum geht es nicht. Sondern darum, dass ich dieses Leben nicht weiterleben kann.«

»Ich würde sie trotzdem verklagen.«

»Dafür ... fehlt mir im Moment die Kraft«, sagt er langsam. »Das klingt vielleicht blöd, aber ich krieg das gerade nicht auf die Reihe.«

Ich denke daran, wie ich Tag für Tag auf der Couch meiner Mutter vor mich hingegammelt habe und dass das Einzige, zu dem ich mich aufraffen konnte, dieser Weg hier war. Einfach weg von allem, raus aus Deutschland, wochenlang nichts machen außer Laufen. Bis zu diesem Moment war mir nicht so klar, dass es für mich keinen anderen Weg mehr gegeben hat.

»Ich verstehe dich«, sage ich. »Bei mir war es dasselbe.«

»Wie, du hast auch ständig wildfremde Frauen aufgerissen?« Eric grinst.

»Nein, Blödmann«, entgegne ich lachend und werde dann wieder ernst. »Ich konnte keinen anderen Weg mehr gehen. Allein schon, um meine Würde zu bewahren.«

DIE JALOUSIEN VON MARCS GLASKASTENBÜRO sind heruntergelassen. Die Tür steht einen Spaltbreit offen. Meine Hand verharrt auf dem Weg zur Klinke, als ein glockenhelles Lachen aus dem Büro ertönt. Das Lachen einer Frau, aufreizend, verführerisch. Ich blicke mich um. Niemand in dem Großraumbüro achtet auf mich. Unauffällig verändere ich meine Position, versuche, durch einen Spalt zwischen Jalousie und Fensterrahmen in den Raum zu spähen. Ich kann nichts erkennen außer Ausschnitte von Büromöbeln.

Da ertönt ein schmatzendes Geräusch. Kurz darauf rumpelt es, als wäre jemand gegen einen Schrank gerannt.

»Nicht, du Ferkel!«, kiekst die Frau und kichert. Sarah!

»Wieso denn nicht?«, ertönt Marcs unbekümmerte Stimme. Dann, nach einer Pause, enttäuscht: »Na, meinetwegen.«

Mir wird erst heiß, dann kalt. Ich drehe mich um und eile zum Fahrstuhl, so schnell mich meine Highheels tragen.

Bei jedem Schritt spüre ich den Bleistiftrock, der meine Hüften umspielt. Ich trage keinen Schlüpfer, dafür aber halterlose Strümpfe. Mein Plan war, zur Mittagszeit unangekündigt in Marcs Büro aufzutauchen, die Verruchte zu spielen und ihn zu verführen. Ganz ehrlich, es läuft in letzter Zeit nicht mehr so viel bei uns.

Jetzt komme ich mir nur noch lächerlich vor. Was habe ich mir bloß dabei gedacht?

Im Fahrstuhl überlege ich kurz: Vielleicht haben sie im Büro ein Working Lunch abgehalten, und Marc hat beim Essen geschmatzt, und dann hat Sarah auf den Tisch gehauen und ihn ermahnt. Dann denke ich: Mach dich nicht lächerlich, Diana. Wie man es dreht und wendet, Marc betrügt dich. Mit Sarah, die er dir sogar vorgeführt hat.

Marc betrügt dich. Der Gedanke hallt in meinem Kopf wieder, als ich in meinem Mini Cooper nach Hause fahre. Es ist eigentlich nicht meiner – Marc hat ihn über die Firma geleast. Ich hätte lieber einen praktischen Smart gehabt, aber Marc erzählte etwas von Werterhalt und Stil und so weiter. Jetzt kann ich nicht anders, als zu denken, dass das auf eine verdrehte Art irgendwie sinnbildlich ist: Ich bin eine Mini-Frau, keine Smart-Frau.

Wenn ich smart wäre, würde ich sofort die Beziehung zu Marc beenden. Mit größtmöglichem Kollateralschaden für ihn. Am besten umdrehen und eine Riesenszene im Büro machen, vor all seinen Kollegen. Aber ich zögere. Das mit Sarah bedeutet Marc doch bestimmt nichts. Ich bin sein Ein und Alles, das sagt er immer wieder.

6 Larrasoaña – Pamplona

»Was meinst du denn mit ›Würde bewahren‹?«, fragt Eric.

»Ach, ich …«, beginne ich und habe eigentlich überhaupt keine Lust, mein ganzes Elend zu erzählen. Und ehrlich gesagt schäme ich mich auch ein bisschen. Aber ein klein wenig Offenheit hat Eric verdient. Die Geschichte mit Sarah kann ich ihm nicht erzählen, dazu kennen wir uns noch nicht gut genug. Kann ich die ganze Marc-Geschichte vielleicht erst einmal weglassen?

Ich weiß allerdings selbst nicht mal genau, wieso ich einfach nichts mehr auf die Reihe bekommen habe, nachdem er mich vor die Tür gesetzt hat. Er hat mir mal so viel gegeben, und damit meine ich nicht Geld, sondern Sicherheit. Aber keine materielle (na gut, die auch), sondern vor allem Selbstsicherheit. Das Gefühl, etwas Besonderes zu sein. Begehrenswert. Und dieses Gefühl will ich, verdammt noch mal, wieder. Ich weiß nur noch nicht, wie.

»Tja, also beruflich war die Werbeagentur einfach eine Sackgasse«, erzähle ich. »Ich hab's da einfach nicht mehr ausgehalten, auch wenn es bestimmt nicht so schlimm war wie in deiner Küche. Also hab ich ein Fortbildungsstudium angefangen, aber inzwischen glaube ich, das falsche. Und privat … lief es auch nicht so ganz rosig, was dazu führte, dass ich übergangsweise wieder bei meiner Mutter einziehen musste. Und da hab ich dann irgendwie nur auf der Couch rumgehangen und Tierdokus geguckt. Oder Reality-Shows. Na, jedenfalls habe ich keine Ahnung, was ich machen soll, wenn ich wieder nach Deutschland komme.« Na super, Diana, halt dich mal schön bedeckt. Und das bei dem Mann, der dir hier gerade sein Herz ausgeschüttet und Sachen erzählt hat, die er bestimmt nicht vielen Menschen anvertraut.

Trotzdem, ich kann ihm nicht alles erzählen. Noch weniger als Raphael will ich diesem Mann mein desolates Liebesleben offenbaren. Ich weiß nicht, wieso. Vielleicht ist es falscher Stolz, vielleicht glaube ich auch nur unterbewusst, zu wehleidig zu sein. Ich meine, womöglich ist Erics Krise ja tiefer als meine? Als ich mich bei diesem Gedanken ertappe, schüttele ich den Kopf darüber, wie albern das ist. Als ob es ein Wettkampf wäre, und der mit der schlimmsten Krise kriegt die goldene Pilgermedaille.

Trotzdem.

»Willst du drüber reden?«, fragt Eric.

»Nicht wirklich«, entgegne ich leichthin, doch innerlich zutiefst dankbar.

Eric nickt bloß, und schweigend laufen wir weiter. Als Eric nach ein paar Minuten wieder etwas sagt, ist es eine Bemerkung über die Pflanzen am Wegrand.

Mit diesem und ähnlichem nicht uninteressanten, aber letztlich belanglosen Gesprächsstoff überwinden wir die Strecke in Richtung Pamplona. Nur einmal noch, als ich gerade über meine müden Beine jammere (ich weiß, es ist fürchterlich, aber wenn mir was körperlich wehtut, muss ich die Welt einfach daran teilhaben lassen; es lindert den Schmerz, rede ich mir ein), sagt Eric, er habe auch Schmerzen. Allerdings hoffe er, durch die Überwindung, die dieser Weg bedeute, auch in Zukunft seine Grenzen überwinden zu können, wenn es darum gehe, sich ganz auf eine Frau einzulassen. Dann guckt er mich an, und während ich noch überlege, wie ich reagieren soll und ob er überhaupt mich meint, redet er schon weiter und erzählt von irgendeinem ehemaligen Kollegen, der in seiner Freizeit immer Extremsport gemacht hat und dabei »draufgegangen ist«, wie Eric sich ausdrückt. Keine Ahnung, warum er mir das erzählt oder warum er es so flapsig formuliert. Das scheint eigentlich gar nicht seine Art zu sein. Ich schiebe es darauf, dass es Eric selbst ebenfalls unangenehm ist, über seine Vergangenheit zu sprechen, und dass er es mit wilden Geschichten überspielen will.

Den Rest der Geschichte über seinen toten Kollegen kriege ich jedenfalls nicht mehr mit, so sehr bin ich versunken in Gedanken darüber, wie Eric wohl im Innersten tickt. Ich meine, abgesehen davon, dass seine selbstbewusste und trotzdem offene Art, mit seinen Gefühlen umzugehen, ziemlich sexy ist. Marc hätte sich mir nie so offenbart. Mit ihm könnte ich den Jakobsweg nicht gehen. Diese Seelenselbstbeschau, die hier passiert, wäre ihm zuwider, auch wenn sie vielen Leuten hilft. Hoffentlich auch mir. Aber Marc beklagt sich immer darüber, dass die Leute zu viel jammern, anstatt etwas an ihrem Leben zu ändern. So hart das klingt, oft hat es mir auch geholfen, denn ich neige nun einmal zum Jammern und stehe mir damit selbst im Weg. Als mir das Studium nicht gepasst hat, habe ich deshalb nicht gejammert, sondern mir still und leise andere Beschäftigungen gesucht. Marc hat das natürlich gemerkt, aber er hat es toleriert.

Und hier, beim Pilgern, dürfen alle jammern. Nein, eigentlich ist das ungerecht. Es ist mehr als das. Man arbeitet sich an seinen Problemen ab. Es ist irgendwie aktiv, allein dadurch, dass man läuft und nicht zu Hause auf dem Sofa sitzt. Aber alle, die ich hier bisher getroffen habe, machen den Eindruck, als ob sie Probleme hätten, die sie nicht bewältigen könnten.

Außer Raphael. Der scheint über den Dingen zu schweben und hört mir einfach nur zu. Da fällt mir zum ersten Mal auf, dass ich so selbstbezogen war, dass ich ihn gar nicht als Menschen mit eigenen Problemen wahrgenommen habe.

Bald stehen wir schon vor der alten und schönen, aber etwas klotzigen Marienkirche in Pamplona. Hier in der Nähe ist die günstige städtische Pilgerherberge. Eric wird in einer Pension übernachten, die ihm empfohlen worden ist.

»Tja, also dann. War schön, mit dir zu laufen«, beginne ich.

»Ja, war es. Vielen Dank, dass du meine Entschuldigung angenommen hast«, sagt Eric.

»So viel gab es da gar nicht zu entschuldigen«, entgegne ich und meine es auch so. »Komm her.« Ich schmiege mich mitsamt Rucksack an seine Brust. Eigentlich war das nur als freundschaftliche Umarmung gedacht, aber irgendwie lösen wir uns nicht voneinander. Ich rücke nicht von ihm ab, und er lässt mich nicht los. Ich atme seinen aufregenden Duft ein und vergesse die Zeit.

Da höre ich plötzlich eine Stimme. »Didi?«

Ich löse mich aus Erics Armen und blicke auf. Vor mir steht Raphael, der gerade aus der Kirche gekommen sein muss. Er sieht verärgert aus.

»Was machst du denn da?«, fragt er.

»Und was geht dich das an?«, mischt sich Eric ein, bevor ich antworten kann.

Raphael ignoriert ihn. »Also wirklich, Didi. Nach dem, was du mir erzählt hast, hätte ich das nicht von dir erwartet.«

»Wer ist der Typ?«, fragt Eric mich.

»Das ist wirklich der letzte Schürzenjäger, Didi«, beharrt Raphael und zeigt auf Eric. Oha. Mit seiner geschraubten Ausdrucksweise hat er genau das Wort getroffen, das Eric selbst benutzt hat, als er sich mir offenbart hat. Wenn das mal gutgeht. Da legt Raphael auch schon nach: »Guck ihn dir doch an! Der betrügt dich doch bei der nächstbesten Gelegenheit.«

»He, Kollege! Du hast kein Recht, so über mich zu reden.« Eric ist sauer, das kann ich sehen. Ich spüre, wo das hier hinsteuert, und es gefällt mir überhaupt nicht, aber es ist, als ob ich Zeuge eines Autounfalls werde. Ich will etwas machen, bin jedoch wie gelähmt, und ein fieser kleiner Teil von mir will sehen, was als Nächstes passiert.

»Pfft«, macht Raphael. »Ich bin nicht dein ›Kollege‹.«

»Stimmt«, sagt Eric. »Bist du wirklich nicht. Und ich hab keine Ahnung, was du mit Didi zu tun hast, aber für mich bist du nur eine Witzfigur, die sich hier aufspielt.«

Raphael schnappt nach Luft und läuft knallrot an. Dann stößt er Eric mit beiden Händen vor die Brust, auf eine seltsame, fast höfliche Art und Weise, als hätte er ihm einen Fehdehandschuh hingeworfen. Eric macht einen Schritt nach hinten und starrt Raphael an, dann klatscht er ihm ansatzlos die flache Hand ins Gesicht. Raphael will gerade ausholen, da erwache ich endlich aus meiner Starre. »Stopp!«, brülle ich. Raphael und Eric verharren und schauen mich an.

»Ihr seid ja wohl nicht mehr ganz dicht!«, schreie ich weiter. »Was seid ihr, Seelöwen?!« Sie schauen mich beide verständnislos an. Tja, die ganzen Tierdokus haben eben doch ihre Spuren hinterlassen.

»Mann, ihr habt doch keine Ahnung, echt«, schnaube ich wütend. »Fest steht, ich laufe alleine weiter. Wann und wie ich es will. Auf jeden Fall mit keinem von euch beiden.« Und damit drehe ich mich um und lasse Eric und Raphael auf dem Vorplatz der Kirche stehen.

DIE TAGE NACH DEM VORFALL in Marcs Büro sind grausam. Wenn er bei der Arbeit ist, sitze ich zu Hause, starre in Zeitschriften und bin abwechselnd wütend auf ihn, auf Sarah und auf mich. Der einzige Vorteil ist, dass ich ausnahmsweise mal kein schlechtes Gewissen habe, weil ich nichts für die Uni tue. Das hier ist wichtiger, und mit einer völlig bescheuerten, sich um sich selbst drehenden Argumentation rede ich mir ein, dass ich auf diese Weise einen wichtigen emotionalen Prozess durchmache.

Zwischendurch denke ich, dass das alles nicht so schlimm sei. Dass alles mit einem offenen Gespräch aus der Welt zu räumen sei.

Irgendwann kommt Marc nach Hause, immer spät, oft erst nach Mitternacht, und geht sofort ins Bett. Meist warte ich dort schon auf ihn, angespannt, vom Warten erschöpft. Er sagt, es sei gerade eine stressige Phase bei der Arbeit. Es ist unmöglich, mit ihm zu reden. Am Wochenende, nehme ich mir vor, stelle ich ihn zur Rede.

In der Zwischenzeit beginne ich, nach Anzeichen Ausschau zu halten. Lippenstift am Kragen. Fremder Parfümgeruch. Solche Sachen. Nicht, dass ich noch einen Beweis bräuchte. Es ist reine Selbstquälerei. Als ob ich mich für meine Blödheit und Feigheit bestrafen wollte.

Das Wochenende naht. Am Freitag bekomme ich Panik. Als Marc dann nach Hause kommt, ziemlich früh, es ist noch nicht einmal dunkel, ist er gut gelaunt. Er hat Sushi von dem Japaner mitgebracht, von dem wir uns öfter etwas haben kommen lassen, als wir frisch verliebt gewesen sind. Als wir das Bett am liebsten gar nicht mehr verlassen wollten.

Die Geste ist versöhnlich und macht mir Hoffnung. Ich hege die absurde Vorstellung, er würde während des Essens vielleicht selbst auf das Thema zu sprechen kommen, zu Kreuze kriechen und mir ewige Liebe schwören.

Wir essen und sprechen über Nichtigkeiten. Dann erzählt er, als ob es ihm gerade einfiele: »Übrigens, morgen findet ein Investoren-Empfang statt. Echte Hochkaräter. Wir schmieren ihnen den Tag über Honig um den Bart, und abends gibt es ein Dinner. In so einem Wellnesshotel in Brandenburg. Könnte spät werden, deswegen werde ich dort wahrscheinlich übernachten. Tut mir leid, dass ich dir das nicht früher gesagt habe«, setzt er hinzu, als er meinen Gesichtsausdruck sieht. »Ich habe es selbst erst heute erfahren. Eigentlich sollte Thomas aus meiner Abteilung das übernehmen, aber der ist krank geworden.«

Aber Marc hat meine Miene falsch verstanden. Ich bin nicht enttäuscht. Ich bin wütend. Wer soll das denn bitte glauben? Und zu allem Überfluss bringt er auch noch dieses heimtückische Sushi-Einschleim-Manöver! Marcs Unverfrorenheit vernichtet in mir jede Bereitschaft zu einem vernünftigen Gespräch unter Erwachsenen.

»Ist Sarah auch da?«, frage ich tonlos.

»Sarah?«, fragt Marc unschuldig. »Nein, das ist nichts für Assistenten. Da geht es um Millionenaufträge!«

»Ich glaube, sie wird da sein«, beharre ich. Ich spüre, was kommen wird, und trotz meiner Wut regt sich in mir der Widerwille dagegen. Aber es ist wie eine wunde Stelle im Mund, an der man nicht aufhören kann, mit der Zunge herumzuspielen.

»Wieso das denn? Was ist denn los mit dir?«

»Weil Sarah und du«, sage ich triumphierend, »es miteinander treibt!«

Marc schaut mich entgeistert an, dann beginnt er zu lachen. »Also, liebe Diana, deine Eifersucht ist ja echt niedlich, aber da ist nichts!« Niedlich? Ich geb dir gleich niedlich!

»Und ob da was ist!«, kontere ich. »Am Montag war ich in deinem Büro. Wenn du schon mit deiner Assistentin rummachst, solltest du wenigstens die Tür dabei zumachen!« Was ich in seinem Büro wollte, erzähle ich nicht.

Marc wird ernst. Er scheint zu überlegen. Dann sagt er: »Ach, das war doch nichts. Ein bisschen Quatsch unter Kollegen. Das musst du doch verstehen! Die Einzige, die mir was bedeutet, bist du!«

Da ist er. Der Satz, auf den ich einmal gebaut habe. Das heißt, das Einzige, was noch von dem Fundament dieser Beziehung übrig ist. Alles andere ist von der Routine, von den kleinen, alltäglichen Grausamkeiten fortgespült worden. Ich habe mich an diesen Satz geklammert. Habe mir gesagt, solange ich die Einzige bin, kann ich alles andere aushalten. Und jetzt kommt dieser Satz so falsch, so verlogen aus Marcs Mund, dass ich rotsehe.

»Das darf doch wohl nicht wahr sein! Du lügender, betrügerischer Mistkerl! Du erwartest von mir, dass ich seelenruhig dabei zusehe, wie du deine Assistentin vögelst? Was für ein Drecksack bist du eigentlich? Ich kann nicht fassen, dass ich mich jemals auf dich eingelassen habe!«

»Didi, nicht in dem Ton«, erwidert Marc scharf.

»Ich scheiß auf deinen Ton!«, brülle ich und stehe so heftig auf, dass ich den Stuhl nach hinten umschubse. Krachend fällt er auf den Boden.

Marc blickt mich nur an. »Didi«, sagt er tadelnd. »Das bringt uns doch nicht weiter, auf dieser Ebene zu diskutieren.«

»Auf welcher Ebene willst du denn diskutieren? Auf der Komm-halt-damit-klar-Ebene?«, rufe ich, immer noch aufgebracht.

»Es ist halt nicht mehr so wie früher, das hast du doch auch gemerkt.«

Allerdings. »Aber die Lösung ist doch nicht, eine Affäre anzufangen«, sage ich verzweifelt. »Man setzt sich hin und redet. So wird das gemacht.«

»In Ordnung, reden wir. Wann bist du eigentlich so langweilig geworden, Didi?«

Das zieht mir den Boden unter den Füßen weg. »Was?«

Ist es, weil ich nicht mehr jeden zweiten Abend auf irgendeiner Gala, in irgendeinem Club rumturnen und zusehen will, wie sich völlig beliebige Leute für die Größten halten? Oder etwa, weil ich mal erwähnt habe, dass ich Kinder will?

»Ich wollte es eigentlich nicht sagen«, erklärt Marc. »Aber in letzter Zeit habe ich mich mit dir immer gelangweilt. So wie es jetzt ist, gibt mir das einfach nichts mehr, das mit uns beiden.«

Das ist zu viel. Ich wende mich ab, weil mir Tränen in die Augen schießen. Wie kann er so etwas Gemeines sagen? Sieht er denn nicht, dass ich immer für ihn da war? Es wird mir in diesem Moment klar: Bei allem, was ich getan habe, habe ich ihn immer an vorderste Stelle gestellt. Weil ich eine Zukunft mit ihm haben wollte. Und jetzt stellt sich heraus, dass unsere Beziehung nicht mal ein wenig Langeweile aushält.

»Dann gehe ich jetzt wohl besser«, sage ich mit tränenerstickter Stimme.

Wenig später stehe ich auf der Straße vor dem eleganten Charlottenburger Apartmentblock. Es ist noch nicht spät, dennoch ist wenig los. Ich ziehe mir die Jacke um die Schultern, die ich wahllos beim Verlassen der Wohnung gegriffen habe. Sie ist ein Geschenk von Marc und eigentlich zu dünn für die Jahreszeit.

Ich fröstele und laufe los, damit mir warm wird. Wohin soll ich bloß? Alex ist irgendwo in Afrika. Nicht, dass ich erwarten würde, dass sie mich aufnimmt, nachdem ich so gemein zu ihr war. Und vor den Freunden, die ich gemeinsam mit Marc habe, ist mir meine Situation peinlich. Es fühlt sich wie eine Niederlage an, obwohl Marc derjenige ist, der Mist gebaut hat.

Soll ich wirklich großspurig in irgendein Hotel gehen? Das würde Marc zumindest machen, ohne auch nur darüber nachzudenken. Aber so bin ich eigentlich nicht. Die tausend Euro, die er mir gegeben hat, wiegen schwer in meiner Tasche. Außerdem spüre ich, dass ich allein in einem seelenlosen Zimmer sowieso nicht zur Ruhe kommen würde.

Ich komme an eine Geschäftsstraße und schaue in die Schaufenster, während ich den Bürgersteig entlanglaufe. Hinter manchen Fenstern sitzen Menschen, essen oder trinken und nehmen mich nicht wahr. Ich beginne mich zu fragen, ob sich Obdachlose so fühlen. Zum ersten Mal in meinem Leben denke ich ernsthaft darüber nach, ob ich auf der Straße landen könnte. Unsinn, sagt ein Teil von mir, du bist jung und gut ausgebildet. Aber es fühlt sich im Moment nicht so an, als ob ich die Kraft hätte, mit meinem Leben weiterzumachen.

Oder soll ich doch zu meiner Mutter gehen? Seit ich mit Marc zusammengezogen bin, ist unser Verhältnis deutlich abgekühlt. Sie mag ihn nicht. Er erinnert sie an meinen Vater, hat sie gesagt. Damals habe ich das lächerlich gefunden. Die

Augen, hat Mama gesagt. Sie sind falsch. Er ist ein Blender. Er wird dich enttäuschen.

Ich müsste ihr sagen, dass sie recht hatte. Ich müsste sie um Verzeihung bitten. Das kann ich nicht. Nicht jetzt. Ich bin sowieso schon am Boden zerstört, ich ertrage nicht noch mehr Demütigung.

Je weiter ich laufe, desto leerer wird mein Kopf. Ich betrachte Häuser, Menschen, Gehwegplatten, und denke nicht. Und irgendwann stehe ich vor dem Plattenbau, in dem meine Mutter lebt. Wie ferngesteuert drücke ich die Klingel, werde eingelassen und nehme den Fahrstuhl. Oben steht meine Mutter im Türrahmen. Bei ihrem Anblick fange ich sofort an zu weinen, und sie nimmt mich in den Arm. Sie fragt nicht, sie versteht.

Pamplona

Eigentlich hatte ich mich so auf Pamplona gefreut, darauf, in dieser schönen Stadt einfach mal einen Tag ausspannen zu können.

Doch das ist jetzt alles vorbei. Als ich vom Vorplatz der Marienkirche in Richtung Herberge stürme, bin ich wütend. Ich spüre Erics und Raphaels verdutzte Blicke im Rücken. Mir doch egal, was sie jetzt machen. Meinetwegen sollen sie sich die Köpfe einschlagen. Oder besser gesagt: von mir aus, aber nicht meinetwegen.

Meine Wut trägt mich bis zur Herberge namens »Jesús y María«, die riesengroß ist und schön und sauber. Die Angestellten sind freundlich und verstehen mein Kauderwelsch aus Spanisch und Englisch, und dafür bin ich dankbar. Der Umgang mit fremden Menschen zwingt mich zur Höflichkeit, so dass meine Wut verfliegt. Da es noch nicht sehr spät am Nachmittag ist, beschließe ich, die Stadt zu erkunden. Außerdem will ich nicht Raphael begegnen, falls der auch hier übernachtet und jetzt ebenfalls einchecken will. Ich kann mich nicht erinnern, ob er Gepäck dabei hatte, als er Eric und mich unterbrochen hat.

Was bildet er sich eigentlich ein, einfach so dazwischenzufunken? Was will er denn von mir? Er überlegt doch, Priester zu werden! Abgesehen davon hatte er allerdings nicht unrecht: Eric ist wirklich ein Schürzenjäger, hat er ja selbst gesagt. Wahrscheinlich hat er auch deshalb so heftig reagiert. Außerdem: Trotz aller Beteuerungen, dass er jetzt alles anders machen will und deshalb sogar pilgert, bleibt er ein Mann. Und ich habe wirklich keinen Anlass, denen besonderes Vertrauen zu schenken.

Es gelingt mir, den Gedanken an diese unschöne Szene beiseitezuschieben, doch kaum stehe ich wieder auf der Straße, geht ein anderes Kino in meinem Kopf los: Es sind Szenen meiner Beziehung mit Marc, vor allem aus den letzten Monaten, als wir uns eigentlich voneinander entfremdet hatten, aneinander vorbeigelebt haben, aber beide nicht den Mut hatten, es auszusprechen. Oder besser, ich hatte nicht den Mut, und er hatte nicht die Lust. Er hatte es sich damit eigentlich ganz gut eingerichtet, wenn ich es recht überlege.

Ich laufe durch die Straßen und schaue mir die Gebäude mit ihren alten, verzierten Fassaden in warmen Erdtönen an, doch ich kann mich nicht darauf konzentrieren. Schließlich halte ich an der schönen *Plaza del Castillo* an und setze mich in ein Café. Das Gute an all dem Ärger: Ich habe ganz vergessen, wie kaputt ich bin. Erst als ich mich in den Stuhl aus Plastikgeflecht fallen lasse, erinnert mich mein Körper daran.

Ich bestelle beim Kellner einen *café con leche* und lehne mich zurück. Mir entfährt ein Seufzer, in dem sich alles vermischt: mein schmerzender Körper, die frustrierende Angelegenheit mit den Männern, aber auch die Schönheit dieses Ortes. Ich habe einen guten Blick auf den hübschen, steinernen Pavillon in der Mitte des Platzes, dessen Kuppel innen mit tiefblauen Mosaiksteinchen versehen ist.

»Schön hier, nicht wahr?«, reißt mich eine männliche Stimme aus meinen Gedanken. Ich drehe mich halb nach rechts, in die Richtung, aus der sie kam. Zwei Tische weiter in dem nicht gerade überfüllten Straßencafé sitzt ein Pärchen mittleren Alters in Pilgerkluft. Der Mann, der mich angesprochen hat, trägt ein Baseball-Cap mit der Aufschrift »St. Jean Pied de Port«. Darunter kommt graues, aber noch fülliges Haar hervor. Sein gemütliches Gesicht ist trotz der Schirmmütze von der Sonne gerötet.

»Ja«, gebe ich kurz angebunden zurück. Es nervt mich ein bisschen, dass dieser Typ mich einfach so auf Deutsch anquatscht. Nicht, weil mir mein starker deutscher Akzent beim Spanischsprechen ein wenig unangenehm ist – der Kellner musste selbst bei der Kaffee-Bestellung zweimal nachfragen –, sondern weil ich Leute unmöglich finde, die einfach mal davon ausgehen, dass alle Welt ihre Sprache spricht. Ich wette, wenn ich auf Englisch geantwortet hätte, hätte dieser Mann nicht etwa auch ins Englische gewechselt, sondern einfach nur langsamer und vor allem lauter gesprochen.

»Sind Sie auch auf dem Weg nach Santiago?«, schaltet sich da seine Frau ein. Sie trägt einen blonden Kurzhaarschnitt und hat wache Augen in einem schlanken, fast hageren Gesicht. Eigentlich wirkt sie ganz sympathisch. Also seufze ich innerlich und zwinge mich, über meinen Schatten zu springen.

»Ja. Ich werde aber morgen erst einmal einen Tag Pause machen und mir vielleicht noch ein wenig die Stadt anschauen.« Damit lege ich hoffentlich auch eine Etappe Distanz zwischen Eric und Raphael und mich.

»Ah, dann schauen Sie sich die Zitadelle an!«, empfiehlt mir der Mann.

»Ich war schon in der in St. Jean Pied de Port«, gebe ich zurück, zeige auf seine Mütze und bin in Gedanken sofort wieder bei Raphael. Dort habe ich ihn zum ersten Mal getroffen.

»Die hier ist viel beeindruckender. Ich bin übrigens Helmut«, stellt der Mann sich vor und weist dann auf seine Frau. »Und das ist Marianne. Als Pilgerkollegen können wir uns ja eigentlich auch duzen, nicht wahr?«

»Didi«, sage ich und zeige auf mich. »Eigentlich Diana. Wisst ihr, vielleicht sollte ich wirklich zu dieser Zitadelle gehen.« Als symbolischer Akt, denke ich, weil ich Raphael jetzt hoffentlich zum letzten Mal getroffen habe. Und Eric auch. Je öfter ich an die Szene vor der Kirche denke, desto mehr können mir die beiden gestohlen bleiben.

Etwas von dieser Wut muss sich auf mein Gesicht und in meinen Tonfall gestohlen haben, denn Helmut nickt nur, und auf seinem gutmütigen Gesicht erscheint ein zurückhaltender, vorsichtiger Ausdruck.

»Und, warum läufst du den Weg, Didi?«, fragt da Marianne ungeniert. Da ist sie wieder, die allgegenwärtige Frage nach dem Wesentlichen, die hier so schnell gestellt wird. Doch etwas an Mariannes Art ist so voller aufrichtigem Interesse, ja, beinahe mütterlich, dass sie mich direkt ins Herz trifft. Vorbei an all den Schutzwällen, die ich errichtet habe, um mir keine Blöße geben zu müssen.

»Die kurze Version?«, frage ich verbittert. »Tja, also, meine Beziehung ist kaputt, meine Karriere im Eimer, und Freunde habe ich auch keine mehr. Und ich dachte, wenn ich den Weg hier laufe, wird alles einfacher, aber stattdessen ist es nur noch komplizierter geworden!«

Helmut ist dieser Ausbruch offensichtlich unangenehm, denn er sieht plötzlich aus, als würde er die Zuckerkörner auf seiner Untertasse zählen. Ich gebe zu, es ist ein wenig seltsam, so über zwei Cafétische hinweg sein Herz auszuschütten. Aber Marianne sieht mich aufmerksam an.

»Wie meinst du das, noch komplizierter?«, fragt sie.

»Ach, da ist so ein Typ, mit dem ich gepilgert bin und mit dem sich vielleicht etwas anbahnt. Und noch einer, der das wiederum verhindern will, auch wenn ich glaube, dass er eigentlich nicht so recht weiß, was er da tut. Und dabei bin ich eigentlich mit mir selbst nicht mal im Reinen. Es ist alles ein Riesenschlamassel.«

Marianne sieht mich skeptisch an. Gut, so verkürzt dargestellt klingt das jetzt vielleicht ein wenig eingebildet. Trotzdem bin ich nicht darauf vorbereitet, was als Nächstes kommt.

»Sei mir nicht böse«, sagt sie, »aber für mich klingt das nach einem Luxusproblem. Du bist jung, du hast dein Leben noch vor dir. Und wie es aussieht, hast du jede Menge Optionen. Du musst dich nur entscheiden. So schwer kann das doch nicht sein.«

Wie bitte?! »Doch, ist es. Das ist verdammt schwer!« Als ob diese Frau nie jung gewesen wäre. Und überhaupt, was bildet sie sich eigentlich ein?

»Weißt du was?« Ich merke, wie ich laut werde. Helmut intensiviert das Studium der Zuckerkörner. »Du hast keine Ahnung. Du kennst meine Situation überhaupt nicht. Und überhaupt, dieses ständige Gefrage, warum man den Weg läuft. Das geht euch einfach nichts an! Ich frage euch ja auch nicht. Es ist mir, ehrlich gesagt, scheißegal, warum ihr hier rumlatscht!«

Mit diesen Worten stehe ich auf, fummele einen Fünf-Euro-Schein aus meinem Geldbeutel und klemme ihn unter meine halbvolle Kaffeetasse. »Tschüss!«, schleudere ich den beiden wütend an den Kopf und stürme über den Platz davon.

Ich spüre die Blicke der beiden in meinem Rücken. Aber ich drehe mich nicht um. Mir egal, ob ich sie beleidigt habe.

Die sollen sich um ihre eigenen Probleme kümmern. Falls sie überhaupt welche haben. So etwas Selbstgerechtes wie diese Frau habe ich selten erlebt!

Bald darauf sitze ich in der Herberge auf meinem Stockbett. Ich habe zweifach Glück – erstens habe ich einen Platz in der oberen Etage ergattert, aber vor allem scheint Raphael woanders zu übernachten. Freuen kann ich mich darüber trotzdem nicht so recht, denn in meinem Kopf dreht sich das Gedankenkarussell. Warum habe ich diesem deutschen Pärchen bloß mein Herz geöffnet? Nur um dann gesagt zu bekommen, dass ich gar keine echten Probleme hätte? Die fühlen sich jedenfalls verdammt echt an.

Ich bin dankbar für die Ablenkung, als plötzlich eine Horde junger Frauen in meinen Schlafsaal stürmt. Ich erkenne, dass sie auf Französisch schnattern. Fröhlich begrüßen sie mich. Sind die heute etwa auch gewandert? Dafür sind sie aber ganz schön aufgekratzt.

Eine von ihnen, eine hübsche Blondine, stellt sich auf Englisch als Virginie vor und besetzt das Bett unter mir.

»Wir wollen später noch ausgehen«, erzählt sie mir. »Willst du mitkommen?«

Sind die wahnsinnig?, denke ich unwillkürlich. Ich bin körperlich total erledigt. Geistig eigentlich auch. Andererseits ... bevor ich hier auf meinem Bett liege und nicht schlafen kann, weil mir dieser völlig beschissene Tag im Kopf herumgeht, sollte ich vielleicht versuchen, die heutigen Ereignisse irgendwie zu vergessen.

»Klar«, lächele ich Virginie an. »Was habt ihr denn vor?«

Es solle da eine Disco geben, erzählt sie mir, da würden die Stierkämpfer immer hingehen. Die würden sie sich mal gerne aus der Nähe ansehen. Vorher würden sie noch in die Stadt gehen.

Je länger ich den Französinnen zuhöre, desto mehr fällt mir auf, wie jung sie sind. Sie können gerade mal Anfang zwanzig sein. Ich schnappe auf, dass sie auf die Uni gehen, und muss an meine Kommilitonen denken. Aber diese Mädchen hier sind viel netter.

»Was studiert ihr denn?«, frage ich Virginie.

»Die meisten von uns machen internationales Management«, erwidert sie. *Ah, deswegen spricht sie so gutes Englisch!*, denke ich.

Wir unterhalten uns ein wenig über ihr Studium, das meinem inhaltlich sehr ähnelt. Damals hatte ich es mir so spannend vorgestellt: Psychologie, Soziologie und Wirtschaft. Nur dass dann direkt in der Einführungsvorlesung klargestellt wurde, was das Wichtigste war, nämlich das wirtschaftliche Denken. Alles, was wir lernen würden, würde nach dem Kosten-Nutzen-Prinzip beurteilt.

Ich habe grundsätzlich nichts gegen das Kosten-Nutzen-Prinzip, aber ich versuche, es aus meinen zwischenmenschlichen Beziehungen herauszuhalten. Vielleicht bin ich romantisch, aber ich glaube, dass jeder Mensch einen Wert an sich hat und dass man den Wert einer Freundschaft – oder Partnerschaft – nicht daran bemessen kann, was dabei für einen selbst rausspringt.

Nicht so meine Kommilitonen. Ein ganzes Semester lang habe ich wirklich versucht, unter ihnen neue Freunde zu finden. Mir war nämlich aufgegangen, dass ich dringend wieder eigene Freunde brauchte, die mit Marc nichts zu tun haben. Aber die meisten der Studenten waren ein paar Jahre jünger als ich, was in dem Alter leider wirklich einen Unterschied macht. Ich trieb mich also auf Studentenpartys herum, wo es hauptsächlich um Alkohol ging und darum, wer mit wem was getan hatte. Trotzdem unterhielt ich mich mit ihnen, versuchte, gemeinsame Themen zu finden, aber jede Unterhaltung ebbte nach dem üblichen Smalltalk ab. Lange verstand ich nicht, warum. Erst nach ein paar Monaten wurde mir klar: In jeder Unterhaltung versuchten meine Kommilitonen, herauszufinden, was für sie dabei heraussprang.

Virginie erzählt, dass es auch an ihrer Uni oberflächliche Idioten gibt, die ihre Freunde nach Geld, Kontakten und guten Noten aussuchen. Irgendwie beruhigt mich das. Vielleicht gibt es in meinem Studiengang ja doch sympathische Leute und ich bin nur bisher den falschen begegnet? Es wäre doch noch mal einen Versuch wert, die anderen zu suchen, wenn ich wieder nach Deutschland komme. *Diese Französinnen sind so nett. Ist in meinem Studiengang der Arschloch-Faktor etwa höher?* Denn so kam es mir vor. Kosten-Nutzen-mäßig hatte ich jedenfalls nicht viel für meine Kommilitonen zu bieten: Ich war keine herausragende Studentin, die man bei einer Gruppenarbeit für sich hätte einspannen oder von der man in einer Klausur hätte abschreiben können. Nach den in unserem Studiengang geltenden Schönheitsmaßstäben – blond, blauäugig, strahlend weiße, gerade Zähne – war ich nicht besonders gutaussehend, auch wenn ich durchaus einige neugierige Blicke erhielt. Aber ich war nun mal vergeben gewesen, auch wenn ich mich bemüht hatte, nicht zu viel von Marc zu erzählen. Hätte ich es getan, wäre ich vielleicht interessanter geworden, immerhin ist Marc ein erfolgreicher Investmentbanker. Aber ich wollte nicht als Anhängsel meines Freundes rüberkommen, und so war ich nur eine Bafög-Empfängerin aus einfachen Verhältnissen, die zudem für amouröse Abenteuer nicht zur Verfügung stand. Also warum in ein Gespräch, gar in eine

Freundschaft mit mir investieren, wenn doch nichts dabei herausspringt?

Bald war ich so etwas wie die Kuriosität meines Studiengangs. Ich ging nur noch selten hin und habe bisher nur wenige Kurse überhaupt abgeschlossen. Ich wusste, ich hatte viel Geld dafür bezahlt, und eine Stimme in meinem Kopf, die sich stark nach meiner Mutter anhörte, ermahnte mich oft, dass ich es verschwende. Aber ich konnte mich einfach nicht aufraffen, etwas für die Uni zu tun.

Irgendwann fällt mir bei der Unterhaltung mit Virginie ein, dass ich noch meine Wäsche erledigen muss, wenn ich morgen frische Unterwäsche anziehen will. Ich entschuldige mich kurz und begebe mich in die Waschküche, um meine schnelltrocknenden Synthetik-Socken und -Schlüpfer zu waschen.

Als ich zurück in das Zimmer komme, traue ich meinen Augen kaum: Die Französinnen haben sich ausgehfein gemacht, aber so was von! Ich erblicke Paillettentops, Miniröcke über Leggings und hochgesteckte Haare. Als einziges Zugeständnis an die Tatsache, dass sie eigentlich Jakobspilger sind, stecken ihre Füße nicht in hochhackigen Pumps, sondern entweder in knappen Sandalen oder in stylishen Turnschuhen.

Da werde ich nicht mithalten können. Während die anderen im Bad verschwinden, um sich – natürlich! – zu schminken, stelle ich das schickste Outfit zusammen, das ich dabeihabe: Eine leichte, dunkelblaue Hose und mein kariertes Trekking-Hemd. Dazu, es geht nicht anders, meine Outdoor-Jacke und Flip-Flops. Ich kann ja schlecht meine Wanderstiefel anziehen, und andere Schuhe habe ich nicht. Und wenn ich schon an den Füßen friere, will ich es wenigstens nicht obenrum auch tun.

Als ich so meine Füße betrachte, die in den letzten Tagen Schwielen an den Zehen ausgebildet haben und an den Fersen noch die Spuren aufgeplatzter, langsam verheilender Blasen tragen, überlege ich ernsthaft, mir noch schnell ein Paar billiger geschlossener Schuhe zu kaufen. Dann verwerfe ich den Gedanken, denn ich müsste sie danach wegwerfen. Ich kann beim besten Willen nicht noch mehr Zeug mit mir rumschleppen. Mal ganz davon abgesehen, dass mein Budget das eigentlich nicht hergibt.

Dann muss ich eben dafür sorgen, dass mir niemand auf die Füße schaut. Ich leihe mir Schminke von den Französinnen und übertreibe es ein wenig damit. Was soll's, hier kennt mich ja keiner.

Durchgestylt und aufgeregt purzeln wir aus der Herberge. Mittlerweile ist es dunkel geworden in Pamplona, und warmes Licht erhellt die Gassen der Altstadt. Wir kaufen als Erstes zwei Flaschen Cava-Sekt an einem Kiosk und stoßen mit Plastikbechern auf den Abend an.

Dann schlendern wir ein wenig durch die belebten Sträßchen. Mit einer Mischung aus Französisch, Englisch mit starkem Akzent und sogar ein paar Brocken Deutsch bewerten die anderen mit mir die spanischen Männer, die wir sehen. Die Mädels sind wirklich ziemlich schamlos, und ich frage mich zwischendurch, wie um alles in der Welt sie auf den Gedanken gekommen sind, den Jakobsweg zu laufen. Aber es tut gut, einfach mal oberflächlich mit ihnen zu schnattern, statt andauernd diese tiefgreifenden oder extrem informativen Gespräche mit Eric, Raphael oder irgendwelchen anderen Pilgern zu führen. Überhaupt denke ich den ganzen Abend weder an Eric noch an Raphael, was ich als Erfolg werte.

An einer Straßenecke halten wir an. Die Mädchen sprechen ein paar junge Spanier an, die dort stehen, rauchen und sich unterhalten. Von ihnen erfahren wir, dass hier jedes Jahr im

Juli die Stiere durch die engen Gassen der Altstadt in die Arena getrieben werden.

Es muss ein riesiges Fest sein. Die Jungs nennen es »Sanfermines« und erzählen, dass auch sie schon die traditionelle weiße Kluft mit rotem Halstuch und roter Schärpe getragen haben. Einer von ihnen zeigt Fotos auf seinem Smartphone, und ich muss sagen, es sieht schon schick aus. Anscheinend ist es eine Mutprobe, neben den Stieren herzulaufen, und jedes Jahr werden Teilnehmer auf die Hörner genommen, manche sterben sogar. Auch davon sehen wir Fotos. Ich finde das ziemlich dämlich und sage es auch, aber das stößt bei den Spaniern auf Unverständnis. Es sei halt Tradition.

Während die Französinnen mit einer Mischung aus Ehrfurcht und Mitleid den Jungs zuhören, wie die Stiere schließlich im Schaukampf vom Matador getötet werden, halte ich mich lieber an den Sekt, von dem wir zwischendurch noch Nachschub geholt haben.

Je länger wir an dieser Straßenecke stehen, desto beschwipster werde ich. Virginie unterhält sich angeregt mit einem Spanier, und ihr elegantes französisches Profil schimmert im Licht der Straßenlaternen. Nach und nach finden sich in unserer kleinen internationalen Party die Pärchen, nur ich bleibe mit der Sektflasche allein. Das ist in Ordnung. Ich gönne den anderen ihren Spaß, und ich will ja auch niemanden aufreißen.

Irgendwann löst sich Virginie kurz von ihrem Verehrer. »Wir wollen jetzt in die Disco, die Jungs kommen auch mit«, sagt sie zu mir. »Sie kennen ein paar Stierkämpfer und wollen uns vorstellen. Wird bestimmt superspannend, kommst du mit?«

»Weißt du was«, beginne ich, »ich glaube nicht. Ich bin total erledigt vom Wandern. Aber ich wünsche euch viel Spaß!«

»Ach, schade … Naja, dann erhol dich gut. Wir versuchen,

nicht zu viel Lärm zu machen, wenn wir in die Herberge kommen.«

»Schon gut, ich hab hier einen tiefen Schlaf. Bis morgen!«

Virginie verabschiedet sich, und ich sehe zu, wie sich die Gruppe in Richtung Disco aufmacht. Früher wäre ich einfach mitgegangen, hätte ein bisschen Spaß gehabt und vielleicht sogar jemanden mit nach Hause genommen. Spätestens am übernächsten Morgen hätte ich nicht mehr groß darüber nachgedacht. Aber, und das wird mir in dieser spanischen Gasse klar, diese Zeiten sind ein für alle Mal vorbei. Eine betrunkene Melancholie stellt sich bei mir ein. In diesem Moment fühle ich mich, als bliebe mir nichts anderes übrig, als entweder für immer allein zu sein oder mich für jemanden zu entscheiden. Und wenn das wirklich mein Problem sein sollte, dann hätte ich lieber mein altes Leben zurück.

»UND, WAS WOLLTE ER?« Alex beugt sich vor, um meine Antwort bei dem Lärm besser verstehen zu können. Es ist elf Uhr abends, sie hat mich nach meiner Schicht in der »Lampe« abgeholt, um noch gemeinsam einen Absacker zu trinken. Wir sitzen an einem der blankgescheuerten alten Tische unter den Lampenschirmen, die aus Reibeisen bestehen und ihr schummriges Licht gemustert an die Wände werfen. Gerade hat meine Ablösung uns zwei Liköre hingestellt. Aufs Haus, versteht sich, was einer der Gründe ist, warum wir uns hier treffen. Jedenfalls mehr als die Lampenschirme.

»Dasselbe wie jedes Mal. Kontakt mit mir, mich aufwachsen sehen. Als ob ich nicht schon längst erwachsen wäre. Aber das kriegt er halt nicht mit, wenn er sich nur alle paar Jahre meldet, weil seine Schuldgefühle mal wieder überhandnehmen. Prost!« Ich hebe mein Schnapsglas.

Alex zögert. »Meinst du nicht, es wäre an der Zeit, deinem Vater zu verzeihen?«

»Da gibt's nichts zu verzeihen, Alex, nur Konsequenzen.«

Sie sagt nichts, schaut mich nur an. »Was?«, frage ich.

»Ich glaube, das ist das Einzige, bei dem du konsequent bist.«

»Stimmt überhaupt nicht! Sieh mich an: Ich habe einen Job, ich studiere, ich habe eine eigene Wohnung. Ist das etwa nicht konsequent?«

»Du kellnerst, morgen wirst du deine Seminare wegen Kater ausfallen lassen, und in deiner Wohnung müsste mal dringend geputzt werden«, kontert Alex. »Und mit deinen Männergeschichten bist du nun auch nicht gerade konsequent?«

»Was heißt denn hier Männergeschichten? Ich hatte vielleicht ein oder zwei One-Night-Stands. In der Blüte meiner Jahre!«

Ich schmolle gespielt, und Alex ergänzt lachend: »Was ja völlig in Ordnung ist, jetzt hab dich nicht so. Ich meine nur … Ich verstehe ja, dass es dich nervt, wenn dein Vater einfach so auftaucht. Und ich weiß auch, dass er früher nie für dich da war, hab's ja irgendwie auch mitbekommen. Aber glaubst du nicht, dass es dir vielleicht irgendwann leidtut, dass ihr euch nie ausgesöhnt habt? Wenn er, du weißt schon, nicht mehr da ist?«

»Keine Ahnung«, entgegne ich. »Vielleicht. Ich glaube nicht. Aber darüber mache ich mir später Gedanken. Es ist doch so: Er wollte gehen, jetzt ist er weg. Schon lange, wie du weißt. Und ich kann damit sehr gut leben!«

»Aber er ja anscheinend nicht so.«

»Das hätte er sich vorher überlegen sollen. Stößt du jetzt endlich mit mir an?« Als ich in Alex nachdenkliches Gesicht sehe, setze ich mein Glas wieder ab. »Hör mal, ich hatte einen echt guten Tag. War nach der Uni noch mit Mama Kaffee trinken, wir sind durch Prenzlberg gelaufen, sie hat mir Orte von früher gezeigt und die Geschichten dazu erzählt. Sie ist diejenige, die sich immer um mich gekümmert hat. Mein Vater hat kein Recht, mich einfach anzurufen, wann immer es ihm gerade passt – und das tut es echt selten. Okay?«

»Vielleicht solltest du endlich mal deine Nummer wechseln«, erwidert Alex grinsend.

»Das wär ja noch schöner!«

»Das heißt, dir geht's gut?«

»Sag ich doch. Also: Prost?«

Wir klicken die Schnapsgläser aneinander und stürzen die Berliner Luft hinunter. Frisch und gleichzeitig wohlig warm läuft der Minzlikör meine Kehle hinab. Es ist wahr, was ich Alex gesagt habe: Mir geht es gut. Ich fühle mich lebendig. Ich stehe auf eigenen Füßen, zum ersten Mal in meinem Leben, verdiene mein eigenes Geld, habe eine kleine Wohnung. Ich studiere, die Uni ist ein aufregender neuer Kosmos. Ich habe den Eindruck, nicht nur ich genieße meine neue Freiheit. Ich sehe es in den Blicken meiner Kommilitonen, und ich bin neugierig, wohin das Leben mich führt. Trotz meiner Sechsstundenschicht an der Theke fühle ich mich zappelig. »Sag mal, Alex, sollen wir noch tanzen gehen?«

8 Pamplona – Los Arcos

Ich sollte jetzt wirklich mal die Augen aufmachen. Kurz versuche ich es, und ein stechender Schmerz fährt durch meine Augäpfel direkt in mein Gehirn. O Gott. Zu viel Sekt. Mein vom Wandern ausgemergelter Körper verträgt den Alkohol wohl nicht.

Geschlafen habe ich auch nicht gut. Die Französinnen sind erwartungsgemäß mitten in der Nacht sternhagelvoll ins Zimmer geplatzt und haben ganz schön lange gebraucht, um es endlich in ihre Betten zu schaffen. Bis es so weit war, war ich vollends wach.

Stöhnend klettere ich aus meinem Etagenbett und tapse ins Bad. Eine Dusche wird helfen. Zusätzlich zu meinen Kopfschmerzen tut mein Körper noch ein bisschen mehr weh als gestern. Ich habe Muskelkater an den Schienbeinen, den Oberschenkeln und im Hintern, ganz abgesehen von einer generellen Steifheit. Ich habe den Eindruck, meine Schmerzen sind irgendwie gereift, und erst jetzt entfalten sie ihre volle Bösartigkeit. Gleichzeitig gibt mir das berechtigten Anlass zu der Hoffnung, dass morgen nicht nur der Kater weg ist, sondern auch die übrigen Schmerzen sich gelindert haben und ich weiterlaufen kann. Auch wenn ich ehrlich gesagt im Moment keine große Lust dazu habe. Aber ich habe ja auch einen Tag frei, und falls ich morgen immer noch keine Lust habe, muss ich eben meine Pilgerehre bemühen. Lustig, denke ich, dass ich jetzt schon solche Wörter benutze.

Als ich aus der Dusche komme, wachen die Französinnen gerade so langsam auf. Sie wirken unverschämt fit und wollen noch einen Tag in der Stadt bleiben, vielleicht auch länger. Sie hätten gestern viel Spaß gehabt, erzählen sie und kichern. Da fällt mir erst auf, dass Virginies Bett leer ist.

Ich habe den Eindruck, so ganz das Richtige ist das Pilgern vielleicht nicht für sie. Naja, jeder so, wie er meint, denke ich und beschließe, den heutigen Tag alleine zu verbringen und in Ruhe auszunüchtern. Vielleicht gibt es hier ja Thermen?

Die Idee ist so verlockend, dass ich den wieder auftauchenden Gedanken an mein knappes Budget beiseiteschiebe. Eine gute Stunde später habe ich ein kleines spanisches Frühstück – *café con leche* und getoastetes Brot mit Tomatenpüree und Olivenöl – im Bauch und sitze in einem Whirlpool. Keine drei Minuten von der Herberge gibt es ein schickes neues Spa, Thermalbad-Luxus mit minimalistischer Einrichtung und klaren Linien. Gut, die Preise sind auch schick und neu, und was sie für den hässlichen Miet-Badeanzug verlangen, ist eine Unverschämtheit. Aber egal, dafür werde ich mich den ganzen Tag nicht von hier fortbewegen.

Blöd nur, dass irgendwann Marianne vor meinem inneren Auge auftaucht. Stöhnend erinnere ich mich daran, wie sie gesagt hat, dass ich eine Menge Optionen hätte und mich nur entscheiden müsste. Auch wenn sie das nichts angeht und auch wenn es überhaupt nicht so leicht ist, hat sie im Grunde nicht ganz unrecht.

Während um mich herum die Blasen im Wasser aufsteigen und ich im heißen Wasserdampf vor mich hindämmere, denke ich: Vielleicht lasse ich die Entscheidung einfach zu mir kommen. Geht es nicht sogar darum, wenn man den Jakobsweg pilgert? Dass man so lange läuft, bis die Entscheidung einfach feststeht? Das klingt jetzt vielleicht lethargisch, ist es aber nicht. Immerhin läuft man jeden Tag eine Menge Kilometer. Meine Beine machen die Entscheidungsarbeit. So ist das nämlich.

Als ich am frühen Abend die Therme verlasse, hat mich der Ehrgeiz gepackt. Ich werde – verdammt noch mal – auf diesem Weg rausfinden, was ich vom Leben will, und keine zwei Männer werden mich davon abbringen.

Am nächsten Morgen stehe ich im Dunkeln auf und bin schon weniger entschlossen. Irgendwie habe ich wieder den Blues und keine Lust auf alles. Aber es hilft ja nichts. Also packe ich meine Sachen, zwinge mir in einem Café zwei Scheiben Toast und einen *café con leche* im Stehen rein, kaufe noch ein *bocadillo*-Sandwich mit Schinken und Käse für unterwegs und verlasse die Stadt.

Hinter Pamplona werden die Pilger weniger, bemerke ich, als der Tag voranschreitet. Anscheinend sind viele nicht so entschlossen oder diszipliniert wie ich. Das verschafft mir eine gewisse Befriedigung, auch wenn ich nach wie vor lustlos ein Bein vor das andere setze. Wenigstens bin ich fitter als gestern.

Was erst aussah wie eine sanfte Hügellandschaft, entpuppt sich als ziemlich anstrengender Anstieg. Ich muss über einen Bergkamm. Ich versuche, so wenig wie möglich darüber nachzudenken, und lenke mich ab, indem ich mir stattdessen die Sträucher links und rechts des Weges anschaue. Einige von ihnen blühen gelb, was hübsch ist, aber ich habe keine Ahnung, wie sie heißen. Eric wüsste das bestimmt. Kurz denke ich an sein kantiges, stoppeliges Kinn, seine klaren blauen Augen und an seine selbstbewusste Art. Argh, raus aus meinem Kopf mit dir! Stattdessen erscheint Raphael vor meinem inneren Auge. Sanft, gebildet, höflich. Bis auf diese Szene vorgestern. Das war wirklich daneben, so schmeichelhaft es auch ist, wenn sich zwei Männer um einen streiten. Das haben sie doch, oder?

Mir kommt erneut in den Sinn, was ich dieser unmöglichen Frau auf dem Marktplatz in Pamplona an den Kopf geworfen habe: dass ich nicht glaube, dass Raphael weiß, worauf er sich einlässt. Ich glaube, da habe ich eine Wahrheit ausgesprochen, ohne groß darüber nachzudenken. Mal ehrlich – er überlegt, Priester zu werden. Und er wäre ganz bestimmt ein guter, so freundlich, zugewandt und aufrichtig, wie er ist. Aber ich glaube – nein, ich bin mir sicher -, dass er kaum Erfahrung mit Frauen hat. Keine Ahnung, warum er sich in den Kopf gesetzt hat, mich zu küssen. Gut, vielleicht habe ich ein bisschen mit ihm geflirtet. Aber doch nur, weil ich mir sicher war, dass da absolut gar nichts geht! Herrgott, ich habe doch sogar vermutet, dass er schwul ist! Mittlerweile bin ich fast ein wenig sauer, dass Raphael ganz anders ist, als ich ihn eingeschätzt habe. Auch wenn ihn das zugegebenermaßen aufregend macht. Aber Aufregung, zumindest amouröse, will ich ja nicht haben.

Ich bin dankbar, als ich zwei Pilger einhole, deren Anblick mich von meinen Gedanken ablenkt. Das klappt so gut, dass ich absichtlich meinen Schritt verlangsame, um ein Stück hinter ihnen zu bleiben und sie zu beobachten. Es sind ein Mann und eine Frau in voller Outdoormontur: Hosen mit abtrennbarem Bein, GoreTex-Jacke, teurer Rucksack, Wanderstöcke, Wanderstiefel. Alles vom Feinsten, soweit ich das aus der Ferne beurteilen kann. Als sie sich kurz umdrehen, sehe ich, dass sie Asiaten sind. Japaner vielleicht. Beide tragen Anglerhüte, die sie tief ins Gesicht gezogen haben.

Ich habe bereits einige Asiaten unterwegs gesehen; meist bleiben sie in Herbergen und Restaurants unter sich. Viele übernachten auch in Hotels. Ich frage mich, warum sie diesen Weg hier laufen – also zum Beispiel die beiden vor mir. Religiöse Gründe können es ja wohl kaum sein ... Obwohl, es gibt ja auch Christen in Asien, soweit ich weiß, nicht viele, aber immerhin einige. Und wir Europäer begeistern uns zum Beispiel für den Buddhismus. Aber irgendwie halte ich es für wahrscheinlicher, dass sie einfach Touristen sind. Sie sind so gut ausgestattet mit teurer Ausrüstung, völlig übertrieben, wie die meisten Asiaten hier. Und sie machen ständig Fotos, von der Umgebung, von sich, von allem – ein wandelndes Klischee sind die beiden. Ich könnte sie fragen, denke ich. Ich könnte sie einholen und ein Gespräch anfangen. Doch da überwiegt wieder meine schlechte Laune, und ich will mit niemandem sprechen, sondern einfach Kilometer machen und meinen Gedanken nachhängen.

Das ändert sich in den nächsten beiden Tagen kaum. Dafür stellt sich zum ersten Mal so etwas wie Routine ein, schließlich lasse ich jetzt auch meine erste Woche auf dem Jakobsweg hinter mir. Ich stehe im Morgengrauen auf, frühstücke und laufe los. Unterwegs betrachte ich die Landschaft. Es ist immer noch hügelig. Ich lerne, Olivenbäume zu erkennen. An manchen Stellen blüht roter Klatschmohn in den Feldern, eine der wenigen Blumen, die ich kenne. Einmal sehe ich einige riesige, längliche Steine, die vereinzelt in der Landschaft stehen wie Botschafter einer untergegangenen Zivilisation.

Wenn ich irgendwann nach einigen kurzen Pausen an mein Etappenziel komme, suche ich eine Pilgerherberge auf, wasche, esse, lege mich schlafen. Falls ich noch Zeit habe, schaue ich mir vorher den Ort an.

Von anderen Pilgern halte ich mich fern. Manchmal werde ich in den Herbergen angesprochen, aber ich antworte immer reserviert, und die meisten merken schnell, dass ich keine Lust auf ein Gespräch habe. Manche Männer versuchen trotzdem, mich anzugraben. Ich hätte nie gedacht, dass das hier so krass ist! Meistens handelt es sich dabei um zottelige Abiturienten oder Studenten, die voll auf dem Selbsterfahrungstrip sind. Sie fragen mich, wie alt ich bin, und wenn ich sage, dass ich 29 bin, erwidern sie, ich würde viel jünger aussehen, was ich einerseits schmeichelhaft finde, andererseits aber weiß ich, dass sie nur die Altersdistanz zu sich selbst kleinreden wollen. Für sie wäre ich ein Abenteuer – eine erfahrene Frau! Wer weiß, was sie sich in ihren hormonverwirrten Köpfen alles ausmalen. Aber ganz abgesehen davon, dass sie müffeln und mir mit ihrem oberflächlichen spirituellen Gequatsche auf die Nerven gehen: Ich möchte kein Abenteuer sein.

Ich möchte ... tja, was eigentlich? Oft ertappe ich mich dabei, wie ich unterwegs die Wegweiser mit dem Symbol des Wegs, der stilisierten Jakobsmuschel, betrachte und versuche zu ergründen, was dahintersteckt. Raphael könnte mir bestimmt einen Vortrag darüber halten. Ich jedenfalls sehe Linien, die zu einem Punkt zusammenlaufen. Wenn der Punkt Santiago ist, dann bedeutet das, dass es viele Wege dorthin gibt. Und das stimmt, der *Camino Frances*, auf dem ich gehe, ist nur einer von vielen. Man könnte es auch so verstehen, dass Menschen von überallher nach Santiago kommen. Aus allen möglichen Ländern, sogar aus Asien. Klar, dass da nicht nur beeindruckende oder gar nur sympathische Menschen dabei sein können. Idioten gibt's überall, also auch hier.

Und wenn ich das Symbol auf mich persönlich beziehe, dann bedeutet es, dass es viele Gründe dafür gibt, warum ich jetzt hier bin. Marc ist nur einer davon. Was noch? Tja, da ist das Ding mit der Freundschaft. Mit meiner besten Freundin Alex. Mit meiner Mutter. Und es stimmt, ich hab kaum Geld, das ist auch ein Grund, warum ich hier bin und nicht etwa in Australien.

Es ist relativ leicht, die Gründe aufzuzählen, die mich hierhergeführt haben, aber viel schwieriger, zu bestimmen, wohin genau sie mich eigentlich bringen sollen. Was erwartet mich an dem Punkt, in dem all diese Gründe zusammenlaufen? Worin besteht diese Heilung, die Inspiration für mein Leben oder was auch immer ich mir von der ganzen Aktion versprochen habe? Fest steht, dass ich an dem Punkt noch nicht angekommen bin. Immer wieder stelle ich mir die Frage: Wieso mache ich das hier eigentlich?

Ich sitze mit meinem MacBook auf der Couch meiner Mutter. Der Laptop war ein Geschenk von Marc zum Beginn meines Studiums – ich hatte ihm davon vorgeschwärmt, weil alle in der Agentur einen hatten. Das Gerät ist silbern und elegant, und ich liebe es bis heute. Ich fand das Geschenk zwar übertrieben, aber gefreut habe ich mich natürlich trotzdem. Deshalb habe ich es auch mitgenommen, als ich am nächsten Tag in der Wohnung war, um meine wichtigsten Sachen zusammenzusammeln. Geschenkt ist geschenkt, nicht wahr?

Ich surfe ziellos im Netz, da ploppt plötzlich eine Meldung von Skype auf:

»Alex ist online«. Ich starre auf das Fenster, bis es wieder verschwindet. Ich habe sie ganz schön lange ignoriert. Soll ich sie jetzt anschreiben? Oder sogar direkt anrufen? Viel schlimmer kann meine Situation jedenfalls nicht werden – es sei denn, Alex will auch nichts mehr von mir wissen. Ich könnte es ihr nicht verübeln.

Vielleicht melde ich mich besser nicht. Wer weiß, was sie mir an den Kopf wirft.

Ob sie wohl immer noch in Somalia ist? Als sie hingegangen ist, habe ich recherchiert und gelesen, dass dort gerade eine Hungerkatastrophe herrschte. Und dass im Nachbarland ein Krieg tobte und Terrormilizen durch das Land zogen. Wahrscheinlich ist das immer noch so. Ich habe nie angerufen und mich erkundigt, ob es ihr gut geht. Und jetzt, wo ich darüber nachdenke, will ich es nicht machen, nur weil ich Angst habe, dass sie berechtigterweise sauer auf mich sein könnte? Ich atme einmal tief durch und klicke auf »Anrufen«.

Es tutet. Nervös kaue ich auf meiner Unterlippe.

Dann geht Alex ran. Ein überraschtes »Didi?!« tönt blechern aus den Lautsprechern des Laptops. Auch wenn es keine Videoverbindung gibt, sehe ich sie vor mir, wie sie mit ihrem blonden Strubbelkopf und ihren wachen grünen Augen vor dem Rechner sitzt.

»Hallo«, beginne ich schüchtern. »Ich, ähm ... also, wie geht's dir?«

»Das ist ja eine Überraschung! Was verschafft mir denn die Ehre?«

Oha. Das klang erst nach Freude, aber am Ende wurde ihr Tonfall doch ziemlich spitz. Ich kann auf keinen Fall sagen, dass Marc und ich uns getrennt haben. Und dass ich deswegen anrufe. Das würde genauso schäbig klingen, wie es ist.

»Alex, ich ... Hör zu, ich war wirklich eine miese Freundin. Es tut mir leid, dass ich dich so hängengelassen habe und dass ich mich nie gemeldet habe.«

»Ja, das war wirklich ziemlich beschissen von dir.«

»Ich weiß. Ich weiß. Ich würde es gerne wiedergutmachen, wenn das irgendwie geht. Bist du immer noch in Somalia?«

»Nordkenia. Ich reise dem Hunger hinterher, könnte man sagen. Und jetzt gerade bin ich in einem Callshop.«

Hm. Ich hatte gehofft, ich könnte sie auf einen Kaffee treffen. Auch, damit ich mal aus dieser Wohnung rauskomme. Ich weiß schon, ziemlich selbstsüchtig von mir.

»Aha ... sag mal, bist du eigentlich damals weggegangen, weil du mit Jonathan Schluss gemacht hattest?«, frage ich, um etwas Zeit zu gewinnen.

»Auch«, erwidert Alex. »Alle waren irgendwie gerade glücklich verliebt oder haben sogar schon Kinder bekommen. Meine Eltern waren damit beschäftigt, ihre Wohnung zu renovieren. Und du wolltest nichts mehr von mir wissen. Es hat mich halt nichts mehr in Deutschland gehalten. Ich dachte, mit räumlichem Abstand könnte ich besser über mein Leben nachdenken. Und dabei noch etwas Sinnvolles tun.«

»Und, hat es funktioniert?«

»Tja, ich bin immer noch weg, oder?«

»Also bist du immer noch nicht über Jonathan hinweg?« frage ich.

»Vergiss Jonathan. Der war es eigentlich nicht wert, dass ich so um ihn getrauert habe. Aber wenigstens bin ich dadurch dazu gekommen, hier in Afrika etwas zu machen, was mich echt erfüllt. Auch wenn es ganz schön anstrengend ist, dieses Elend die ganze Zeit auszuhalten.« Alex klingt jetzt versöhnlicher.

»Okay, also hat es für dich funktioniert, wegzugehen?«

»Absolut. So, jetzt sag mal, wie geht's dir eigentlich?«

»Ach, es geht so. Irgendwie ist es hier echt langweilig«, rede ich um den heißen Brei herum.

»Bist du noch mit Marc zusammen?«

»Najaa«, mache ich, dankbar, dass sie das Thema aufbringt. »Ehrlich gesagt, nein. Er hat mich betrogen, und dann hat er mir gesagt, ich solle mich nicht so anstellen. Also, durch die Blume. Ich fürchte, der Mann war ein Griff ins Klo.«

»Ich könnte jetzt sagen: Ich hab's dir ja gesagt«, meint Alex, und ich höre sie durch die Leitung grinsen.

»Hast du«, gebe ich zerknirscht zu. »Ich muss jetzt erstmal damit klarkommen, mein Leben sortieren. Wir hatten ja auch viele schöne Momente, auch wenn du mir das vielleicht nicht glaubst. Aber ich will nicht mit dir darüber streiten.«

»Tja. Eins habe ich jedenfalls mittlerweile kapiert: Was auch immer du tust, die Lösung wird irgendwann zu dir kommen.«

Irgendwie bezweifele ich das gerade. Aber es ist lieb, dass sie das sagt.

»Ach Alex, ich würde dich so gerne wiedersehen! Kannst du mir verzeihen, dass ich so eine schlechte Freundin war?«

»Mal sehen. Das hier ist schon mal ein guter Anfang. Hör mal, ich muss gleich los, es kommt heute eine Lieferung mit Milchpulver, das dringend verteilt werden muss. Aber schreib mir, was bei dir so passiert, okay?«

Das ist ein Auftrag. Meine Chance, unsere Freundschaft zu kitten.

»Mach ich! Pass auf dich auf, ja?«

»Klar. Ich falle immer auf die Füße, weißt du noch?

»Weiß ich noch. Tschüss, Alex!«

Und damit legen wir auf. Puh. Das lief ja eigentlich ziemlich glimpflich. Ich klappe den Laptop zu.

Auch wenn Alex es bestreitet: Ich weiß, wie sehr sie unter der Trennung gelitten haben muss. Jonathan war ihr Ein und Alles. Als sie mit ihm zusammen war, kannte sie kaum ein anderes Thema. Das war vielleicht auch ein Grund, warum ich mich von ihr entfernt habe. Es war einfach ein bisschen nervig, ihr dabei zuzuhören – und ich fand Jonathan wirklich nicht so toll.

Aber dieser räumliche Abstand scheint bei ihr gut funktioniert zu haben. Vielleicht sollte ich auch für einige Zeit das Land verlassen. Aber wohin? Für humanitäre Missionen, wie Alex sie macht, bin ich ehrlich gesagt zu feige und auch ein bisschen zu bequem. Für einen längeren Urlaub reichen meine Ersparnisse nicht.

Da höre ich, wie der Schlüssel von außen in die Wohnungstür gesteckt wird. Mamas Schicht ist vorbei.

Sie hat Einkäufe von der Arbeit mitgebracht, die sie in der Küche wegräumt. Ich leiste ihr Gesellschaft. Wir bereiten unser Abendessen zu – Brot und Aufschnitt, nichts Besonderes –, während Mama von der Arbeit erzählt.

»Stell dir vor, die Gisela, du weißt schon, die mit dem jüngeren Mann, die hat jetzt ihren ganzen Jahresurlaub auf einmal genommen. Zum Pilgern!«

»Pilgern?«

»Ja, wie der Hape Kerkeling. Der hat doch so ein Buch geschrieben. Ganz toll muss das da sein!«

»Wo, da?«

»Na, in Spanien! Der Jakobsweg. Und total günstig ist es auch, sagt die Gisela.«

Günstig, ja? Ob tausend Euro wohl reichen? Ich habe schließlich immer noch das Geld, das Marc mir für ein Hotel gegeben hat. Das habe ich ihm aus Trotz nicht zurückgegeben, und er hat auch nicht danach gefragt. Jakobsweg. Das muss ich nach dem Abendessen mal googeln.

9 Los Arcos – Logroño

Nachdem ich einige Tage mit Selbstzweifeln weitergepilgert bin, komme ich irgendwo hinter dem Etappenziel Los Arcos an einen Punkt, an dem ich denke: Scheiß drauf. Wieso muss ich 800 Kilometer wandern, um wieder mit meinem Leben zurechtzukommen? Gut, das mit dem Wandern klappt immer besser, aber mal ehrlich: Was ich wirklich tun muss, ist die Zähne zusammenbeißen und mein Studium durchziehen. Mit Freunden oder ohne. Mit meinem Leben klarkommen und mir einen Nebenjob suchen, und wenn es Kellnern ist. Oder halt einen richtigen Job und das Studium abschreiben. Ich muss mir eine Wohnung suchen, und irgendwann klappt es dann auch wieder mit einem Mann. Einem, der nicht auf der Suche nach dem Sinn des Lebens oder mehreren Sexualpartnerinnen gleichzeitig ist, sondern der weiß, was er will. Nämlich mich, und nur mich.

Während ich meine Optionen jongliere, laufe ich auf einem angenehmen Weg durch Pinienwälder. Ich bin schon einer Weile niemandem mehr begegnet, als weit vor mir zwei Pilger auftauchen. Es handelt sich um einen Mann und eine Frau in Trekkingkluft, die langsamer als ich unterwegs sind. Während ich sie mehr und mehr einhole, überlege ich, ob das Helmut und Marianne von der *Plaza del Castillo* sind. Ja, ich bin mir ganz sicher, dass sie es sind. Kurz denke ich darüber nach, mich wieder zurückfallen zu lassen und den beiden aus dem Weg zu gehen. Es war ja irgendwie ganz schön peinlich, wie ich mich aufgeführt habe. *Nichts da*, denke ich dann, *Zähne zusammenbeißen, Didi! Du musst dich entschuldigen.*

»Hallo«, grüße ich schüchtern, als ich zu den beiden aufschließe.

Sie drehen sich um, und ich sehe die Überraschung auf ihren Gesichtern, als sie mich erkennen.

»Didi!«, sagt Marianne nicht unfreundlich. Helmut nickt mir bloß zu, doch auf seinen Lippen liegt ein unsicheres Lächeln.

»Hört mal ...«, beginne ich, doch ich komme nicht weiter, weil Marianne mir das Wort abschneidet.

»Ich wollte mich entschuldigen«, sagt sie. »Ich war wohl etwas zu forsch. Ich hatte kein Recht, so über dein Leben zu urteilen.«

Ich bin kurz sprachlos. »Äh ... naja, aber du hattest irgendwie recht mit dem, was du gesagt hast. Dass ich mich entscheiden muss. Und deshalb wollte ich mich entschuldigen, dass ich euch so angefahren habe. Das war nicht in Ordnung. Du hast einfach einen Nerv getroffen.«

Marianne lächelt. »Schön, dann können wir ja vielleicht nochmal von vorne anfangen.«

Und ehe ich's mich versehe, stecke ich mitten in einem Gespräch. Helmut und Marianne kommen aus Bonn, wie sie sagen. Fröhlich erzählen sie vom Rheinland und dass man da auch gut wandern könne, der Rheinsteig am oberen Mittelrheintal sei ein Traum, »mehr Burgen als Dörfer, Diana, unglaublich, und die Loreley, und der Wein erst!« Besonders Marianne besitzt eine Art, die mit sanftem Nachdruck nicht duldet, dass das Gespräch endet. Wenn sie etwas erzählt, und das tut sie ausgiebig, fragt sie mich immer wieder, was ich hiervon halte oder davon. Helmut beschränkt sich darauf, seine Frau nickend und lächelnd zu bestätigen und ab und zu mal etwas Wissenswertes einzuwerfen. Oder etwas, was er für wissenswert hält. Marianne blinzelt mich dann hinter seinem Rücken schelmisch an, als wolle sie sagen: »Ja, ja, lass ihn reden!«

Sieht so eine glückliche Ehe aus? Je länger ich den beiden zuhöre, desto mehr habe ich den Eindruck. Zwar verdrehen sie manchmal die Augen, wenn der andere etwas erzählt – klar, wahrscheinlich haben sie die Geschichte schon hundertmal gehört –, aber an der Art, wie sie es machen, kann ich erkennen, dass dahinter gegenseitiger Respekt steht. Es wirkt so lässig, so selbstverständlich, dass ich völlig darin aufgehe, ihr Mienenspiel zu beobachten. Nach einer Weile bemerke ich, dass ich nicht mehr zugehört und den Faden verloren habe.

»… was letztendlich dazu geführt hat, dass wir den Jakobsweg gehen«, sagt Marianne gerade.

»Entschuldigung, das hab ich jetzt nicht ganz mitbekommen. Warum seid ihr hier?«, hake ich nach.

Auf Mariannes Gesicht bildet sich eine Furche zwischen den Augenbrauen. Helmut schaut mich betroffen an. Habe ich etwas Falsches gesagt?

»Tut mir leid, ich war kurz in Gedanken woanders«, erkläre ich. Kann ja mal passieren. So schlimm ist das doch nicht, oder?

»Was Marianne gerade gesagt hat«, ergreift Helmut das Wort, »ist, dass der Grund dafür, dass wir den Jakobsweg gehen, der Tod unseres Sohnes ist.«

Ich muss mich anstrengen, um nicht zu fluchen. *Verdammt, Diana! Da schütten dir zwei Menschen ihr Herz aus, und du hörst nicht einmal zu! Das ist keinen Deut besser als anmaßende Ratschläge.*

»Das ... tut mir so leid!«, stottere ich. »Ich weiß, das ist keine Entschuldigung, aber der Grund dafür, dass ich nicht richtig zugehört habe, ist, dass ich darüber nachgedacht habe, wie gut ihr beide zusammenpasst. Dass ihr auf mich wirkt, als ob ihr auch die Schwächen des anderen liebt. Und da musste ich drüber nachdenken, weil ich ...« Ich halte inne, weil Marianne stehenbleibt. Sie sieht mich an, als ob sie angestrengt nachdenken würde, dann füllen sich ihre Augen mit Tränen.

Helmut legt den Arm um sie und flüstert beruhigend auf sie ein. Und ich weiß nicht, wohin mit mir. Ich fühle mich, als ob sie meinetwegen weinen, auch wenn es wohl eher mit ihrem toten Sohn zusammenhängt. »Habe ich was Falsches gesagt?«, frage ich vorsichtig.

Helmut blickt mich traurig an, dann schüttelt er den Kopf. »Seit Jan von uns gegangen ist, ist nichts mehr, wie es war«, beginnt er zu erklären. »Er ist letzten Sommer abends aus dem Haus gegangen, um sich mit Freunden zu treffen. Wie so oft. Alles war wie immer. Und eine Stunde später erhalten wir den Anruf, dass ein Auto ihn angefahren hat und er noch an der Unfallstelle gestorben ist. Einfach so.«

Ich muss schlucken und merke, dass ich einen Kloß im Hals habe.

»Ich konnte es nicht glauben. Wollte es nicht«, sagt Marianne mit gequälter Stimme. »Obwohl ich seinen toten Körper gesehen habe.«

»Es stimmt, was man sagt«, ergänzt Helmut. »Wenn deine Eltern sterben, stirbt deine Vergangenheit. Aber wenn dein Kind stirbt, stirbt deine Zukunft.«

Ich spüre, wie mir Tränen in die Augen schießen. »Und dann?«, frage ich mühsam.

»Wir sind noch dabei, das herauszufinden«, sagt Marianne.

»Aber das Schlimmste war, dass Helmut sich in die Organisation der Beerdigung gestürzt hat, mit einem derartigen Eifer, als ob dadurch irgendwas zu retten wäre.«

»Irgendjemand musste es ja machen. Und es hilft auch nicht, wenn man so tut, als ob nichts passiert sei«, rechtfertigt sich Helmut, und kurz sehe ich einen Ausdruck in Mariannes Augen aufblitzen, der mir bekannt vorkommt. So hat meine Mutter geguckt, wenn ich ihr gesagt habe, dass sie doch mal wieder ausgehen und neue Leute kennenlernen könnte. Damals, als ich selbst ständig unterwegs war, erschien es mir absolut unverständlich, dass sie das nicht wollte. Jetzt nicht mehr.

Dann wendet Marianne ihren Blick von ihm ab und schaut mich an. »Jeder trauert anders, das haben wir mittlerweile herausgefunden. Aber bis zu dieser Erkenntnis hat es viele Monate gedauert, in denen unsere Beziehung beinahe zerbrochen wäre.«

»Und es ist noch lange nicht alles beim Alten«, ergänzt Helmut.

»Das wird es wohl nie wieder sein«, entgegnet Marianne. »Weißt du, Diana, in Gesellschaft ist es leicht. Nach außen sind wir ein Team. Das haben wir jahrzehntelang gemacht, darin haben wir Übung. Aber wenn wir zu zweit sind, kommt die Hilflosigkeit. Die stillen Vorwürfe, die angestaute Wut, die Schuld, die man fühlt. Und das sind die Momente, an denen wir arbeiten müssen. An uns und an unserer Partnerschaft. Wir haben uns Hilfe geholt, einen Seelsorger aus unserer Gemeinde. Schon komisch, vorher sind wir nur zu Weihnachten in die Kirche gegangen.«

»Ich finde, ihr macht das ganz prima«, sage ich ein wenig hilflos. »Ich wäre wahrscheinlich nicht so stark gewesen wie ihr. Wenn ich nur daran denke, dass ich so etwas durchmachen müsste ... dagegen sind meine Probleme ja wirklich Kleinkram.«

»Jede Krise ist schlimm, wenn man drinsteckt. Ihre Schwere ist von außen nicht ermessbar«, sagt Helmut weise.

Kann schon sein, denke ich. Aber trotzdem: Was ist das alles schon gegen den Verlust eines Kindes? Ich kann mir nicht einmal vorstellen, wie es ist, ein Kind zu haben, geschweige denn, wie es sein muss, eines zu verlieren. Ich habe nur die Ahnung, dass man sein gesamtes Leben für sein Kind ändert und auf es ausrichtet, und dann, mit einem Mal, ist das alles wertlos. Und jeden Augenblick wird man daran erinnert, was man verloren hat. Ganz abgesehen von der Ungerechtigkeit, dass ein Mensch, den man über alles liebt, einfach nicht mehr weiterleben darf. Plötzlich komme ich mir wirklich sehr vom Leben verwöhnt vor. Was habe ich schon verloren? Nach allem, was ich weiß, muss Mutterliebe unvergleichlich sein – vor allem nicht vergleichbar mit meiner Beziehung zu Marc. Ob die überhaupt auf Liebe basierte oder vielmehr auf einer Mischung aus Faszination, Neugier und der Lust auf ein wildes, irgendwie glitzerndes Leben, das würde ich im Moment nicht beschwören. Wieder denke ich daran, dass es keinen Wettbewerb geben sollte, wer die schlimmste Erfahrung hinter sich hat. Trotzdem, irgendwie fühlen sich meine Probleme mickrig an, nach dem, was ich gerade gehört habe.

»Hmm«, mache ich unverbindlich, und mehr fällt mir dazu nicht ein. Irgendwann während des Gespräches haben wir uns in Bewegung gesetzt, und der Pinienwald ist jetzt einem asphaltierten Weg gewichen. Zum ersten Mal, seit wir uns getroffen haben, kehrt Stille ein. Jeder hängt seinen eigenen Gedanken nach.

Wir müssten uns jetzt schon in Rioja befinden, dem berühmten Weinanbaugebiet. Jedenfalls sehe ich auch Weinstöcke in der hügeligen Landschaft. Klein und krüppelig ziehen sie sich in Reihen über den trockenen Boden.

Marianne und Helmut fangen das Gespräch nicht wieder an. Sie scheinen mit ihren eigenen Gedanken beschäftigt zu sein. Ich versuche, mich in ihre Situation hineinzudenken, finde aber keine Worte dafür. Also halte ich die Klappe, bis wir die Ausläufer von Logroño erreichen. Der Weg führt jetzt an einer Schnellstraße entlang durch ein Industriegebiet. Links und rechts erheben sich Lagerhallen, Silos und Shopping-Outlets. Ich muss an zu Hause denken. An die Stadt, in der ich dann wieder jeden Tag wäre. Es war so schön im Pinienwald.

Plötzlich will ich nicht mehr zurück, sondern noch ein wenig hierbleiben. Also nicht *hier* hier, auf dieser Schnellstraße, sondern auf dem Jakobsweg.

»Wisst ihr, eigentlich wollte ich heute aufgeben«, teile ich Helmut und Marianne mit.

»Das tun viele«, erwidert Helmut gleichmütig. »Nach Pamplona ist es viel leerer geworden.«

»Stimmt«, gebe ich zu. »Aber ich war drauf und dran, einfach so zu tun, als ob in meinem Leben alles in Ordnung ist. Und das ist es nicht. Die Lösung habe ich noch nicht, und die Begegnung mit euch hat mir gezeigt, dass man nicht so leicht aufgeben darf.«

»Das ist lieb«, sagt Marianne. »Aber wir tun das hier in erster Linie für uns.«

»Ich ja auch«, erwidere ich. »Ich muss mit mir und meinem Leben klarkommen. Und je weiter ich laufe, desto mehr wird mir klar, was eigentlich alles schiefgelaufen ist.«

»Das kennen wir«, sagt Helmut, und Marianne nickt einvernehmlich.

»Aber ihr macht es gemeinsam. Seid füreinander da, auch wenn es bestimmt nicht einfach ist.«

»Und so jemanden gibt es in deinem Leben nicht?«, fragt Marianne.

»Nein. Und bisher gab es auch noch niemanden. Mein erster Freund war toll, aber das war zu Schulzeiten, da war das Leben einfach. Und ich Idiotin habe ihn in den Wind geschossen, als ich zur Uni gegangen bin, weil ich frei sein wollte. Und danach ... naja. Es gab einen, von dem ich eine Zeitlang dachte, der wäre es. Aber jetzt habe ich das Vertrauen in die Liebe verloren, fürchte ich. Und ich war kurz davor, einfach wieder zurückzukehren in mein Leben und so zu tun, als ob das nicht so wäre. Ich habe keine Ahnung, ob ich hier in Spanien meinen Glauben an Beziehungen wiederfinde, aber so zu tun, als ob alles in Ordnung wäre, ist jedenfalls keine Lösung.«

Während ich das alles sage, wird es mir plötzlich ganz klar. Was für ein Glück, dass ich Marianne und Helmut getroffen habe! Als unser Gespräch bald auf weniger weltbewegende Themen abdriftet wie die Beschaffenheit der Straße, die sich selbst mit unseren Spezial-Wanderstiefeln gar nicht angenehm läuft, denke ich, dass ich fast schon wieder an die Liebe glauben könnte. Auch wenn es harte Arbeit ist, sie gegen das Leben zu behaupten und aufrechtzuerhalten.

Und ich denke noch einmal über das Jakobswegsymbol nach, dass an dem durch die Stadt führenden Weg überall zu sehen ist. Nicht nur das »Wohin« oder das »Wozu«, auf das die Linien zuführen, ist entscheidend, sondern auch das »Wo«, also die Frage, wo man gerade steht, und dass man das erkennt.

Dass das wirklich Anstrengende am Pilgern nicht das Wandern ist, sondern die persönliche, seelische Arbeit, davon hatte ich zwar gehört. Aber dass es so anstrengend wird, hätte ich nicht gedacht. Ich dachte, solange ich nur gute Wanderausrüstung habe, ist alles gut (was übrigens nicht mal stimmt, wie meine wegen des Asphaltuntergrunds schmerzenden Knie beweisen). Aber woher kriegt man bloß die passende Seelen-Ausrüstung?

IN EINER WOCHE GEHT ES LOS. Ich habe einen günstigen Flug bekommen, und jetzt kann ich es kaum erwarten.

Gerade stehe ich im Outdoor-Laden und reibe nachdenklich den Stoff der Jacke zwischen meinen Fingern hin und her. Er fühlt sich gleichzeitig glatt und rau an. »Und die ist wirklich wasserdicht?«, frage ich den Jungen, der vor mir steht.

»Ja«, seufzt er und sieht aus, als müsste er ein Augenrollen unterdrücken. »Die hat eine Wassersäule von 10000 Millimetern, da kommt nix durch.«

Ich frage lieber nicht, was eine Wassersäule ist. »Und atmungsaktiv bedeutet, dass Schweiß nach außen transportiert wird?« Noch nie habe ich mit einer völlig fremden Person über meinen Schweißhaushalt diskutiert, nicht einmal mit meinem Arzt, und schon gar nicht mit einem verpickelten Studenten, der Trekkingsandalen mit Socken zur kurzen Hose trägt, obwohl es draußen kaum zehn Grad sind.

»Kommt drauf an«, sagt er stirnrunzelnd. »Was haben Sie denn damit vor?«

»Ich laufe den Jakobsweg«, sage ich nicht ohne Stolz.

»*Camino Frances*, Nordspanien?«, fragt er mit einer Mischung aus Abgeklärtheit und Langeweile nach. »Klar, das machen ja viele in letzter Zeit ... also, es kommt auf die Jahreszeit an: Damit die Jacke Wasserdampf, also den vom Schweiß, durchlässt, muss es draußen mindestens 15 Grad kälter sein als unter der Jacke, das heißt maximal 22 Grad bei normaler Körpertemperatur. Gilt natürlich auch für alle anderen Kleidungsstücke.«

Ich bin gleichzeitig dankbar für die Erklärung und verärgert über die herablassende Art des Verkäufers. Nur weil er wahrscheinlich schon den Himalaya überquert hat, muss er mich ja nicht wie die letzte Idiotin behandeln.

Auch wenn ich wirklich keine Ahnung von diesem ganzen Outdoorkram habe. Und auch wenn der Jakobsweg nun mal nicht die ausgefallenste Wanderung ist, die man machen kann. Ich gehe ihn schließlich nicht ganz freiwillig, sondern weil ich das Gefühl habe, sonst durchzudrehen. Weil mein Leben ein Trümmerhaufen ist, den ich von außen betrachten muss, um zu erkennen, wo ich mit dem Aufräumen anfangen kann.

Ich weiß, dass der Verkäufer mich für eine gelangweilte Selbsterfahrungs-Tussi hält. Das finde ich unfair – eine Tussi bin ich nun wirklich nicht. Und gelangweilt auch nicht. Eher frustriert, von meinem Leben genervt und planlos. Mit der Selbsterfahrung könnte er, nun ja, ein bisschen recht haben. Was ihm nicht das Recht gibt, mich so von oben herab zu behandeln. Also atme ich tief durch und blicke auf meine Liste. »Gut. Die Jacke ist gekauft. Und jetzt zum Thema Schuhe.«

Als ich den leicht panischen Gesichtsausdruck des Verkäufers sehe, muss ich ein Grinsen unterdrücken. *Du wirst leiden*, denke ich. *Mal sehen, wer hier den längeren Atem hat.*

10 Logroño – Burgos

Marianne, Helmut und ich kommen in Logroño im selben Zimmer unter. Wir haben erst überlegt, weiterzulaufen. Logroño ist nicht besonders beliebt bei den Pilgern, vielleicht, weil man durch so ein hässliches Industriegebiet laufen muss, wenn man es erreicht. Wir waren aber alle drei erschöpft, und so entschieden wir, dort zu bleiben.

Wir bereuen es nicht: Erstens sind wir zu dritt allein in einem Zehnbettzimmer. Das heißt, heute Nacht keine Schnarcher – Helmut sei harmlos, versichert mir Marianne. Und zweitens hat Logroño eine recht schöne kleine Altstadt. In der *Calle San Agustín* suchen wir uns aus den Unmengen an Tapas- und Weinbars ein uriges kleines Lokal aus und lassen uns das berühmte Produkt der Region, den Wein, schmecken. Dazu gibt es Tapas – am besten schmecken mir die Spieße mit gebratenen Champignons und Krabben, die ich in die himmlische Aioli tunke, ohne auch nur einen Gedanken an meine Linie zu verschwenden. Und wenn doch, dann nur den, dass ich die Kalorien sowieso wieder wegwandere.

Helmut glänzt mit beeindruckendem Wissen über die lokale Weinindustrie, auch wenn sein Spanisch noch schlechter ist als meins. Mit Händen und Füßen kriegen wir trotzdem vom Kellner, was wir wollen. Zum Beispiel beobachten wir, dass es hier üblich ist, die Rechnung zu bestellen, indem man mit einem imaginären Stift in die Luft oder auf seine hochgehaltene Handfläche schreibt – das müssen wir später unbedingt auch ausprobieren. Die Stimmung ist gelöst, aber nicht überschwänglich. Ich glaube, das war für uns alle drei ein emotional anstrengender Tag.

In den nächsten Tagen laufe ich immer wieder mit Marianne und Helmut, die mir richtig ans Herz wachsen. Oft pilgere ich aber auch den ganzen Tag allein und treffe die beiden erst abends in der Herberge wieder. Es ist ein unverbindliches, aber immer herzliches Arrangement, das wir haben. Manchmal frage ich mich, ob ich für die beiden so etwas wie ein Ersatzkind auf Zeit bin, auch wenn ich fast zehn Jahre älter bin als ihr Sohn. Es fühlt sich ein bisschen seltsam an, und es wäre mir unangenehm, Marianne und Helmut damit zu konfrontieren – aber dass sie meine Gegenwart anscheinend genießen, gibt mir ein gutes Gefühl. Vielleicht hilft es ihnen ja.

Weder Eric noch Raphael lassen sich blicken. Und ich vermisse die beiden auch nicht. Erst nach ein paar Tagen fällt mir überhaupt auf, dass ich sie nicht mehr gesehen habe, weil mich die Brille eines Mönchs in einer Herberge an Raphael erinnert. Und dabei bemerke ich, dass ich auch lange nicht mehr an Marc gedacht habe. Die tägliche Routine des Pilgerns nimmt meine Aufmerksamkeit in Anspruch: das frühe Aufstehen, die Orientierung und die Gespräche mit anderen Pilgern auf dem Weg, das Suchen der Herberge, Planung der nächsten Etappe, Schmutzwäsche, die Erschöpfung, Abendessen und frühes Zubettgehen. Das Seltsamste ist: Ich weiß zwar immer noch nicht, wie es weitergehen soll, aber der Gedanke an das, was hinter mir liegt, an die Entscheidungen, die ich getroffen oder auch nicht getroffen habe, schmerzt immer weniger. Sie haben mich hierher geführt, auf den Jakobsweg, und das fühlt sich im Moment sehr richtig an.

Ich kann froh sein, dass ich Marc los bin. Und anscheinend erhole ich mich langsam von der Kränkung, die sein Betrug mir zugefügt hat. Wenn ich ihm nicht genug bin oder war, dann ist das sein Problem und nicht meins.

Es ist natürlich trotzdem verletzend, so hintergangen worden zu sein. Ich habe es lange nicht wahrhaben wollen, aber jetzt ist mir klar, dass Marc wahrscheinlich einfach ziemlich oberflächlich ist. Ich glaube jedenfalls nicht, dass ich etwas Besonderes für ihn war. Vielleicht am Anfang, aber irgendwann muss er das vergessen haben. Oder es war ihm egal. Ich frage mich nur, warum er so lange an mir festgehalten hat. Wahrscheinlich wollte auch er sich nicht eingestehen, gescheitert zu sein. Das kann er nämlich nicht leiden. Ich war sein kleines Projekt, ein Unterfangen namens »Marc hat die wahre Liebe gefunden«. Tja, und wie sieht das dann aus, wenn es nicht klappt?

Was mich immer noch am meisten ärgert, ist nicht, die falsche Entscheidung – oder die falschen Entscheidungen, Mehrzahl – für mein Leben getroffen zu haben. Sondern einfach immer weitergemacht zu haben. Diese Zeit gibt mir niemand zurück. Ich frage mich, ob ich es hätte besser machen können. Hätte die Diana vor drei Jahren sich anders entscheiden können? Und ist das jetzt überhaupt noch wichtig?

Keine Ahnung. Aber ich habe es auch nicht eilig mit der Antwort. Für den Moment neige ich dazu, diese Zeit als Lehrgeld zu sehen, als Lektion, die ich für mein Leben gelernt habe. Es ist schon seltsam: Ich merke, dass ich beginne, darauf zu vertrauen, dass sich die Lösung finden wird, wenn ich einfach weiterlaufe. Das müssen die Leute meinen, wenn sie sagen: »Die

Lösung liegt auf dem Weg.« Dabei ist das Weiterlaufen hier auf dem Pilgerweg eigentlich keine Bewegung, sondern ein Innehalten. Was würde passieren, wenn ich in meinem Leben einfach weiterlaufen würde? Wäre ich glücklich, oder würde ich wieder falsche Entscheidungen treffen? Mittlerweile vermute ich das Erstere. Wenn ich so drüber nachdenke, kann ich es kaum erwarten, den Rest meines Lebens zu beginnen.

Tief in meine eigenen Gedanken verstrickt laufe ich durch die Hochebene vor Burgos. Die Gegend hier ist stark landwirtschaftlich geprägt. Über die sanften Hügel ziehen sich Felder, soweit das Auge reicht. Kurz versuche ich, mir das Leben der Leute hier vorzustellen, und scheitere. Was weiß ich schon davon, wie es ist, als nordspanischer Bauer zu leben? Die meisten Leute, die ich treffe, sind Touristen. Oder Priester und Mönche, aber da ist die Sprachbarriere dann meistens zu groß, als dass wir uns richtig unterhalten könnten. Dennoch sind es nette, interessante Begegnungen: Gestern erst war ich in einer kirchlichen Herberge, wo der Priester eine auf dem ganzen Jakobsweg bekannte Knoblauchsuppe kocht. Während der ganzen Etappe war in den Pilger-Smalltalks, die sich immer wieder ergeben, von nichts anderem die Rede. Als ich dann ankam, erkannte ich, warum. Nicht die Suppe war der Grund (sie war lecker, aber letztlich nichts Besonderes), sondern dass der Priester sich für jeden ein wenig Zeit nahm. Viele kannten ihn, zumindest hatte es den Anschein. Er wirkte ganz in seinem Element, allein das war schon inspirierend. Manchen Pilgern, die erschöpft wirkten, als ob ihre seelische Last sie erdrücken würde, zauberte er ein Lächeln ins Gesicht. Vielleicht litten sie auch nur an der Last ihres Rucksacks, keine Ahnung. Auch mit mir hielt er ein kleines Schwätzchen, oder er versuchte es zumindest, aber mehr als dass es mir gut geht, dass ich aus

Deutschland komme und mich sehr freue, in seiner Herberge übernachten zu dürfen, habe ich auf Spanisch nicht herausgebracht. Trotzdem habe ich mich ein wenig gestärkt gefühlt von der liebenswerten Mühe, die sich der Priester mit mir gegeben hat. Wie ich mich wohl erst fühlen würde, wenn ich jedes Wort verstanden hätte? Nicht zum ersten Mal habe ich bereut, meinen Spanischkurs damals an der Uni so schnell wieder aufgegeben zu haben.

Und jetzt bin ich schon auf dem Weg in die nächste größere Stadt, Burgos. Als ich die ersten Vororte erreiche, denke ich an zu Hause. Die ländliche Idylle, durch die ich in den letzten Tagen gelaufen bin, ist schön, aber ich merke wieder einmal, dass ich ein Stadtkind bin. Auch wenn ich vor ein paar Tagen in Logroño noch dachte, dass ich gut noch eine Weile auf die Stadt verzichten könnte, muss ich an Berlin denken. An die Hochbahn an der Ecke Schönhauser und Kastanienallee, die sich erhaben die Straße entlangzieht und mit der zu fahren sich ein bisschen wie fliegen anfühlt. Wenn man unten steht, ist es laut und oft auch etwas schmuddelig, und trotzdem liebe ich die Currywurst von Konoppkes Imbiss, der sich unter die Gleise duckt. Weniger malerisch und viel plumper in die Welt gestellt sind Spandaus Wohntürme, wo meine Mutter ihre Wohnung hat, in der ich die letzten Wochen vor der Abreise zugebracht habe. Was sie wohl gerade macht? Wahrscheinlich hat sie Schicht, oder sie sitzt am Küchentisch und raucht Zigaretten. Ach, Mama. Ich hab dich echt lieb, aber so enden wie du will ich nicht. Ich spüre einen schweren Druck in meiner Brust, denn ich ahne, wie einsam und langweilig ihr Leben sein muss, auch wenn sie darüber mit mir nicht spricht. Ich glaube, sie spricht mit niemandem darüber.

Ich denke an die einzige andere Person in meinem Leben,

die mir im Moment noch wichtig ist: Alex. Ich muss ihr dringend schreiben. Egal, ob sie sich in der Zwischenzeit gemeldet hat oder nicht. Und egal, ob sie noch sauer auf mich ist.

Als ich in Burgos ankomme, ergattere ich ein Bett in einer schönen Herberge, die nicht allzu weit vom Zentrum in einem Park liegt. Sie besteht aus braunen Bungalows, die zwar einfach, aber sauber sind. Davor stehen Picknickbänke, auf denen Pilger ihren Proviant verspeisen. Es ist nicht allzu kühl und sonnig.

Marianne und Helmut kann ich unter den Pilgern, die sich dort bereits tummeln, nicht entdecken. Umso besser, dann kann ich noch schnell ins nächste Internetcafé, auch wenn meine Beine protestieren. Das muss jetzt sein. Ich lasse mir von einem Angestellten den Weg erklären. Es ist gar nicht so einfach. Erstens heißt das hier *locutorio*, was ich echt verwirrend finde, warum nicht *café de internet* oder sowas? Und zweitens gibt es kaum noch Internetcafés, was mich angesichts der vielen Smartphones unter den Pilgern eigentlich nicht wundert. Gott sei Dank hat der Herbergs-Portier eine Karte für Touristen, auf der er den Ort markiert. Ich nicke ein paar bekannten Gesichtern zu, die sich draußen sonnen, und mache mich auf den Weg.

Beste Alex,
seit 13 Tagen bin ich jetzt auf dem Jakobsweg unterwegs (Anreisetag mitgerechnet), und das Witzige ist, ich musste erst nachzählen. Am Anfang dachte ich, ich würde bestimmt bis zum bitteren Ende die Minuten zählen. Oder die Schritte. Es ist echt anstrengend.

Aber es tut gut. Und die Zeit verschwimmt. Das ist auch der Grund, warum ich dir nicht mehr geschrieben habe, seit ich hier bin. Seit meiner »Ich bin jetzt weg«-Mail habe ich nichts mehr von Dir gehört. Kein Vorwurf – aber geht es Dir gut?

Wenn ich so daran zurückdenke, was dazu geführt hat, dass ich losgegangen bin, ist es schon seltsam, dass ausgerechnet meine Mutter mich darauf gebracht hat. Den Jakobsweg zu gehen ist in Deutschland ja immer noch ziemlich im Trend. Ich musste mir den ein oder anderen blöden Kommentar anhören von Leuten, die denken, wenn viele etwas machen, ist es automatisch schlecht.

Aber die eigentliche Inspiration für meine Auszeit bist Du, wie Du ja weißt.

Ich kann jetzt verstehen, warum Du fortgegangen bist. Warum es hilft. Auch wenn Du bisher nicht wiedergekommen bist. Ich weiß, dass ich nerve, aber weißt Du schon, wann Du wieder nach Deutschland kommst?

Ich will Dich jetzt nicht mit meinen ganzen Selbsterkenntnissen belästigen (das können wir mal in Ruhe besprechen), aber ich beginne, mich nicht mehr über mein Leben zu ärgern, sondern einfach zu akzeptieren, wie es gelaufen ist.

Und ich treffe hier Leute, die mir echt den Glauben an die Liebe wiedergeben. Und an Beziehungen. Daran, dass das funktionieren kann.

Neulich musste ich an unsere gemeinsamen Abende denken, als wir beide noch studiert haben. Wie wir durch die Läden gezogen sind, als ob es kein Morgen gäbe. Gab es ja dann oft genug auch nicht, oder jedenfalls nur eine sehr verkaterte Version davon. Wie leicht das Leben damals war! Damals war ich dir so dankbar, dass du mir vom Studieren vorgeschwärmt hast, sonst hätte ich es vielleicht gar nicht gemacht. Meine Mutter war ja der Meinung, man bräuchte das nicht. Sie hat bis heute nicht verstanden, was ich da überhaupt gemacht habe.

Als ich dann meinen ersten Job hatte, war ich stolz auf mich. Aber ich habe mich auch gefragt: Wenn ich das geschafft habe, wie weit kann ich noch kommen? Gleichzeitig habe ich mich in dem Job irgendwie falsch gefühlt, aber ich dachte, das wäre normal. Dass es allen so geht, dass sie nur so tun, als ob. Bei dir ist das nicht so, da bin ich mir ziemlich sicher. Warum haben wir da nie drüber gesprochen?

Und dann kam Marc. Der verstand mich, dachte ich jedenfalls. Und gleichzeitig hat er mir eine Welt eröffnet, die um so vieles größer schien als die, in der ich und du lebten. Es tut mir wahnsinnig leid, dass ich nicht früher gemerkt habe, wie falsch ich lag.

Denkst du auch manchmal an früher, an unsere wilden, unbeschwerten Zeiten? Wahrscheinlich ist das Leben hart, dort, wo du gerade steckst. Wie ist das für dich?

Also, lass Dich nicht von Löwen fressen! Nein, im Ernst, bleib stark bei Deiner Arbeit, die Dir bestimmt viel abverlangt. Halt durch! Bin stolz auf Dich! Und meld Dich bald!

Dicker Kuss!

Didi

11 Burgos

Als ich aus dem Internetcafé trete, geht die Sonne gerade am Ende der Straße zwischen den Häusern unter. Ich bleibe einen Augenblick stehen und sehe ihr dabei zu.

Da reißt mich eine Stimme aus meiner gedankenlosen Stille. Ich wende den Blick in die Richtung, aus der sie kommt.

Vor mir sehe ich einen großen, kräftig gebauten und mit Tattoos übersäten Mann mit hippem Undercut und stylishem Ohrring. Hinter ihm steht ein Trekkingfahrrad mit Satteltaschen und einem Anhänger, nicht unähnlich den bunten Gefährten, in denen deutsche Großstädter ihre Kinder transportieren.

Aber dieses Ding ist größer und eindeutig selbstgebaut. Eher so eine Art Offroad-Rollstuhl mit Dach. Darin hockt ein weiterer Mann, der ebenfalls tätowiert, aber keineswegs kräftig ist. Vielmehr sieht er ausgemergelt aus. Seine Augen liegen in tiefen Höhlen, und seine Haut hat einen seltsam gelblichen Ton.

»Weißt du, wo die Herberge ist?«, wiederholt der Mann vor mir in breitem amerikanischem Akzent seine Frage.

»Die städtische?«, frage ich auf Englisch nach und reiße meinen Blick von dem Mann im Anhänger. Offensichtlich sind sie auch Pilger. Aber so ein Gespann habe ich hier noch nicht gesehen. »Ähm, ich übernachte da auch. Wenn ihr wollt, gehen wir zusammen hin.«

»Das wäre großartig!«, freut sich der Amerikaner. »Ich bin Jeremy, das im Wagen ist Joe.«

»Diana«, stelle ich mich vor und winke Joe zu. »Die haben da aber nur Stockbetten und Schlafsäle«, sage ich dann zu Jeremy. »Also, falls ihr vielleicht lieber ein eigenes Zimmer wollt.« Ich rede um den heißen Brei herum, das ist mir schon klar, aber ich scheue mich, das Leid dieses Menschen im Rollstuhl anzusprechen, auch wenn es offensichtlich ist.

»Ach, kein Problem«, erwidert Jeremy entspannt. »Wir nehmen es, wie es kommt. An schlechten Tagen nehmen wir uns ein eigenes Zimmer, an guten schlafen wir in den Schlafsälen wie richtige Pilger, nicht wahr, Joe?«

»Jep.« Joe grinst. »Heute ist ein guter Tag. Rollen wir los!«

Ich weise die Richtung, Jeremy steigt auf sein Fahrrad und fährt im Schritttempo neben mir her.

»Und ihr macht also auch den *Camino Frances?*«, frage ich möglichst unverfänglich.

»Jerry macht die ganze Arbeit«, entgegnet Joe. »Mein Held!«, ruft er nach vorne zu Jeremy, dann verzieht er kurz das Gesicht vor Schmerz.

»Du bist hier der Held«, entgegnet der über die Schulter. »Joe hat Krebs«, erklärt er mir. »Er ist unglaublich tapfer.«

Ich muss schlucken. »Das tut mir leid«, sage ich zu Joe.

»Tja, manchmal gewinnt man, und manchmal verliert man«, erwidert der gleichmütig. Es ist unglaublich. Wie kann man angesichts des Todes so gelassen sein? Das heißt …

»Wie lange …?«, beginne ich und merke, dass das wahrscheinlich eine unhöfliche Frage ist. Oder etwa nicht? Joe wirkt so locker.

»Wie lange ich noch habe? Wer weiß ... Die Ärzte sagen, maximal drei Monate. Aber nur, wenn ich immer brav zu Hause rumliege und mich schone. Ich halte es da lieber mit Kurt Cobain ... *It's better to burn out than to fade away.*«

»Tausendmal habe ich dir schon gesagt, das ist von Neil Young«, braust Jeremy da auf. »Cobain hat es nur zitiert. In seinem Abschiedsbrief.«

»Meinetwegen. Was ich sagen will, ist: Ich sterbe sowieso. Und ich sterbe lieber einen Monat früher, wenn die Zeit, die mir bleibt, dafür intensiv ist«, erklärt Joe mir. »Und dieser Besserwisser da vorne war so großherzig, mir dabei zu helfen.«

Jeremy rollt mit den Augen. Wie sie sich so gegenseitig anzicken, als ob sonst nichts wäre, erinnern sie mich ein wenig an Marianne und Helmut. Ob die beiden wohl mittlerweile in der Herberge angekommen sind?

»Wow«, mache ich. »Ich würde euch gerne so vieles fragen! Aber wahrscheinlich wollt ihr euch erstmal eure Betten sichern. Es ist direkt hier vorn.«

»Okay«, sagt Jeremy. »Hey, wollen wir nachher zusammen essen gehen?«

Gesagt, getan. Es ist dunkel, bis Joe und Jeremy wieder aus der Herberge kommen. Ich habe unterdessen auf einer der Picknickbänke draußen gesessen und mich mit Marianne und Helmut unterhalten, die, wie vermutet, bereits dort waren. Ich habe den beiden von den Amerikanern erzählt, und sie schließen sich uns kurzerhand an.

Das Gefährt lassen wir an der Herberge. »Ich kann laufen«, erklärt Joe. »Der Krebs ist in meinem Bauch, nicht in den Beinen. Nur 500 Meilen schaffe ich nicht. Aber manchmal fühle ich mich gerne wie ein normaler Mensch.«

Wir gehen in ein Restaurant, das Joes Bedürfnisse in Bezug auf Ernährung erfüllt. Jeremy hat es auf seinem Smartphone gefunden. Das Lokal heißt »Natural« und bietet Essen in Bioqualität an, vieles davon vegetarisch, was wirklich ungewöhnlich für Spanien ist. Es ist teurer als die üblichen Pilgermenüs und sprengt eigentlich mein Budget, aber was soll's – dann ist heute eben ein besonderer Tag. Marianne und Helmut bestellen Fleischbällchen, ich Tintenfisch, Joe und Jeremy wählen eine fettarme Gemüsepfanne mit Reis.

»Seit sie bei Joe den Pankreastumor diagnostiziert haben, esse ich auch viel gesünder«, meint Jeremy.

»Hey, gern geschehen«, witzelt Joe.

Marianne und Helmut sprechen nicht besonders gut Englisch, aber das haben sie verstanden. Marianne sieht etwas schockiert aus. Ich gebe zu, man muss sich erst daran gewöhnen, wie die beiden mit ihrer Situation umgehen. Ich dachte ja immer, ich hätte einen abgebrühten Humor, aber von den beiden kann ich mir noch eine Scheibe abschneiden. Vielleicht ist das ja auch der Jakobsweg, der mit mir etwas macht. Jedenfalls bin ich viel sensibler als in der Zeit, die ich mit Marc verbracht habe. Lasse die Dinge mehr an mich ran.

Helmut nickt. »Pankreas. Bauchspeicheldrüse. Ein Kollege von mir ist daran gestorben. Der Gerd, weißt du noch, Marianne?«, schiebt er auf Deutsch ein. »Der war aber schon deutlich älter als du, Joe.«

»Ja, eigentlich kriegt man das erst ab 60. Ich bin 37. Bin halt ein Glückspilz.«

»Und dann geht das auch noch so schnell. Nur ein paar Monate, richtig?«, fragt Helmut nach. Wenn er Ahnung von etwas hat, muss er es auch loswerden, ohne Rücksicht auf Verluste.

»Richtig«, nimmt Joe es gelassen. »Ich hatte Glück, dass ich krankenversichert bin. Ich bin Klempner. Es zahlt sich aus, in der Gewerkschaft zu sein, sag ich nur.«

»Als wir von der Diagnose erfahren haben, ist eine Welt für uns zusammengebrochen«, erzählt Jeremy. »Er hat abgenommen und hatte immer wieder Bauchschmerzen. Da sind wir zum Arzt. Der konnte erst nichts Genaues feststellen, aber als dann noch die Gelbsucht anfing, war es ziemlich schnell klar.«

»Ich wusste nicht mehr weiter«, übernimmt Joe das Wort. »Ich meine, von einem auf den anderen Tag durfte ich nicht mehr arbeiten, auch wenn ich noch gekonnt hätte. Genau so brutal war, dass Jerry weiterarbeiten musste.«

»Ich bin Schweißer. Wir haben uns auf einer Baustelle kennengelernt«, sagt Jeremy und schaut Joe an. »Es war Liebe auf den ersten Blick. Und ich wollte Joe in dieser Situation nicht alleine lassen. Keine Sekunde. Mein Chef wollte davon nichts wissen. Ein Riesenarschloch. Also habe ich gekündigt.«

»Zum Glück haben wir ein bisschen was zurückgelegt«, übernimmt Joe. »Sonst würde es nicht gehen. Von unseren Familien können wir jedenfalls nichts erwarten. Für die sind wir bereits tot.«

»Wir kommen beide aus dem Süden der USA«, erzählt Jeremy. »Da sind die Leute ultrareligiös. Der Bible Belt. Wir sind keine 50 Meilen entfernt voneinander aufgewachsen, aber wir hätten uns da unten nie kennengelernt. Wenn du so bist wie wir, hast du da keine Chance, also bleibst du schön unauffällig. Gehst sonntags in die Kirche und sagst keinem, was du wirklich fühlst. Zumindest auf dem Land. Tja, also sind wir beide nach New York gegangen, und da haben wir uns getroffen.«

»Und wie kommt es, dass ihr jetzt den Jakobsweg macht?«, frage ich. »Das ist ja immerhin auch eine ziemlich religiöse Angelegenheit.«

»Spirituell, nicht religiös«, widerspricht Joe. »Also, das kam so: Ich saß zu Hause und habe Trübsal geblasen, weil ich sterben werde und so. Da habe ich im Fernsehen die Doku über den Jakobsweg gesehen. Die Landschaft fand ich wunderschön. Und diese ganze Geschichte. Dass der Weg schon so lange gegangen wird. Und dann hieß es auch noch, dass einem alle Sünden vergeben werden, wenn man den Jakobsweg pilgert.«

»Doch nur in einem Heiligen Jahr, Joe«, seufzt Jeremy.

»Kaum hatte ich ihm von meinem Plan berichtet, hat Jeremy sich in die Recherche gestürzt«, grinst Joe.

»Ja, und dazu gehört ja wohl auch, sich mit dem ganzen Drumherum auszukennen« erwidert Joe. »Die Katholiken haben diese ganze Angelegenheit schließlich erfunden. Also: Heilige Jahre sind nur alle 25 Jahre, es sei denn, dieser seltsame alte Mann in Rom ruft demnächst mal wieder ein zusätzliches aus.«

»Tja, so viel Zeit habe ich nicht. Ich halte sowieso nicht viel von dieser ganzen Sündengeschichte. Ist meiner Meinung nach Erpressung – Jeremy hat mir erzählt, dass die Katholiken sogar früher so Scheine verkauft haben, die einem die Sünden erlassen. Wie bescheuert ist das denn? Wie auch immer: Ich finde, die machen das unnötig kompliziert. Wenn es einen Gott gibt, wird der sich hoffentlich dafür erkenntlich zeigen, dass ich diesen Weg gegangen bin. Und wenn ich unterwegs sterbe, komme ich sowieso in den Himmel. So heißt es zumindest.«

Zum ersten Mal sieht Jeremy traurig aus.

»Also mit der Kirche habt ihr nicht so viel am Hut?«, frage ich nach, auch wenn mich das jetzt nicht direkt wundert.

»Hey, die wollten uns nicht, also kriegen sie uns auch nicht«, zuckt Jeremy mit den Achseln. »Seit wir nach New York gezogen sind, waren wir in keiner Kirche mehr.«

»Stimmt«, sagt Joe. »Aber das Ding mit Gott ist … weißt du,

der Tod hat so eine Art, dich an eine höhere Macht glauben zu lassen. Etwas, das du nicht beeinflussen kannst. Vielleicht ist es auch nur meine Kindheit, meine Erziehung, die da durchbricht. Ich glaube jedenfalls nicht, dass man sich in sein Schicksal fügen sollte. Klar, am Ende gewinnt der Tod. Aber für alles davor bist du selbst verantwortlich. Selbst wenn du etwas nicht ändern kannst, liegt es immer noch an dir, was du draus machst.«

»Zum Beispiel einen Rollstuhl«, sage ich.

Joe lacht, und auch Jeremy kann wieder lächeln. »Ja«, sagt er. »Den habe ich selbst zusammengeschweißt. War schneller, billiger und einfacher, als eine Spezialanfertigung machen zu lassen. Wir haben uns überlegt, was wir brauchen, und eine Skizze gemacht. Ich bin auf den Schrottplatz gegangen und hab Teile gesucht. Dann hab ich die in unserer Garage zusammengeschweißt. Joe hat währenddessen die Reiseplanung gemacht. Keine drei Wochen, dann haben wir das Ding als Sondergepäck am Flughafen aufgegeben. Die haben vielleicht geguckt!«

»Und das Fahrrad?«, frage ich.

»Haben wir hier ausgeliehen«, gibt Jeremy zurück.

»Wo ein Wille ist, ist auch ein Weg«, wirft Helmut ein. »Das erlebe ich hier immer wieder. Neulich haben wir erst eine Blinde getroffen, die den Weg alleine lief. Eine ganz junge Frau, nicht wahr, Marianne? Das war schon sehr beeindruckend.«

»Die Leute sind auch sehr hilfsbereit«, sagt Joe. »Sowohl die Pilger als auch die Einheimischen. Direkt am Anfang ging unsere Anhängerkupplung kaputt. Alle Pilger, die vorbeikamen, haben angehalten und geholfen, den Wagen mit Joe darin ins nächste Dorf zu schieben. Dort gab es eine Autowerkstatt. Der Besitzer ist mit uns zwanzig Kilometer zum nächsten Schrottplatz gefahren, hat eine Motorrad-Anhängerkupplung ausgebaut und an unser Rad geschweißt. Und er wollte keinen Cent dafür!«

»Ich weiß übrigens noch nicht, wie ich das dem Fahrradverleih erklären soll!«, wirft Jeremy ein, und alle lachen.

Das Essen kommt, und das Gespräch wendet sich dem Austausch von Pilgeranekdoten zu. Dann erzählen die Amerikaner von ihrem Leben zu Hause.

Dass Joe schon immer lieber Sport geguckt hat, als ihn zu machen, während Jeremy eine Sportskanone ist. Dass manche ihrer Tattoos eine tiefere Bedeutung haben und andere rein dekorativ sind. Hier auf dem Weg herrscht diese seltsame Gesprächskultur, dass man (manchmal, nicht immer) auf die wichtigen, großen Dinge zuerst zu sprechen kommt und den Smalltalk hinterher erledigt. Obwohl das vielleicht genau die Reihenfolge ist, die man einhalten sollte. Wir haben uns nur daran gewöhnt, dass es im Alltag andersherum ist.

Auch Marianne und Helmut erzählen ihre Geschichte, die die Amerikaner sehr betroffen macht. Auch wenn sie nie ein Kind hatten. Vielleicht wollten sie ja eins adoptieren und werden jetzt nie die Gelegenheit bekommen. Ich sehe, wie Joe Tränen in die Augen steigen.

Bevor es dazu kommt, dass ich nach meiner Motivation für den Jakobsweg gefragt werde, entscheiden wir uns, aufzubrechen. Es war ein langer Tag für alle. Doch zum ersten Mal bin ich nicht glücklich darüber, nicht von mir erzählen zu müssen, sondern denke, dass ich kein Problem damit hätte. Ich fühle mich mit mir selbst im Reinen. In der Herberge schlafe ich trotz Schnarchkonzert ein, sobald mein Kopf das Kissen berührt.

Es ist ein heisser Tag kurz vor den Sommerferien. Die Noten stehen schon fest, und nach den Ferien komme ich in die achte Klasse. Eigentlich will ich nur kurz meinen Schulrucksack zu Hause vorbeibringen und Badesachen einpacken. Alex hat mich überredet, ins Freibad zu gehen. Um mich auf andere Gedanken zu bringen.

Ich schließe die Tür auf und rufe: »Hallo?« Keine Antwort. Ich lausche, ob Mama oder Papa zu Hause sind. Nur Mama, korrigiere ich mich.

Da höre ich ein Schluchzen aus dem Wohnzimmer. Mama. Ich weiß, dass sie manchmal weint, seit Papa letzte Woche ausgezogen ist, aber bisher hat sie es nie in meiner Gegenwart getan. Doch ich muss sie wegen des Freibads um Erlaubnis fragen, sonst macht sie sich Sorgen, und das kann sie im Moment wirklich nicht gebrauchen.

Ängstlich nähere ich mich der Wohnzimmertür und klopfe an. Es ist ein seltsames Gefühl. Als ob ich eine Fremde in unserer eigenen Wohnung wäre.

Als keine Antwort kommt, öffne ich langsam die Tür.

Mama sitzt auf dem Sofa, die Knie an die Brust gezogen und den Kopf auf den Knien abgelegt. Ihre Schultern beben.

»Mama?« Ich bleibe unschlüssig im Türrahmen stehen. Sie so dort sitzen zu sehen, erzeugt in meinem Bauch ein Gefühl wie auf dem Schulhof, wenn sich die anderen Kinder über meine Klamotten lustig gemacht haben. Traurigkeit, gepaart mit Wut und Hilflosigkeit.

Meine Mutter blickt auf und sieht mich aus geröteten Augen an. »Ach, Didi, Schätzchen«, seufzt sie. »Komm zu deiner bescheuerten Mutter.«

»Du bist doch nicht bescheuert«, sage ich und setze mich neben sie.

»Doch, bin ich. Du musst mir versprechen, dass du nie so bescheuert wirst wie ich.«

»Wie meinst du das?«

Wieder seufzt sie. »Du wirst so schnell erwachsen, Schatz. Und diese ganze Sache hier macht es auch nicht besser.«

Damit meint sie, dass Papa weg ist. Auch wenn sie mir bisher noch nicht erzählt hat, warum. Ich meine, ich bin ja nicht blöd, ich weiß schon, dass sie sich scheiden lassen. Sie haben sich auch oft genug angeschrien, besonders, wenn Papa spätabends betrunken nach Hause gekommen ist, und Alex und ich sind uns einig, dass sowas nie ein gutes Zeichen ist.

»Warum ist Papa ausgezogen, Mama?«

Meine Mutter presst die Lippen zusammen und sieht kurz aus, als würde sie wieder anfangen zu weinen. Dann schluckt sie die Tränen runter und sagt mit fester Stimme: »Weil ich ihn zum Teufel gejagt habe. Weil er ein Schwein ist. Weißt du, was er gesagt hat? ›Es ist nicht so, wie es aussieht, Doris.‹ Ha! Es war genau so, wie es aussah!«

»Wonach sah es denn aus?« Ich bin nicht sicher, ob ich das wissen will.

»Dein Vater hat mit so einem Flittchen rumgemacht, danach sah es aus! Und das ist noch nicht alles: Heute wollte ich das Haushaltsgeld für die Woche abheben, da stelle ich fest, dass das Konto leer ist! Er hat alles abgehoben, für uns bleibt kein Cent mehr. Aber der kann sich auf was gefasst machen! Ich verklage seinen Arsch von hier bis nach Istanbul!«

Ich muss ziemlich entsetzt ausgesehen haben. Normalerweise flucht meine Mutter nicht. Sie seufzt wieder.

»Hör zu«, sagt sie dann, sanfter, »ich weiß, das ist auch für dich nicht leicht. Du hast deinen Vater immer noch lieb, oder?«

Ich nicke langsam.

»Es kann sein, dass er nicht wiederkommt. Das liegt aber nicht an dir, er wollte einfach nie … Ach, wie kann ich dir das erklären? Ich verstehe es ja selbst nicht.«

»Hat Papa mich jetzt nicht mehr lieb?«

»Doch, mein Schatz, bestimmt, auf seine Weise. Aber was auch passiert: Ich bleibe bei dir, hörst du? Für immer! Und irgendwie wird es schon weitergehen.«

Ich nicke. Dann frage ich, ob ich mich mit Alex treffen darf. Ich traue mich nicht, nach Geld fürs Freibad zu fragen. Wo wir doch jetzt keins mehr haben.

12 Burgos – in der Nähe von Castrojeriz

Als ich aufwache, brauche ich eine Weile, um aus dem wahnsinnig realistisch wirkenden Traum aufzutauchen. Ich frage mich, warum ich ausgerechnet jetzt davon geträumt habe, wie mein Vater uns verlassen hat. Vielleicht, weil ich Alex am Vortrag geschrieben habe. Sie war damals immer für mich da. Es war nicht leicht, damit klarzukommen. Natürlich habe ich mir die Schuld gegeben. Gebe sie mir irgendwie noch immer, auch wenn ich weiß, dass das falsch ist. Das hat mir Alex damals mit den deutlichsten Worten, die Achtklässler kennen, ins Gesicht gesagt. Ihr habe ich das irgendwie mehr geglaubt als meiner Mutter, auch wenn das unfair war.

Ich glaube immer noch, dass ich mich richtig verhalten habe, was meinen Vater angeht. Auch wenn mir das manchmal bestimmt mehr wehgetan hat als ihm. All die verpassten Schulaufführungen und Kindergeburtstage, all die Nachmittage allein mit meiner Mutter, das formte sich nach seinem Weggang zu einem Bild. Nämlich, dass er mit Kindern einfach nichts anfangen konnte. Oder wollte. Er hat auch nie wieder welche bekommen, obwohl er wieder geheiratet hat, wie ich später erfahren habe. Jedenfalls finde ich, wer sich nicht um seine Kinder kümmert, wenn sie klein sind, hat auch kein Recht auf sie, wenn sie ihm endlich auf Augenhöhe begegnen können.

Ich seufze und rolle mich von der durchgelegenen Schaumstoffmatratze, um die finsteren Gedanken zu verscheuchen. Erstaunlicherweise gelingt mir das gut.

Nach der Morgentoilette und dem spartanischen Frühstück verabschiede ich mich von den Amerikanern, die mit ihrem Gespann weiterziehen. Auch Marianne und Helmut lasse ich vor mir losgehen. Bei allen vier bedanke ich mich für den schönen Abend gestern. Trotz oder vielleicht gerade wegen der ernsten und traurigen Dinge, über die wir gesprochen haben, scheint mir das Leben lebenswert. Jeder Moment muss ausgekostet werden. Auch die schlechten. Ich beschließe deswegen, noch in Ruhe einen Kaffee und ein süßes Gebäck in der schönen Stadt Burgos zu mir zu nehmen.

Mein Hochgefühl lässt den ganzen Tag nicht nach. Mein Rücken, die Beine und Füße schmerzen gelegentlich, aber das ist mittlerweile schon fast selbstverständlich und gehört eben dazu. Ich spaziere über die blühenden Hügel der Hochebene und habe ein permanentes Grinsen im Gesicht. Wenn mich jemand dabei beobachten würde, müsste er mich für debil halten. Ich grüße die mich überholenden Pilger, pfeife und singe vor mich hin und denke an nichts Bestimmtes. Ich raste und schäkere aufs Geratewohl mit den Spaniern, wo auch immer ich anhalte, um etwas zu Essen zu kaufen oder mein Wasser aufzufüllen.

Am Nachmittag erreiche ich eine winzige Herberge etwa sechs Kilometer vor meinem Etappenziel Hontanas. Ich bin spät dran, wer weiß, ob ich dort noch ein Bett bekommen würde, wenn ich ankomme. Das hat zwar bisher immer geklappt, aber ... nein, wenn ich ehrlich bin, reizt mich die Gelegenheit, hier zu übernachten. Wie es aussieht, wäre ich der einzige Gast. Die Herberge steht einsam inmitten grüner Felder, und nach dem relativ städtischen Burgos wirkt das plötzlich ziemlich malerisch, auch wenn sich eine Stromtrasse durch die Landschaft zieht.

Der Herbergsvater ist ein langhaariger, bärtiger Spanier mittleren Alters, der mir freundlich das Quartier zeigt. Fließendes Wasser gibt es nicht, aber eine natürliche Quelle, die ein eiskaltes Becken hinter dem Haus speist. Dort bade ich nach Luft schnappend im klaren Wasser und fühle mich herrlich, als ich anschließend meine krebsrote Haut abtrockne. Ich wasche meine Sachen, dann esse ich mit dem Herbergsvater zu Abend. Es gibt Brot, Wurst und Käse, Oliven und Wein und die besten Tomaten, die ich seit langem gegessen habe. Der Spanier ist so eine Art Aussteiger, und zum ersten Mal erfahre ich wirklich etwas über das Leben der Menschen vor Ort.

Antonio – so heißt er – erzählt mir auf Englisch mit starkem spanischen Akzent, dass die Lebensmittel alle von Bauern aus den umliegenden Dörfern stammen. Das heißt diejenigen, die er nicht selber anbaut. Stimmt, hinter dem Haus habe ich einen kleinen Gemüsegarten gesehen und einige Obstbäume.

»Es ist wunderschön hier«, sage ich und meine es auch so. »Hast du schon immer in dieser Gegend gewohnt?«

»Früher war ich in der Immobilienbranche«, erzählt Antonio. »Ich habe in Madrid gewohnt. In den Neunzigern gab es diesen wahnsinnigen Bauboom in Spanien, vor allem an der Mittelmeerküste. Und ich habe unglaublich viel Geld verdient, aber gleichzeitig habe ich gesehen, was wir alles kaputt machen. Die Landschaft, klar, aber auch die Leute. Es ging immer nur um Geld, und wenn wir eine Genehmigung brauchten oder einen Vertrag oder was auch immer, haben wir die Menschen so lange mit Geld geködert, bis sie eingeknickt sind. Klar, Korruption gab es auch vorher schon, aber wir haben das

Problem noch viel schlimmer gemacht. Warst du mal an der Mittelmeerküste?«

Ich schüttele den Kopf. »Nicht in Spanien.«

»Da haben wir die meisten Dinger gedreht. Voreilig genehmigte Stadtviertel, die bis heute nicht ans Trinkwassernetz angeschlossen sind. Andere, deren Häuser verkauft, aber nicht einmal gebaut wurden. Und wenn wir gebaut haben, dann mit dem billigsten, was wir kriegen konnten. Viele Gebäude sind auch einfach im Rohbau steckengeblieben, dafür gibt's tausend Gründe. Das Resultat ist immer dasselbe: Es sieht nicht nur trostlos aus, sondern viele Menschen haben ihr Erspartes verloren.«

Ich muss etwas entsetzt aussehen, denn Antonio hebt die Hände.

»Ich weiß, ich weiß. Lange habe ich mir eingeredet, dass ich nur ein Rädchen im Getriebe war. Dass andere die Entscheidungen trafen. Aber das stimmt nicht. Ich habe genauso mitgemacht wie alle anderen auch.«

»Also bist du ausgestiegen und hierhergekommen?«, frage ich nach.

»Nicht direkt. Ich habe meinen Job gekündigt, das schon. Und keine drei Monate später wurden ein paar Kollegen von mir bei etwas erwischt, mit dem ich Gott sei Dank nichts zu tun hatte, und standen vor Gericht. Einerseits war ich natürlich froh, dass ich offensichtlich davongekommen war, andererseits hat es das irgendwie noch schlimmer gemacht. Ich hatte das Gefühl, es irgendwie wieder gutmachen zu müssen, aber ich wusste nicht, wie.«

»Und dann?«

»Habe ich ausgepackt. Ich habe der Polizei alles erzählt, was ich wusste. Eine ganze Menge meiner alten Kollegen und Geschäftspartner sind in den Knast gekommen. Aber weißt du, was das Schlimmste war?«

»Du bist auch ins Gefängnis gekommen?«

»Nein, schlimmer: Mich haben sie laufenlassen. Ich wollte dafür büßen, was ich getan hatte. Aber sie haben mich zur Bewährung verurteilt, weil ich Kronzeuge war. Ein Staatsanwalt hat mich mal beiseite genommen und mir gesagt, der Staat würde sich nicht zutrauen, mich im Gefängnis zu beschützen.«

Ich traue meinen Ohren kaum. »Das klingt ja wie in einem Mafiafilm.«

»Stimmt genau. Ich habe auch einige Morddrohungen bekommen. Da wurde mir klar, dass ich mich dem Urteil fügen sollte. Trotzdem fühlte ich mich immer noch so, als ob ich irgendwas wiedergutmachen müsste. Aber ich wusste nicht, wie. Also bin ich den Jakobsweg gelaufen. Einmal durch ganz Spanien. Und ich habe so viele gute Menschen kennengelernt, dass ich beschlossen habe, ihnen und allen ihren Schwestern und Brüdern im Geiste etwas zurückzugeben. Mit dieser Herberge.«

Trotz seiner etwas pathetischen Ausdrucksweise bin ich begeistert. Ohne großes Nachdenken blubbere ich los: »Ach, ich wünschte, ich würde so leben! So ein wunderbar einfaches Leben!«

Antonio hält inne und sieht mich mit hochgezogenen Augenbrauen an. Oh je, ich habe ihn doch nicht etwa beleidigt? Vielleicht wünscht er sich ja insgeheim sein altes Leben zurück? Obwohl – das kann ich mir eigentlich nicht vorstellen. »Sorry, ich habe wohl einen etwas romantischen Blick auf die ganze Sache. Es ist einfach so schön hier!«, versuche ich mich zu retten.

»Es war nicht einfach, jedenfalls nicht am Anfang«, sagt er

dann. »Rückblickend bin ich ganz froh darüber, dass mir das nicht in den Schoß gefallen ist. Es fühlte sich an wie die Buße, die ich so dringend brauchte. Aber erstmal war ich hier nur der Fremde. Der Städter. Mit meinen Ersparnissen hatte ich dieses Haus und das umliegende Land gekauft. Aber es war heruntergekommen. Zuerst wollte mir niemand helfen, also habe ich allein losgelegt. Das Baumaterial – Steine und Holz – habe ich von Produzenten in der Umgebung besorgt. Als ich merkte, dass das die Leute hier ein bisschen freundlicher stimmte, habe ich begonnen, meine Lebensmittel bei den Bauern zu kaufen, statt wie vorher im Supermarkt. Das sprach sich herum, und langsam, aber sicher begannen mir die Leute hier zu vertrauen, ja sogar zu helfen. Ich bin immer noch ein wenig der Neue, und das werde ich wahrscheinlich bleiben, bis der nächste Fremde kommt, aber ich fühle mich hier wohl.«

»Wahnsinn«, staune ich. Ob ich wohl so viel Arbeit und Energie aufbringen könnte, um mir ein neues Leben aufzubauen?

Und je mehr Antonio erzählt, desto klarer wird mir, dass es zwar so etwas wie ein richtiges Leben gibt, aber wahrscheinlich kein einfaches. Mit Marc war es mir eine Zeitlang so einfach erschienen. Er wusste, was er wollte, ich habe mitgemacht und mir eingebildet, dass ich das, was ich tat, auch wollte. Und auch bei all den Entwicklungen, die mein eigenes Leben genommen hat – jede verpasste Uni-Veranstaltung, jede nicht geschriebene E-Mail an Alex, jedes oberflächliche Gespräch mit meiner Mutter, weil wir beide nicht darüber reden konnten, was wirklich in unserem Leben passierte –, war es immer leichter, einfach weiterzumachen, anstatt zu sagen: Stopp, so geht das nicht weiter. Denn selbst wenn es sich richtig anfühlt – was kommt dann? Eine Menge Leid und Arbeit.

Ich muss an das Gespräch von gestern denken und daran, dass das Leid zum Leben gehört. Und wenn das so ist, dann kann man ja wohl auch direkt versuchen, das richtige Leben zu leben und nicht nur das einfache. Ob ich so hart drauf sein könnte wie Joe und für das Leid selbst dankbar sein, weil es mir zeigt, dass ich am Leben bin, darauf würde ich im Moment noch keine Wetten abschließen. Aber irgendwie ahne ich, dass das immerhin eine Möglichkeit wäre, wenn es mal hart auf hart kommt. Und das fühlt sich ziemlich gut an.

Antonio hat zwar keine hohen Ansprüche, sagt er, aber ganz ohne Geld geht es selbst bei ihm nicht, auch wenn er den Tauschhandel bevorzugt. Die Herberge wirft nichts ab, denn die paar Euro, die die Pilger auf freiwilliger Basis bezahlen, decken gerade einmal die Selbstkosten. Weil er sich aber bei der Renovierung des Hauses und der Wiederherrichtung des Landes solide Kenntnisse als Handwerker und Gärtner erworben hat, hilft er regelmäßig in den umliegenden Dörfern aus. Dann hängt er einen Zettel an die Herberge, damit kein Pilger umsonst auf ihn wartet.

»Aber am liebsten bin ich hier und warte auf Pilger. Ein bisschen was verdiene ich mir mit Kunsthandwerk dazu.« Antonio weist auf eine Wand des Zimmers, in dem wir sitzen. Dort hängt eine Sammlung von aus Holz geschnitzten Amuletten, Traumfängern und bunten kleinen Webarbeiten – grob gewebte Tücher mit einfachen Mustern, Armbänder und geflochtene Schnüre.

Sofort habe ich den Wunsch, Antonio etwas abzukaufen. Die Marketingassistentin in mir lächelt ironisch aufgrund dieser geschickten Verkaufsstrategie, aber gleichzeitig tadle ich mich selbst, nicht so zynisch zu sein. Ich weiß einfach, dass Antonio aufrichtig ist und auch nicht enttäuscht wäre, wenn ich nichts kaufe, aber ich will ihn nun mal unterstützen. Er arbeitet immer noch hart an seinem zweiten Leben und an seinem Seelenfrieden, und das kann ich irgendwie nur zu gut nachvollziehen.

Am Ende – nachdem wir gegessen und gemeinsam abgewaschen haben – entscheide ich mich für eine aus Holz geschnitzte Jakobsmuschel. Wie gut, dass ich nicht in St. Jean Pied de Port schon eine gekauft habe! Es ergibt durchaus Sinn, denn damals war ich eigentlich noch keine Pilgerin. Ich war nur jemand, der wegläuft. Jetzt erst fühle ich mich, als ob ich auf dem Weg angekommen bin. Ich muss ihn nur noch zu Ende gehen. Und dieses Ende liegt nicht unbedingt in Santiago. Daran soll mich die Muschel erinnern.

Am nächsten Morgen breche ich früh auf, um die gestern nicht gelaufenen Kilometer aufzuholen. Es fällt mir schwer, mich aus dem einfachen, aber warmen Bett zu wühlen. Ich frühstücke mit Antonio, der immer zeitig aufsteht, wie er sagt. Dann umarme ich ihn zum Abschied, danke ihm noch einmal für alles und mache mich auf den Weg.

Der Himmel hat sich zugezogen. Es ist relativ warm, aber drückend. Wahrscheinlich wird es heute richtig regnen, vielleicht gibt es sogar ein Gewitter, zum ersten Mal, seit ich unterwegs bin. Egal, das war zu erwarten. Außerdem habe ich ja meine super Regenjacke mit 10.000-Millimeter-Wassersäule.

Ich laufe und schaue den Wolken dabei zu, wie sie immer dunkler werden. Es schlägt mir auf die Stimmung. Ich habe schon bemerkt, dass ich hier wetterfühliger geworden bin. Nicht, dass ich es im dicken Zeh spüre, wenn das Wetter schlechter wird. Aber das Wetter beeinflusst stärker als zu Hause meine Stimmung. Klar, man ist ja auch den Großteil der Zeit an der frischen Luft. Das klingt immer so romantisch: Der

Natur verbunden sein. Aber für mich ist das eine relativ neue Erfahrung. Bisher bin ich halt einfach drinnen geblieben, wenn es draußen bewölkt war, oder habe wenigstens einen Schirm mitgenommen, in der Gewissheit, mich immer irgendwo unterstellen zu können. Aber jetzt hat so ein Wetterwechsel etwas Bedrohliches. Ich fühle mich irgendwie ausgeliefert. So ist das wohl mit der Verbundenheit – wenn es unangenehm wird, hängt man ebenso mit drin. Gleichzeitig ist es Ehrfurcht einflößend, wie sich die dunklen Wolkenberge am Himmel auftürmen. Und auch wenn es sich gerade nicht angenehm anfühlt, ist es ein sehr intimes Gefühl: nur ich, die Landschaft und das Wetter. Eine Zeitlang gebe ich mich der Träumerei hin, nicht nur das Wetter würde mich beeinflussen, sondern auch andersherum – wenn ich es nur richtig anstelle. Ein wenig so wie Eingeborene, die einen Regentanz machen. Bloß, dass ich für Sonne tanzen würde, denn die macht mir entschieden bessere Laune. Ich versuche, die Wolken mit meiner Gedankenkraft wegzubewegen. Kann ja nur besser werden.

Mittags mache ich Rast in einem verlassen wirkenden Dorf namens Castrojeriz. Ich überlege, ob ich einfach hierbleiben soll, denn natürlich hat mein Telekinese-Trick nicht funktioniert. Der Himmel sieht mittlerweile wirklich bedrohlich aus. Dicht und tief hängen dunkle Wolken.

Aber mein Ehrgeiz treibt mich an. Ich kann doch nicht schon wieder eine Etappe abkürzen! Außerdem fühle ich mich noch überhaupt nicht müde, nach der kurzen Etappe gestern könnte ich noch ein ganzes Stück weiterlaufen. Und schließlich muss meine wasserdichte Profikleidung ja auch mal für was gut sein!

Also esse ich mein *bocadillo*-Sandwich aus dem Dorfladen auf, ziehe vorsichtshalber schon mal meine Regenjacke an, schultere meinen Rucksack und marschiere los. Als ich das Dorf verlasse, beginnt es zu nieseln. *Soll es doch*, denke ich. Mittlerweile bin ich wild entschlossen.

Ich überquere einen Fluss. Auf der anderen Seite steigt der Weg an, der schwarzen Wolkendecke entgegen. Eine halbe Stunde später stehe ich auf dem Bergrücken und betrachte ein atemberaubendes Naturschauspiel.

Die Wolken hängen so tief, als könnte ich sie anfassen, wenn ich mich nur danach strecke. Über mir sind sie grau bis tiefschwarz, am Horizont ballen sie sich zusammen und nehmen eine violette Tönung an. Ich kann zusehen, wie sie ineinanderwirbeln; dort müssen unglaubliche Kräfte im Spiel sein.

Mit einem Mal schlägt mir der Regen, der die ganze Zeit nur sanft genieselt hat, mit voller Wucht ins Gesicht. Wind kommt auf, und dicke Tropfen prasseln herab. Aus den geballten Wolken am Horizont entlädt sich ein Blitz. Fasziniert sehe ich zu, wie er einen Wimpernschlag lang am Himmel steht.

Ich betrachte die einsame Ebene, die sich vor mir erstreckt. Vereinzelt stehen Bäume zwischen den Feldern, und so weit das Auge reicht, ist kein Zeichen menschlicher Ansiedelung zu erkennen. Weit kann ich allerdings bei diesem Wetter nicht gucken. Richtig düster ist es jetzt geworden.

In der Zwischenzeit wird der Wind immer stärker. Ich kann dabei zusehen, wie das Unwetter über die Ebene auf mich zukommt. Funktionskleidung hin oder her, es kann nicht gut sein, mitten durch ein Gewitter zu spazieren, oder? Am liebsten würde ich mich irgendwo unterstellen, aber vor mir sehe ich keinen geeigneten Ort. Die Bäume? *Eichen sollst du weichen, Buchen sollst du suchen*, schießt mir durch den Kopf, ein Satz, den mein Vater mal gesagt hat, und der irgendwie hängen geblieben ist. Unsinn, den man Kindern erzählt. Sowieso egal, denke ich,

ich würde die Bäume wahrscheinlich nicht mal auseinanderhalten können, wenn sie direkt nebeneinanderstünden.

Nein, es gibt nur eine Möglichkeit: Zurück nach Castrojeriz. In dem Ort gab es einige leerstehende Häuser mit aufgelassenen Türen. Dort finde ich sicher Unterschlupf. Wenigstens wird es bergab ein wenig schneller gehen als auf dem Hinweg.

Während ich zügig die Straße hinablaufe, wird meine Umgebung immer wieder von Blitzen erhellt. Ich versuche, die Entfernung des Unwetters abzuschätzen. Ich weiß, dass man die Sekunden zwischen Blitz und Donner zählen und es daraus irgendwie errechnen kann, aber ich habe vergessen, wie es geht. Während meine Beklemmung zunimmt, verfluche ich mein Halbwissen.

Immer wieder werfe ich nervös Blicke über meine Schulter in den Himmel. Gerade will ich wieder nach vorne schauen, da spüre ich, wie mein rechter Fuß halb ins Leere tritt. Ich bin vom Weg abgekommen, während ich mit verrenktem Kopf gelaufen bin. Über den glitschigen Rand des asphaltierten Wegs knicke ich um. Ein stechender Schmerz schießt durch meinen Knöchel. Mein Bein sackt weg, ich verliere das Gleichgewicht und stürze auf die grasbewachsene Böschung.

Fluchend bleibe ich einen Augenblick lang liegen. Dann versuch ich mich aufzurappeln, indem ich mich auf meine Wanderstöcke stütze. Dabei teste ich vorsichtig, ob ich den umgeknickten Fuß belasten kann. Sofort brandet der Schmerz erneut auf, schlimmer als zuvor, und hinterlässt ein dumpfes Pochen. Das ist nicht gut. Gar nicht gut.

Ich blicke in Richtung Castrojeriz. Wo ich vom Bergrücken aus noch den Ort sehen konnte, ist jetzt nur eine graue Wand aus Regen. Es müssten noch ungefähr drei Kilometer bis zu den ersten Häusern sein. Aus der anderen Richtung zieht das Gewitter heran. Aber Laufen ist unmöglich, selbst wenn ich mich auf die Stöcke stütze. Bei der kleinsten Belastung lässt mich der Schmerz aufkeuchen. Ich überlege, ob es helfen würde, mein Gepäck hier zurückzulassen.

Ich probiere es aus. Nein, bringt nichts. Und jetzt? Soll ich etwa hier auf einem Bein stehen bleiben, während das Gewitter um mich herum tobt? Am Ende werde ich noch vom Blitz getroffen. Ich blicke um mich. In Sichtweite stehen einige Bäume, mit ein wenig Glück schlagen die Blitze dort ein.

Trotzdem setze ich mich lieber wieder auf den Boden, um noch weniger verlockend für die Blitze zu sein. Ich muss ja sowieso warten, bis irgendjemand vorbeikommt, den ich um Hilfe bitten kann. Nach einigen Verrenkungen und Schmerzen ist es geschafft. Ich sitze mit ausgestreckten Beinen auf dem Asphalt im Regen und verfluche mich selbst.

Dass ich auch unbedingt weiterlaufen musste! Warum habe ich nicht direkt in dem Ort gewartet? Ich habe doch gesehen, dass ein Unwetter aufzieht! Aber nein, Diana weiß es besser, Diana kann alles! Hochmut kommt vor dem Fall.

Was nach dem Fall nicht kommt, ist Hilfe. Es lässt sich niemand blicken. Kein Wunder bei dem Wetter. Und alle, die ich kenne, sind vor mir auf dem Weg. Nicht, dass das etwas ändern würde. Ich würde jeden um Hilfe fragen, und ich vermute, es würde mir auch jeder helfen. Es ist aber nun mal niemand da. Ich denke an Joe und Jeremy, Helmut und Marianne, an Eric und sogar an Raphael, der mir mit Sicherheit einen Vortrag halten würde. Wie schön wäre es, irgendein bekanntes Gesicht zu sehen in dieser Situation!

In diesem Moment fällt mir mein Handy ein. Dass ich da nicht früher dran gedacht habe! Wahrscheinlich ist es aber sinnvoller, die Notrufnummer aus dem Reiseführer anzurufen als die von Raphael, der tatsächlich die einzige meiner Jakobsweg-Bekanntschaften ist, deren Nummer ich besitze. Ich fummele mein Gerät aus dem Rucksack und schalte es an, während ich es mit meiner geöffneten Jacke vor dem prasselnden Regen abschirme. Ungeduldig warte ich, bis es hochgefahren hat. Kein Netz. Nein. Das kann doch wohl nicht wahr sein! Ich halte das Handy in die Höhe und schwenke es hin und her – den Regen muss es dabei halt aushalten. Wieder schaue ich aufs Display. Immer noch nichts. In was für einem gottverlassenen Hinterland bin ich hier eigentlich gelandet? Verdammt noch mal!

Minutenlang versuche ich, Empfang zu bekommen. Ich kämpfe mich sogar auf meinem gesunden Bein hoch. Während ich wie eine Bescheuerte mit meinem Handy winke, weil ich mir einrede, dass das was bringt, rutscht mir das nasse Plastikteil aus der Hand, segelt durch die Luft und knallt in gut fünf Metern Entfernung auf den Asphalt. Scheiße! Aber ich habe Hoffnung: Mein Handy ist ein einfaches Gerät, so gut wie unkaputtbar. Vielleicht hat es den Sturz ja überlebt.

Auf meine Wanderstöcke gestützt mache ich einen einbeinigen Hopserlauf zu meinem Telefon. Sieht bestimmt lustig aus. Fast muss ich lachen. Aber nur fast. Ob das eine Möglichkeit wäre, bis in den Ort zu gelangen? Wohl kaum, es ist sauanstrengend, und obwohl ich nicht auftrete, tut trotzdem jede Bewegung in meinem umgeknickten Knöchel weh.

Endlich habe ich das Handy erreicht. Nicht ohne Mühe bücke ich mich, um es aufzuheben. Als ich es in meiner Hand umdrehe, sehe ich, dass es direkt auf die Vorderseite gefallen sein muss. Das kleine Display ist von Sprüngen übersät. Man kann nichts mehr darauf erkennen. Selbst wenn ich Netz hätte, mein Telefon ist unbrauchbar.

Ich sammele den herausgesprungenen Akku und die Abdeckung ein – nicht, dass mir das viel bringen würde. Dann lasse ich mich entmutigt an Ort und Stelle auf dem Boden nieder, was nicht ohne erneute Schmerzen vonstattengeht.

Die ganze Aktion hat nichts als Kraft gekostet. Ich spüre, wie mir die Kälte in die Glieder fährt. Zugegeben, die Jacke hält, was der arrogante Pimpf aus dem Outdoorladen versprochen hat. Dennoch läuft mir das Wasser in den Kragen, und weil ich die Jacke bei der Handy-Aktion geöffnet habe, bin ich auch darunter nass. Von meinen Beinen ganz zu schweigen. Sogar meine Unterhose ist durchnässt. Herzlich willkommen, liebe Blasenentzündung, mach es dir bequem.

Mit leerem Blick starre ich vor mich hin und bemitleide mich selbst. Ich spüre, wie die Tränen kommen. Dann werde ich wütend auf mich. Schließlich verzweifelt. Entweder werde ich von einem Blitz erschlagen, oder ist sterbe an einer Lungenentzündung. Mittlerweile klappere ich mit den Zähnen, ohne es zu wollen.

Dann ermahne ich mich, nicht so melodramatisch zu sein. »So schnell stirbt man nicht«, sage ich laut. »Du musst einfach nur hier warten, bis jemand kommt. Und irgendwann wird jemand kommen. Das hier ist doch schließlich der Jakobsweg, hier ist die Hölle los, verdammt!«

Ich lache auf, als ich merke, was ich für Wörter benutze. Dann fährt ein Blitz etwa hundert Meter entfernt von mir in die Erde. Der Knall ist ohrenbetäubend. Ich fahre zusammen. Dann bekreuzige ich mich unwillkürlich.

Das kann doch jetzt kein Zufall gewesen sein?!

Als der Schreck nachlässt, kehrt der Schmerz im Fuß zurück. Ich grübele darüber nach, ob es wirklich möglich ist, dass meine kleine Gotteslästerung diesen Blitz verursacht hat.

Ich tendiere zu Nein. Aber ich kann nachvollziehen, dass man umso mehr an Gott glaubt, je stärker man den Elementen ausgesetzt ist. Das Wetter ist so eine höhere Macht, wie Joe sie erwähnt hat. Nur dass wir – im Gegensatz zum Tod – es meistens schaffen, uns ihm zu entziehen. Jedenfalls ging es mir bis heute so.

Während ich so meinen Gedanken nachhänge, zieht das Gewitter langsam vorüber. Regen und Wind lassen nach, und es wird wieder heller. Dennoch geht es mir dreckig: Die Schmerzen ziehen sich mittlerweile durch meinen Unterschenkel das Bein hoch, und ich zittere am ganzen Leib. Nicht nur vor Kälte, ich glaube, ich habe einen Schock.

Irgendwann erkenne ich eine Gestalt, die sich auf dem Weg in meine Richtung bewegt. Endlich! Ich lege mir zurecht, wie ich meine Situation auf Spanisch beschreiben kann, falls es ein Einheimischer ist.

Die Gestalt kommt immer näher, und ihr Gang kommt mir bekannt vor. Wer ist das bloß? Ich erkenne, dass es ein Mann ist, der Kleidung nach zu urteilen ein Pilger. Es ist ... Eric! Aber der muss doch eigentlich vor mir sein!? Wann soll ich ihn denn überholt haben?

Egal, ich bin froh, dass er hier ist. Als er mich auf der Straße sitzen sieht, beschleunigt er seinen Schritt.

»Didi!«, ruft er. »Was ist passiert? Geht es dir gut?«

»Na klar«, erwidere ich höhnisch. »Der Ausblick war so schön, da dachte ich, ich ruh mich mal aus.« Mensch, Diana, da macht sich einer Sorgen um dich, und du wirst flapsig! Außerdem hast du geheult vor Verzweiflung und Schmerz, jetzt tu mal nicht so taff.

Ich schaue Eric an und sehe seine Verwirrung angesichts meiner Antwort.

»Tut mir leid«, lenke ich ein. »Ich bin umgeknickt und konnte nicht mehr weiter. Und dann hab ich hier im Unwetter gesessen. Kannst du mir helfen? Ich bräuchte ein Taxi oder sowas, aber hier gibt es kein Netz. Und mein Handy hat die ganze Aktion auch nicht überlebt.«

»Klar«, stammelt Eric. »Warte mal ...« Er checkt sein Handy. »Ich hab auch kein Netz.«

Er überlegt kurz. Dann streift er seinen Rucksack ab und legt ihn neben mich. »Ich laufe schnell in den Ort und schaue, dass ich da irgendwo ein Taxi oder so etwas auftreibe. In der Zwischenzeit ...« Er kniet sich hin und kramt in seinem Rucksack. Er zieht ein Handtuch hervor und breitet es über meinen Beinen aus. »Ist nicht viel, aber besser als nichts. Du zitterst ja.«

Seine Fürsorge lässt ein warmes Gefühl in meiner Brust entstehen. Ich lächele tapfer. »Danke, Eric! Ich weiß nicht, was ich ohne dich machen würde.«

Er schaut mir kurz in die Augen, dann nickt er entschlossen. »Also dann, halt den Kopf hoch, ich bin bald wieder bei dir.«

Dann springt er auf und eilt in einer Mischung aus Gehen und Joggen davon. Dennoch dauert »bald« eine gefühlte Stunde. Ich weiß es nicht genau, da meine einzige Uhr das Handy war. Nicht zum ersten Mal denke ich, wie bescheuert es ist, sich von diesen Geräten so abhängig zu machen.

Schließlich rast ein alter, silberner Mercedes mit einem Taxischild auf dem Dach die schmale Asphaltstraße entlang und hält vor mir. Der Taxifahrer und Eric verfrachten mich auf die Rückbank und packen die Rucksäcke in den Kofferraum.

Eric setzt sich neben mich und erklärt mir, das nächste Krankenhaus mit Röntgengerät sei in Burgos, wir müssten dorthin zurückfahren.

Ich nicke nur. Plötzlich bin ich hundemüde. Ich lehne mich an Erics Schulter und bin augenblicklich eingeschlafen.

Ich bin unter Wasser. Es herrscht eine starke Strömung, und es ist kalt.

Normalerweise stört mich die Strömung nicht, ich lasse mich einfach treiben. Aber diesmal schon. Ich habe Angst davor, wo sie mich hinspült. Etwas Schreckliches wartet auf mich. Ich kann es nicht benennen, aber ich weiß genau, ich werde es nicht überleben, wenn ich mich einfach mitreißen lasse.

Also kämpfe ich. Ich strampele und zappele, und während ich mich abmühe, ziehen Gesichter an mir vorbei, von Menschen, mit denen ich eigentlich so gut wie nichts zu tun habe. Kolleginnen meiner Mutter. Meine Kindergärtnerin. Leute, die ich auf dem Jakobsweg gesehen, mit denen ich aber noch nie geredet habe.

Ich spüre, wie mir die Luft knapp wird. Plötzlich habe ich das übermächtige Bedürfnis zu atmen. Ich will auftauchen, aber es geht nicht. Ich habe keine Kraft dazu. Es gelingt mir zwar einigermaßen, gegen die Strömung anzukämpfen, aber an die Oberfläche kann ich nicht schwimmen.

Da taucht eine Hand an einem kräftigen Arm zu mir herab. Ich ergreife sie, und sie zieht mich nach oben. Ich durchstoße die Wasseroberfläche, hole tief Luft, blinzele das Wasser aus meinen Augen und blicke in Marcs Gesicht.

13 Burgos

Sanft rüttelt Eric mich wach. Ich habe keine Zeit, mir über die seltsamen Bilder in meinem Kopf Gedanken zu machen, denn auf einmal herrscht hektische Betriebsamkeit um mich herum. Eric bezahlt den Taxifahrer, der daraufhin an den Kofferraum tritt und unsere Rucksäcke auslädt. Währenddessen geht Eric durch die Schiebetüren des Haupteingangs ins Krankenhaus und kommt mit einer Krankenschwester wieder, die einen leeren Rollstuhl schiebt. Gemeinsam verfrachten die beiden mich hinein, und sie schiebt mich ins Gebäude. Eric folgt ihr mit unseren beiden Rucksäcken in den Händen.

Ich kann mir in einem kleinen Behandlungszimmer mit einer Liege und einem Waschbecken eine frische Unterhose und neue Socken anziehen, die zum Glück in meinem nassgeregneten Rucksack trocken geblieben sind. Im Gegensatz zu meiner langen Unterhose, die ich jetzt eigentlich anziehen wollte, auch wenn ich dann theoretisch, nun ja, in Unterwäsche hier rumsitze. Auch mein Trekking-Hemd mit dem praktischen Karomuster, auf dem sich Flecken kaum zeigen. Die Schwester ist so nett und leiht mir eine trockene Krankenpflegeruniform, die ich dankbar annehme.

Dann sitzen wir in einem hellen, wenn auch etwas schäbigen Wartezimmer, und ich sehe aus wie eine Krankenschwester. Na gut, ich sitze im Rollstuhl und habe immer noch nasse Haare, also wird mich wahrscheinlich niemand für eine halten. Es riecht nach Krankenhaus. Dieser Geruch ist wahrscheinlich überall auf der Welt gleich.

»So, da wären wir«, sagt Eric.

»Ja.«

»Gleich wirst du geröntgt.«

»M-hm«, mache ich. »Oh, was kriegst du eigentlich fürs Taxi?«

»Das können wir doch später machen.«

»Stimmt. Entschuldige. Ich bin noch nicht ganz wach.« Ich denke an den ersten Abend. Als Eric mich geküsst hat. »Hör mal, ich ... bin dir wohl eine Erklärung schuldig«, beginne ich. Eric sagt nichts, schaut mich bloß an.

»Als wir uns kennengelernt haben ... Ich meine, der Grund warum ich hier bin, auf dem Jakobsweg ... Gott, warum ist das so schwer?« Ich atme tief durch. »Also, ich habe dir ja schon ein bisschen was erzählt. Aber der Hauptgrund ist mein Exfreund.« Schnell rede ich weiter, um Eric keine Möglichkeit zu geben, hier einzuhaken. »Obwohl, das ist auch wieder nicht die ganze Wahrheit. Sagen wir, mein Leben hat durch diese Beziehung eine Richtung eingeschlagen, die mir nicht gefällt. Und dann hat er mich betrogen, wofür ich ihm ehrlich gesagt wahrscheinlich sogar dankbar sein sollte, denn sonst wäre ich womöglich immer noch mit ihm zusammen. Aber als du und ich uns geküsst haben, da – ich meine, du bist nicht wie er, überhaupt nicht, aber da musste ich an ihn denken. Daran, wie leicht und schön es ist, sich in so etwas fallen zu lassen. Ich hab einfach Angst, direkt wieder eine falsche Entscheidung zu treffen. Verletzt zu werden. Eigentlich wollte ich hier Abstand gewinnen. Nicht direkt wieder etwas Neues anfangen.«

Jetzt ist es raus. Eric sagt immer noch nichts, aber er nickt. Dann lächelt er verschmitzt. »Also, nur damit ich das richtig verstehe: Der Kuss hat dir gefallen?«

Ich muss lachen. »Ja! Ein bisschen zu sehr vielleicht.«

»Okay, damit kann ich leben. Aber im Ernst, ich habe Verständnis dafür, wenn du erst dein Leben auf die Reihe kriegen willst, bevor du dich auf etwas Neues einlässt.«

»Ehrlich?« Damit habe ich irgendwie nicht gerechnet. Vielleicht eine Art Marc-Spätfolge: Der wollte am liebsten immer alles sofort haben.

»Klar. Ich meine, ich weiß ja nicht, was genau passiert ist. Ich würde es gerne wissen, wenn du bereit bist, mit mir darüber zu reden. Du hast ja angedeutet, dass es nicht nur ums Fremdgehen ging. Aber zumindest damit kenne ich mich aus.«

»Klar, als alter Schürzenjäger.« Kaum ist das raus, würde ich mir am liebsten die Zunge abbeißen. Takt, Diana! Doch Eric lacht.

»Das Etikett werde ich jetzt nicht mehr los, oder? Tja, es steckt noch etwas mehr dahinter. Ich bin mal vor vielen Jahren ziemlich hintergangen worden. Sie hatte mich betrogen, immer wieder und mit verschiedenen Leuten, auch mit einem Freund von mir. Es ist schmerzhaft, sich vollständig auf jemanden zu verlassen und dann enttäuscht zu werden. Das hat mir jeglichen Glauben an Beziehungen genommen. Seitdem war ich immer derjenige, der gegangen ist. Betrogen hat. Gar nicht erst geblieben ist. Was auch immer. Um nicht selbst verletzt zu werden. Bis mir klargeworden ist, dass es so nicht weitergehen kann. Dass ich mich wieder auf jemanden einlassen muss. Und ... naja ...« Er spricht nicht weiter. Schweigend schauen wir einander an. In diesem Moment will ich ihm alles erzählen, alles von ihm wissen.

Mitten in dieser bedeutungsvollen Stille erklingt mein Nachname, misshandelt von einer spanischen Zunge. Ich bin dran.

»Lass uns schauen, was die Zukunft bringt«, sage ich und beuge mich vor, um Eric einen kleinen Kuss auf seine raue Wange zu drücken. Dann lasse ich mich von einer Schwester mit einem knallroten Kurzhaarschnitt aus dem Zimmer und den Gang entlang rollen.

Mein Arzt ist nett und spricht sogar ganz gut Englisch. Er erklärt mir, dass nichts gebrochen ist. Zum Glück. Dennoch ist der Knöchel verstaucht, und ich muss ihn hochlegen und darf ihn mindestens eine Woche nicht belasten. Außerdem müsse ich zur Beobachtung eine Nacht hierbleiben, um auszuschließen, dass nicht doch ein Band gerissen ist.

Na toll, damit ist der Jakobsweg für mich wohl gestorben! Selbst nach dieser Woche werde ich ja kaum direkt wieder jeden Tag zwanzig oder dreißig Kilometer laufen können.

Ich schätze, mir ist meine Enttäuschung anzumerken. Ob ich Pilgerin sei, fragt der Arzt. Als ich bejahe, sagt er mir, ich könne ja von hier weiterlaufen, wenn ich wieder gesund sei. Der Jakobsweg würde auf mich warten.

Es ist nett, dass er versucht, mich aufzuheitern, aber meine Laune ist dennoch im Keller. Ich rolle zurück ins Wartezimmer, um Eric die Situation zu schildern. Dabei werde ich von meinen Emotionen überwältigt und heule plötzlich los wie ein Schlosshund. Vor Eric und einer spanischen Kleinfamilie, die wahrscheinlich denkt, ich hätte gerade eine tödliche Diagnose bekommen.

Eric legt tröstend einen Arm um mich. »Hey«, sagt er. »Du kannst doch später wiederkommen und von hier aus weiterlaufen, wenn dein Knöchel wieder in Ordnung ist.«

»Das hat der Arzt auch gesagt«, schluchze ich. »Aber das ist nicht dasselbe! Und wer weiß, wann das überhaupt sein wird!«

»Das Wichtigste ist doch, dass du wieder gesund wirst. Alles andere kann warten. Pass auf, ich bringe dich jetzt auf dein Zimmer und übernachte heute in der Herberge. Wenn du morgen entlassen wirst, wovon ich jetzt mal ausgehe, suchen wir uns eine kleine Pension und machen ein bisschen Urlaub in Burgos. Ich schieb dich auch überall hin!«

Das ist lieb von ihm. »Versprochen?«, schniefe ich.

»Versprochen. Also los!«

Die Schwester auf meiner Station sieht aus wie ein wahr gewordener Männertraum. Ich kann sehen, wie Eric sich Mühe geben muss, sie nicht anzustarren. Das kann ich ihm nicht verübeln. Langes, schwarzes Haar fließt ihren Rücken herab, ihre grünen Augen blicken lasziv aus einem Gesicht mit hohen Wangenknochen und vollen Lippen. Ihre Uniform verhüllt die Form ihrer großen Brüste, liegt jedoch eng an ihrem perfekt geformten Hintern an.

Ich bin die einzige Patientin in einem Dreibettzimmer und bekomme den Fensterplatz. Ich hieve mich aufs Bett, und die Schwester hebt sanft meine Beine hinauf und stellt das Fußteil so ein, dass es erhöht ist. Eric stellt unterdessen meinen Rucksack in den Schrank.

»Abendessen gibt es in zwei Stunden«, sagt die Schwester. Ihr Englisch hat einen starken Akzent, der ziemlich sexy wirkt, auch wenn sie derart langweilige Sachen sagt. »Die Visite ist morgen um neun, danach können Sie Ihre Frau hoffentlich abholen«, fügt sie an Eric gewandt hinzu.

»Oh, sie ist nicht meine Frau. Nur eine Freundin«, erklärt er schnell. Zu schnell für meinen Geschmack.

Abschätzend blickt mich die Krankenschwester an. »Ach so«, sagt sie. Dann verlässt sie das Zimmer.

Sie hinterlässt eine peinliche Stille.

»Ah, kannst du mal mein Portmonee aus meinem Rucksack holen?«, fällt mir da ein. »Das Geld fürs Taxi ...«

»Ist doch egal«, sagt Eric.

»Danke, das ist lieb von dir, aber mir ist das wichtig.« Ich denke an Marcs ständige kleine Zuwendungen und Geschenke. Damit fange ich gar nicht erst wieder an.

»Okay«, sagt Eric und kramt in meinem Rucksack. Dann reicht er mir den Geldbeutel und nennt mir den Betrag, den das Taxi gekostet hat. Der sprengt eindeutig mein Tagesbudget. Andererseits logiere ich ja heute auf Kosten meiner Krankenkasse, hurra. Also händige ich ihm das Geld aus und versuche, mir nichts anmerken zu lassen.

»Ähm, ich schreib dir mal meine Nummer auf«, sagt Eric dann. »Du kannst mich ja morgen anrufen, wenn der Arzt da war. Dann hole ich dich hier raus. Hoffentlich.« Er klopft dreimal auf den resopalbeschichteten Krankenhaus-Nachttisch.

»Gut«, sage ich. »Hör zu, du solltest jetzt gehen, sonst kriegst du kein Bett mehr in der Herberge. Ich danke dir für alles. Ohne dich wäre ich echt aufgeschmissen gewesen.«

»Selbstverständlich. Ich bin froh, dass ich dich wiedergetroffen habe.«

»Auch wenn ich mir dafür erst den Knöchel verstauchen musste«, grinse ich. »Komm mal her.«

Eric tritt an mein Bett. Ich setze mich auf und schaue ihm in die Augen. Sein Gesichtsausdruck ist ernst, fast feierlich. Langsam nähern sich seine Lippen den meinen, dann berühren wir uns. Erst zart, vorsichtig, tastend. Dann forschend, mutiger, verlangend. Eric nimmt mein Gesicht in seine Hände. Ich rieche, fühle, schmecke ihn und denke nicht. Irgendwann, ich weiß nicht genau, wann, kehre ich an die Oberfläche meines Bewusstseins zurück, an der sich ein Wunsch geformt hat. Genau in diesem Moment zieht Eric sich zurück. Wir öffnen die Augen wieder und sehen einander an.

Ich will nicht darüber nachdenken, was ich noch in meinem Leben zu regeln habe. Ich könnte derzeit auch gar nicht genau benennen, was das ist, und das ist gut so. Für den Moment. Was mir durch den Kopf geht, ist, was für ein toller Mann dieser Eric ist. Ich fühle mich gerade mit ihm wie in einer Blase, und all meine – und seine – Probleme sind irgendwo da draußen, aber nicht jetzt, nicht hier. Ich weiß, wie kurzlebig Seifenblasen sind, aber kann diese hier nicht noch ein wenig länger fliegen? Ein wohliger Schauer durchfährt mich, und ich sehe, wie sich die Härchen auf meinem Arm aufstellen. So, wie er mich gerade ansieht, hat er ähnliche Gedanken. Unsere Blase landet sanft, zerplatzt lautlos und lässt nur eine angenehm ziehende Sehnsucht zurück.

»Bis morgen«, sagt Eric schließlich.

»Bis morgen«, erwidere ich leise und sehe ihm zu, wie er aus der Tür geht.

Ich lasse den Kopf zurück auf das Kissen sinken und wende den Blick aus dem Fenster. Von dem Unwetter ist keine Spur mehr zu sehen. Unschuldige weiße Wölkchen ziehen gemächlich über den blauen Himmel. Mein Fenster geht nach vorne raus, vor dem Haupteingang befindet sich ein baumbestandenes Rondell, dahinter führt eine Straße entlang, an der schöne alte Häuser stehen.

Das war Glück im Unglück, denke ich selig. Eric ist so aufrichtig! Es ist gut, dass er sein Verhalten so reflektiert. *Eine gute Basis für eine Beziehung*, schießt mir durch den Kopf. Klar, er hat sich früher wahrscheinlich wie ein Arschloch verhalten, aber Menschen können sich ändern, oder etwa nicht? Genau wie ich mich jetzt ändere. Ändern werde. Denn ich bin wirklich nicht stolz darauf, wie unselbständig und passiv ich in meiner Beziehung mit Marc war. Ich habe einfach alles mit mir machen lassen.

Apropos: Marc hätte niemals so verständnisvoll auf meine Geschichte reagiert. Für ihn wäre das alles Gefühlsduselei gewesen. Am Anfang ist es mir nicht aufgefallen, aber nach und nach merkte ich, dass zwischenmenschliche Beziehungen für Marc lediglich eine Art Tauschgeschäft sind – was kannst du mir geben, und was willst du dafür? Ich habe mir stets eingeredet, es wäre nicht so. Habe es verdrängt, weil ich diese Beziehung zu ihm nicht aufgeben wollte. Ich dachte, Marc sei mein Stück vom Glück – ja, so einen peinlichen Kitsch habe ich wirklich gedacht!

Aber jetzt nicht mehr. Und Eric ist anders, da bin ich mir ganz sicher. Er gibt mir die Zeit, die ich benötige. Und wenn mir klarwerden sollte, dass eine neue Beziehung – oder eben eine Beziehung mit Eric – keine gute Idee wäre, dann … werde ich auf mich hören. Das schwöre ich mir. Ich brauche ja nicht unbedingt einen Mann an meiner Seite, ich war schließlich mein ganzes Studium über mehr oder weniger Single, und das zumeist glücklich. Aber wenn ich wieder etwas Ernsthaftes anfange, so fühlt es sich im Moment an, dann mit Eric.

Da sehe ich seinen wuscheligen braunen Schopf unter dem Vordach des Krankenhauses hervorkommen. Eric plaudert entspannt mit der Krankenschwester von eben. Der Männertraum.

Sie schlendern ein Stück und bleiben dann unter den Bäumen stehen. Die Schwester steht mit dem Rücken zu mir, doch an ihrer Körperhaltung erkenne ich, dass sie mit Eric flirtet. Jetzt wirft sie sich das Haar über die Schulter. Unglaublich billig, also wirklich!

Ich kann Erics Gesicht sehen. Er lächelt. Das darf doch wohl nicht wahr sein!

Da hebt die Schwester ihr Gesicht, und im nächsten Moment küssen die beiden sich!

Plötzlich schiebt sich ein Krankenwagen, der vor dem Haupteingang hält, in mein Blickfeld und versperrt mir die Sicht auf die beiden.

Ungläubig und sprachlos starre ich auf die Signalfarben des Gefährts. Eine gefühlte Ewigkeit vergeht, bis der Notfallpatient ausgeladen ist und der Wagen wegfährt.

Ich sehe gerade noch, wie sich Eric mit federndem Schritt entfernt und die Schwester ihm schmachtend nachschaut.

Es ist Nachmittag, die Sonne steht tief und malt fahle Streifen in die verrauchte Luft des Wohnzimmers. Meine Mutter ist von ihrer Frühschicht im Supermarkt gekommen und hat mich im Bademantel auf der Couch vorgefunden, wie ich eine Tierdoku gucke. He, wenigstens nicht *Berlin – Tag & Nacht*, auch wenn ich da ebenfalls bestens Bescheid weiß.

Mama hat bei meinem Anblick den Kopf geschüttelt, sich neben mich gesetzt und sich die erste Zigarette ihres Feierabends angezündet. »Kind, was machst du denn bloß?« Seit sie mich bei sich aufgenommen hat (was ich ihr hoch anrechne, wirklich, aber ich kann es gerade nicht so zeigen), hat sie sich auf resignierte Seufzer verlegt, was mich und mein Verhalten angeht.

»Pinguine«, sage ich und zeige auf den Bildschirm. »Wusstest du, dass es überhaupt nicht stimmt, dass sie ein Leben lang treu sind? Die Trennungsrate liegt bei bis zu fünfzig Prozent. Und Pinguine können Sex haben, ohne sich fortpflanzen zu wollen. Einfach nur so, zum Spaß, was weiß ich. Manche haben sogar Sex mit Küken. Mama, ich frage dich: Wenn nicht mal mehr auf Pinguine Verlass ist, wie kann ich dann jemals hoffen, unter den Menschen einen Mann zu finden, der kein Arschloch ist?«

»Ach, Kind«, seufzt meine Mutter wieder. »Nicht alle Männer sind Arschlöcher.«

»Ja, richtig«, erwidere ich gehässig. »Deswegen lebst du ja auch in einer glücklichen Beziehung mit einem wunderbaren Mann. In einem etwas spießigen, aber schnuckeligen Reihenhaus in Zehlendorf.«

Das sitzt. Wütend steht meine Mutter auf. »Hör mir mal gut zu«, sagt sie in schneidendem Tonfall. »Es stimmt, dass dein Vater ein Arschloch war und uns sitzenlassen hat. Und es stimmt, dass wir nur deswegen in diese Platte hier ziehen mussten und ich noch Glück hatte, den Job an der Kasse zu kriegen. Aber ich sitze nicht tatenlos da und schaue zu, wie du dich hier vergräbst, bis die Welt dich vergessen hat.«

»Und wenn nicht alle Männer so schlimm sind, warum hattest du dann nie einen neuen Freund?«

Mama lacht verbittert. »Ich bin ne Supermarktkassiererin aus Spandau. Bis du ausgezogen bist, war ich obendrein noch alleinerziehende Mutter. Nicht gerade ein Super-Fang. Nichts für ungut, Schatz.«

»Na toll, jetzt bin ich also schuld, ja? Das kam dir ja schon damals so gelegen! Papa hat uns ja auch nur wegen mir verlassen!«, schreie ich und springe auf.

»Didi!«, ruft mir meine Mutter hinterher, als ich aus dem Zimmer stürme. »Warte! So war das nicht!«

Doch ich höre sie gar nicht mehr. Will sie nicht hören. Ich schlage die Tür zu meinem alten Kinderzimmer hinter mir zu, schmeiße mich aufs Bett und weine. Super gemacht, Diana.

14 Burgos

Ich liege in meinem Krankenhausbett, blicke an die Zimmerdecke und schaffe es nicht, wütend zu sein. Es ist, als ob alle meine Gefühle verbraucht wären.

Irgendwann kommt mein Abendessen. Die Krankenschwester, die es bringt, ist eine andere als die, die Eric geküsst hat. Dafür bin ich dankbar.

Mein Magen grummelt, weil ich seit dem Morgen nichts Richtiges gegessen habe. Dennoch stopfe ich die fade Tortilla und den Salat mit überwürztem Instant-Dressing eher aus Pflichtgefühl als mit wirklichem Appetit in mich hinein.

Aus Langeweile und weil ich das Fernsehprogramm nicht verstehe, setze ich die Einzelteile meines Handys wieder zusammen und schalte es ein. Die PIN kann ich blind eingeben, aber es nützt nichts: Ich kann auf dem Display wirklich gar nichts erkennen. Frustriert werfe ich das Telefon auf den Nachttisch.

Dann kommen die Gedanken. Ich sollte sauer auf Eric sein, der sich offensichtlich kein Stück gebessert hat und, schlimmer noch, seine angebliche Läuterung als Masche verwendet. Aber was mich wirklich ärgert, ist mein miserables Urteilsvermögen. Da gebe ich mir solche Mühe, Abstand von Marc zu gewinnen, meine Handlungen und meine Einstellung zu überdenken, fahre sogar nach Spanien, verdammt noch mal, nur um mir bei der ersten Gelegenheit einzureden, ich hätte kein ernstes Problem. Obwohl ich ja wohl eins habe. Offensichtlich bin ich unfähig, alleine in der Welt zurechtzukommen, und werfe mich daher immer dem nächstbesten Mann an den Hals, der mir verspricht, an meiner Seite zu sein. Ich frage mich, woher das kommt. Von meiner Mutter bin ich eigentlich zur Selbstständigkeit erzogen worden. Vielleicht hat mir mein Vater gefehlt? Der Gedanke ist so absurd, dass ich auflache. Der Mann war eine Katastrophe, schlimmer als alle Erics und Marcs dieser Welt zusammengenommen. Das ist eines der wenigen Dinge in meinem Leben, bei denen ich mir sicher bin.

Raphael kommt mir in den Sinn. Dieser schöne, sanfte Mann, der sich so sehr wie niemand sonst auf dem ganzen Weg für mich als Person interessiert hat. Und ich habe ihn zusammen mit Eric in die Wüste geschickt. Nur wegen eines Kusses. Das hat er nicht verdient. Das soll jetzt nicht heißen, dass ich was mit ihm anfangen will, obwohl ich zugeben muss, dass mir der Gedanke kommt. Wie es wohl wäre, mit einem Mann wie Raphael zusammen zu sein? Alex zu erzählen, dass ich einen angehenden Priester seiner Mutter Kirche entrissen habe und jetzt in wilder Ehe mit ihm lebe? Das klingt derart verrucht, dass ich unwillkürlich grinsen muss. Auch weil es überhaupt nicht zu Raphael passt. Ich wäre dann seine Femme fatale.

Irgendwann muss ich eingeschlafen sein, denn das Nächste, was ich mitbekomme, ist, wie eine Krankenschwester mit einem fröhlichen »Buenos Dias!« in mein Zimmer platzt und mir ein Frühstückstablett auf meinen Klapptisch stellt. Ich kenne sie nicht. Ich weiß nicht, was passieren würde, wenn ich den Männertraum wiedersähe. Wahrscheinlich gar nichts, außer dass das Karussell meines Selbsthasses neuen Schwung erhielte.

Ich muss dringend hier raus. Für mich steht fest, dass ich auf keinen Fall Eric unter die Augen treten will. Vielleicht ist es feige, aber ich schaffe das nicht. Ich kann mir nicht schon wieder diese faden Erklärungen, diese Ausflüchte anhören. Männer sind doch wirklich alle gleich! Wahrscheinlich sogar Raphael, wenn man ihn nur lange genug kennt.

Gerade als ich endlich richtig rechtschaffen wütend auf Eric und die Männerwelt im Allgemeinen bin, kommt mein Arzt zur Visite herein und grüßt freundlich. Ich funkele ihn böse an, wie er da mit seinem funkelnden Stethoskop über dem strahlenden Kittel steht. Sein Lächeln verfliegt, und er wird sachlich.

Er wickelt den Verband mit der Salbe ab, den man mir gestern nach dem Röntgen angelegt hat. Dann besieht er sich meinen Knöchel, bewegt ihn hin und her und fragt, ob es wehtut. Tut es. Ich schaue ihm zu. Es haben sich an mehreren Stellen Blutergüsse gebildet, und der Fuß ist angeschwollen. Dennoch sagt der Arzt nach einer Weile, ich könne heute nach Hause. Beziehungsweise das Krankenhaus verlassen. »Haben Sie vor, jetzt nach Deutschland zurückzukehren?«, fragt er.

Darüber habe ich noch gar nicht nachgedacht. Spontan fasse ich einen Entschluss.

»Nein«, sage ich.

In diesem Falle solle ich in einer Woche zur Überprüfung einen Arzt aufsuchen, am besten ihn. Es könne trotz allem sein, dass ein Band angerissen sei, und er wolle gerne sehen, wie die Heilung verläuft. Bis dahin erhalte ich eine abnehmbare Schiene mit Klettverschluss um den Fuß und Krücken, mit denen ich mich fortbewegen kann.

Von mir aus, denke ich, *Hauptsache, es geht schnell*. Ich will vermeiden, dass Eric übereifrig hier im Krankenhaus auftaucht, obwohl ich ihn nicht angerufen habe. Auch wenn ich nach der Aktion von gestern nicht davon ausgehe. Wahrscheinlich trifft er sich gerade mit dem Männertraum. Jedenfalls ist die nirgendwo zu sehen. Zum Glück.

Wie betäubt lasse ich alles über mich ergehen, und bald stehe ich in meinen dreckigen, immerhin mittlerweile getrockneten Klamotten und mit Rucksack an den Empfangstresen der Station gelehnt und unterschreibe meine Entlassungspapiere. Dann schnappe ich mir die Krücken und humpele zum Aufzug.

Als ich in der Lobby aus dem Fahrstuhl trete, sehe ich durch die Glasfront des Krankenhauses Eric herankommen. Verdammt! Hektisch schaue ich mich um. Nicht weit entfernt von mir befindet sich eine Damentoilette, allerdings führt der Weg dorthin durch offenes Gelände. Egal, das ist meine beste Chance. Also los!

So schnell ich kann, schwinge ich mich an den Krücken durch die Lobby, die Toilettentür fest im Blick. Aus dem Augenwinkel sehe ich, wie sich einige Köpfe verwundert in meine Richtung drehen. Just als ich die Toilettentür erreiche, höre ich das Zischen der gläsernen Schiebetüren des Haupteingangs. Schnell zwänge ich mich in die Toilette und stürze dabei fast.

Als sich die Tür hinter mir schließt, lasse ich mich mit klopfendem Herzen gegen die Kacheln sinken. Hoffentlich hat Eric mich nicht bemerkt!

Ich zähle langsam bis sechzig, und nichts geschieht. Vorsichtig luge ich aus der Tür. In der Lobby ist nichts Auffälliges zu sehen, vor allem erwartet mich kein Eric. Gut so.

Zügig durchquere ich die Halle und begebe mich zu den vor dem Eingang wartenden Taxis. Ich steige in das erste und versuche, dem Fahrer klarzumachen, dass er mich in ein billiges Hotel bringen soll. Er ist begriffsstutzig und ich nervös, aber irgendwann nickt er und lenkt das Taxi aus der Haltebucht. Geschafft!

Das Hotel, in das mich der Taxifahrer bringt, ist immerhin wirklich billig, wie gewünscht. Es liegt an einer Ausfallstraße am Stadtrand und hat schon bessere Tage gesehen. Um den Parkplatz zieht sich U-förmig ein zweistöckiger Betonklotz. Er war mal weiß, jetzt ist die ursprüngliche Farbe an vielen Stellen unter einem schwarzgrauen Schmutzfilm verborgen.

Was soll's, denke ich und humpele zur Rezeption. Irgendwie finde ich es sogar passend. Das Hotel sieht so heruntergekommen aus, wie ich mich fühle. Ich verlange ein Einzelzimmer. Vorsichtshalber bezahle ich erstmal nur für eine Nacht.

Der kleine, grauhaarige Portier ist überraschend freundlich und trägt mir meinen Rucksack zum Zimmer. Er hat wohl Mitleid mit mir.

Von innen hält das Hotel, was es von außen verspricht. Die abgestoßenen Sperrholzmöbel verströmen den Charme vergangener Zeiten. Und den Geruch. Aber es gibt einen Fernseher. Den werde ich brauchen, denn viel bewegen werde ich mich in den nächsten Tagen nicht.

Der Portier lässt mich allein, und ich setze mich aufs Bett. Immerhin bin ich um die Blasenentzündung herumgekommen, fällt mir da plötzlich auf. Wie blöd wäre es, mit verstauchtem Knöchel ständig aufs Klo rennen zu müssen?

Der Gedanke ist so profan, dass das ganze Drama meines Lebens, mein ganzes Gefühlschaos mit der Wucht einer Springflut auf mich einstürmt. Meine Kehle schnürt sich zu, und meine Augen füllen sich mit Tränen. Ich spüre, wie meine Unterlippe zu zittern beginnt. Als ich versuche, Luft zu holen, dringt aus meiner Kehle ein verzweifeltes Stöhnen, das gar nicht von mir selbst zu kommen scheint. Tiere klingen so, wenn sie leiden.

Ich rolle mich auf dem Bett zusammen und heule. Ich schreie und fluche, benutze nicht einmal Wörter, nur unverständliches Gebrabbel. Ich rotze und schniefe und kümmere mich nicht um so etwas Albernes wie Taschentücher. Am liebsten will ich alles beschmutzen, alles zerstören, angefangen bei mir selbst, aber mir fehlt die Kraft.

Irgendwann kommen keine Tränen mehr. Ich weiß nicht, wie spät es ist, jedenfalls ist es noch hell. Völlig ausgelaugt schlafe ich ein.

Ich träume gnädigerweise nicht.

Mein schmerzender Fuß pocht mich aus dem Schlaf. Blinzelnd schaue ich auf. Es ist dunkel im Zimmer. Ein pulsierendes Stechen zieht sich durch meinen Unterschenkel.

Im Krankenhaus haben sie mir Tabletten mitgegeben. Ich mache Licht, krame sie heraus. Dann hüpfe ich einbeinig ins Bad, fülle das Zahnputzglas mit Wasser und schlucke das Mittel.

Ächzend baue ich mir auf dem Bett ein Lager. Das Kopfkissen kommt unter meinen kaputten Knöchel, ich soll ihn hochlegen, hat der Arzt gesagt. Die Decke rolle ich am Kopfende zusammen, damit ich halb sitzend, halb liegend Fernsehen gucken kann.

Der einzige nicht spanischsprachige Sender, den ich finden kann, ist der Discovery Channel. Also gucke ich Tierdokus. Erst kommt eine über Löwen. Allerdings gefällt sie mir nicht. Männliche Löwen sind total faul, die Weibchen machen die ganze Arbeit. Jagd, Aufzucht, alles. Dann kommt eine über Menschenaffen, die ich faszinierend finde, weil sie uns so ähnlich sind. Aber am besten gefällt mir die über Ameisen. In so einem Ameisenstaat ist alles klar geregelt, die Rollen sind genau definiert, und um eine gute Ameise zu sein, musst du nur ein paar einfache Regeln beachten. Zumindest kommt es mir so vor. Am liebsten wäre ich gerade eine Ameise. Ich glaube jedenfalls nicht, dass die Selbstzweifel haben. Oder ein problematisches Liebesleben.

Ich kann nicht anders, als zwischendurch daran zu denken, wie ich auf der Couch meiner Mutter in Berlin vor mich hinvegetiert habe. Tagein, tagaus. Es ist beinahe witzig – da reise ich durch halb Europa, nur um am Ende wieder vor irgendwelchen Tierdokus zu landen. Allerdings ohne Mamas grummelige Herzlichkeit – damit meine ich seufzend aufgeschüttelte Kissen und kopfschüttelnd aufgerissene Fenster, weil »es in dem Mief ja keiner aushält«. Oder aus dem Supermarkt mitgebrachte Illustrierte, die mich aber nicht ablenken, sondern nur die Tristesse meines eigenen Daseins, nun ja, illustrieren. Ich vermisse meine Mutter, das wird mir jetzt klar. Ob es hier wohl irgendwo Postkarten gibt? Mit E-Mails brauche ich meiner Mutter jedenfalls nicht zu kommen.

15 Burgos

Ich werde davon wach, dass jemand höflich an die Tür klopft.
»Ja?«, rufe ich schlaftrunken.
Es ist der Portier, der den Kopf zur Tür hereinsteckt und den Blick sofort höflich zu Boden senkt, als er mich sieht. Er erklärt mir, wenn ich jetzt nicht auschecke, müsste ich eine weitere Nacht bezahlen.
»Okay«, gebe ich zurück. Ich gehe nirgendwohin. Nicht mit diesem Knöchel.
Obwohl es wahrscheinlich möglich wäre, ein Taxi zum Flughafen zu nehmen und von dem Geld, das eigentlich für den Rest des Weges vorgesehen war, einen Flug nach Hause zu buchen. Warum habe ich spontan verneint, als der Arzt mich gefragt hat, ob ich zurück nach Deutschland wolle?
Vielleicht wollte ich noch nicht wahrhaben, dass ich gescheitert bin. Aber das bin ich. Am Weg und an mir selbst. Genau das kann ich meiner Mutter nicht erzählen. So herzlich sie mich aufgenommen hat, nachdem ich mich mit Marc gestritten habe, so sehr wird es ihr das Herz brechen, wenn sie die Wahrheit erfährt. Dass ich nämlich selbst schuld bin an meiner Misere. Dass ihre selbstbewusste, abenteuerlustige Tochter sich in ein unselbstständiges, lebensunfähiges Ding verwandelt hat.
Nein, ich bleibe hier. Jetzt ärgere ich mich, dass ich meinen

Rückflug mit Sicherheitspuffer gebucht habe, nämlich vierzig Tage nach der Ankunft in St. Jean Pied de Port, obwohl es nur 31 Tagesetappen sind. Denn jetzt muss ich diese ganze Zeit mit Herumhängen verbringen, wenn ich meiner Mutter gegenüber den Schein wahren will, dass ich bis zum Ende durchgepilgert wäre. Wie sich das anhört. Würde sie auch verstehen, wenn ich abbreche? Vielleicht, immerhin war sie von Anfang an skeptisch, als ich ihr erzählt habe, wie lange ich wandern will. Aber erstmal muss ich selbst meinen Frieden mit der Situation machen.

Ich rappele mich auf und humpele zur Rezeption, um für die ganze Woche zu bezahlen. Anschließend frage ich den netten Portier nach Postkarten, und er zeigt auf einen Ständer in der Ecke des Raumes, in dem traurig zusammengerollt einige vergilbte Exemplare hängen. In der Lobby (einer ramponierten Couchgarnitur in der Ecke neben der Rezeption) schreibe ich eine etwas heuchlerische Postkarte an meine Mutter, in der ich von der Natur und dem leckeren Essen schwärme. Das Einzige, was wirklich aufrichtig ist, ist, dass ich sie vermisse. Auch wenn ich ihr nicht sagen kann, warum.

Als ich gerade auf meinen Krücken ins Zimmer zurückgestelzt komme, höre ich dumpf den Klingelton meines Handys. Aber das ist doch kaputt? Wie kann es …? Egal, die Neugier überwiegt. So schnell es geht, humpele ich zu dem Klamottenstapel auf dem einsamen, speckigen Sessel, aus dem das Geräusch kommt. Wer mich da wohl anruft? Meine Mutter wird es kaum sein – Handyanrufe ins Ausland sind ihr suspekt. Sie sagt immer, sie wisse nicht, was sie einem da berechnen, und am Ende müsse der Angerufene das noch bezahlen und das sei ja alles sowieso eine elende Abzocke. Und abgesehen von meiner Mutter wüsste ich nicht, wer sich noch für mich interessiert. Hoffentlich bin ich schnell genug! Hektisch wühle ich in meiner dreckigen Wäsche, bis ich endlich das Gerät zu fassen kriege. Ohne einen Blick auf das Display zu werfen – das ist ja sowieso kaputt – drücke ich die grüne Taste.

»Hallo?«, frage ich etwas atemlos.

»Hall – idi«, schallt es blechern aus dem Hörer. »… dass ich dich erreiche.«

An meinem Handy ist wohl mehr als nur das Display kaputt. Ich kann die Stimme kaum verstehen, geschweige denn erraten, wem sie gehört.

»Wer ist denn da?«, hake ich nach.

»… bin's, Raphael.«

Kann es Zufall sein, dass er sich ausgerechnet jetzt meldet, wo es mir so schlecht geht? Wo er der Einzige ist, dem ich mich noch anvertrauen kann?

»Es ist so schön, dass du anrufst!«, plappere ich ins Telefon. »Wenn du wüsstest, was mir alles passiert ist! Es ist ein Wunder, dass mein Handy überhaupt noch funktioniert und wir miteinander sprechen können. Wo bist du denn gerade?«

Als Antwort kommt ein Knacken aus dem Hörer. Dann: »… dich nicht. Kannst du … wiederholen?«

Mist. »Wo bist du gerade?«, frage ich laut und deutlich.

Wieder höre ich nur Sprachfetzen, durchsetzt von Rauschen und Knistern.

Ich glaube, das Wort »León« zu verstehen. Das ist ungefähr sieben oder acht Tagesetappen von hier entfernt. War ja klar, dass Raphael schneller pilgert als ich.

Mal ganz abgesehen davon, dass ich schon seit zwei Tagen außer Gefecht bin.

In mir entsteht der übermächtige Wunsch, Raphael wiederzusehen.

Aber wie?

»Kannst du mir eine E-Mail schreiben?«, sage ich hastig und nenne ihm meine Adresse. »Oder – bist du bei Facebook? Ich stehe da unter meinem echten Namen drin. Diana Lilienfeld«, füge ich zur Sicherheit noch hinzu. Unfassbar, dass wir uns nicht bereits auf Facebook befreundet haben. Das wäre in Deutschland längst passiert. Aber hier auf dem Jakobsweg läuft das eben ein bisschen anders. So habe ich es mir jedenfalls ausgesucht – es gibt genug andere Pilger, die ständig online sind.

Ich lausche in den Hörer. Nichts. »Raphael?«, frage ich, doch die Verbindung ist tot.

»Mist«, fluche ich und pfeffere das nutzlose Gerät zurück in den Wäscheberg. Und jetzt? Eine Sehnsucht beginnt in mir zu ziehen, von der ich bis eben nicht wusste, dass sie da war. Wenn ich doch bloß mit Raphael sprechen könnte! Er würde mich verstehen. Mir ist nach Heulen zumute. Ich stelle mir vor, wie er mich in den Arm nimmt, mir die Tränen wegküsst. Ganz sanft.

Halt! Mir fällt wieder ein, was mir im Krankenhaus klargeworden ist: Nämlich, dass ich mich ständig an irgendwelche Männer anlehne, die mir vorleben, was zu tun ist. Aber jemand wie Raphael? Der würde mich so nehmen, wie ich bin, der würde sich auf mich einlassen, sich mir zuliebe verändern und nicht andersherum. So wie nach dem ersten Kuss. Nicht wahr?

Nein, sage ich mir. Erstmal geht es nur darum, mich mit jemandem auszutauschen. Denn wenn mich dieser Weg eines gelehrt hat, dann, dass es etwas bringt, sich anderen anzuvertrauen. Und ich könnte mir niemand Besseren dafür vorstellen als Raphael.

Falls ich überhaupt eine Gelegenheit dazu erhalte. Nach allem, was ich weiß, ist er gerade zweihundert Kilometer entfernt. Ich muss unbedingt meine Mails checken. Doch selbst wenn er mich verstanden hat, wird er mir jetzt noch nicht geschrieben haben.

Ich klettere umständlich und unter Schmerzen aufs Bett und schalte den Fernseher ein. Doch ich kann mich nicht darauf konzentrieren, und die Farben auf dem Bildschirm verschwimmen vor meinen Augen, während meine Gedanken um Raphael kreisen.

Nach einer knappen Stunde rappele ich mich auf, um an dem öffentlichen Computer in der Lobby (es ist eines dieser Terminals, in das man Münzen einwerfen muss) meine Mails zu checken. Nichts. Mist. Bei Facebook auch nicht. Wahrscheinlich ist jemand wie Raphael nicht mal dort angemeldet. Ich ignoriere die Benachrichtigungen, die ich habe. Wahrscheinlich eh nur irgendwelcher Kram von entfernten oder verloren gegangenen Freunden, die der Algorithmus rausgesucht hat, weil irgendetwas da stehen muss, damit ich meine Zeit in diesem sozialen Netzwerk verplempere. Oder, schlimmer noch, sie sind von Marcs Freunden. Ist mir egal, will ich nicht wissen. Seit ich hier losgelaufen bin, habe ich mich nicht eingeloggt. Ich habe es auch nicht vermisst. Ich war noch nie besonders aktiv dort, und hier bin ich so völlig in einer anderen Welt, dass es mir gar nicht in den Sinn gekommen ist, nachzuschauen, was auf meinem Profil passiert.

An dem Tag humpele ich noch dreimal zu dem Terminal. Ohne Erfolg, eine Nachricht von Raphael bleibt aus. Wahrscheinlich hat er mich einfach nicht mehr verstanden. Doch ich habe ja derzeit sonst nichts zu tun.

Am nächsten Tag schaue ich einmal nach. Am übernächsten wieder. Zwischendurch male ich mir abwechselnd eine Zukunft mit Raphael und eine als alleinstehende Powerfrau aus, und ich weiß nicht, was unwahrscheinlicher ist.

Und so vergehen die Tage. Ich zwinge mich, den Tag- und Nachtrhythmus einigermaßen einzuhalten, allein schon wegen des Hotelfrühstücks, das zwar miserabel, aber im Preis inbegriffen ist. Außerdem komme ich so mal aus meinem Zimmer heraus und sehe andere Leute. Ein bisschen schäbig wirkende Geschäftsreisende, Familien mit vermutlich niedrigem Einkommen, ab und zu Pilger. Niemand, den ich kenne, zum Glück.

Immer wieder hole ich meinen Pilgerausweis hervor und betrachte die vielen bunten Stempel darin. Blau, grün, schwarz und rot in allen Schattierungen. Ich erkenne den relativ frischen Stempel aus Burgos – eine Jakobsmuschel vor einer Burg –, den mir die *Amigos del Camino de Santiago* ausgestellt haben. Ich muss an Marianne und Helmut denken, und an Joe und Jeremy. Auch wenn ich mit ihnen allen nicht tauschen möchte, um eines beneide ich sie doch: Sie alle haben die Person gefunden, mit der sie den Rest ihres Lebens verbringen möchten, und sie ziehen das einfach durch. Von außen betrachtet wirkt das so einfach, so selbstsicher. Warum kann ich das nicht?

Brauche ich das überhaupt? Ich versuche, mir eine Zukunft als Single vorzustellen. Was würde ich mit meiner Zeit anstellen? Wirklich den MBA zu Ende machen, dann einen Management-Job, lange Arbeitstage, hohes Gehalt? Und am Wochenende Dampf ablassen? Oder möchte ich eher wie Antonio ein Aussteiger-Leben führen, vielleicht sogar eine Herberge eröffnen? Ein Hotel, eine Kneipe? Das wirkt zumindest irgendwie sympathischer. Geld brauche ich ja eigentlich nicht viel, das ist eine der heilsamen Erfahrungen dieser Trennung.

Wenn mir diese und ähnliche Gedanken zu viel werden, schalte ich den Discovery Channel ein und lasse mich berieseln.

Manchmal funktioniert das Ablenkungsmanöver, und manchmal frage ich mich, was ich anstellen müsste, um Tierpflegerin im Berliner Zoo zu werden. Weil ich mich kaum bewege, habe ich wenig Hunger. Einmal am Tag humpele ich auf Krücken zu dem China-Imbiss, der etwa hundert Meter entfernt vom Hotel liegt, und bestelle das Tagesgericht. An jedem Tag der Woche bietet der Imbiss ein unterschiedliches Gericht an, aber alle sind mit Hühnchen.

Als der Tag kommt, an dem ich den Termin im Krankenhaus habe, kenne ich alle Tagesgerichte bis auf zwei (mein Favorit sind die Hühnchenspieße mit Saté-Sauce). Meinem Knöchel geht es mittlerweile deutlich besser. Ich kann wieder problemlos ohne Krücken laufen, auch wenn ich das lieber nicht zu lange mache. Wer weiß, ob es dadurch wieder schlimmer wird. Schmerzen habe ich zumindest kaum noch.

Ich nehme ein Taxi ins Krankenhaus und melde mich an der Rezeption. Trotz Termin muss ich über eine Stunde warten. Na gut, das hätte mir in Berlin auch passieren können.

Irgendwann werde ich aufgerufen. Die Schwester, die mich holen kommt, ist dieselbe, die mich vor einer Woche zum Röntgen gefahren hat. Ich erinnere mich an ihre knallroten Haare.

»Ah, die Deutsche«, begrüßt sie mich in rumpeligem Englisch. »Hat Ihr Freund Sie gefunden?«

Wer? Eric? Hat er etwa nach mir gesucht?

»Haben Sie ihm gesagt, wo ich bin?«, frage ich entsetzt. »Oder dass ich heute hierherkomme?«

»Nein«, entgegnet die Schwester offensichtlich verwirrt. Ich kann es ihr nicht verdenken. Was haben diese Deutschen bloß für Sitten? Erst sind sie ein Herz und eine Seele, und dann weiß der eine plötzlich nicht mehr, wo die andere steckt, und die will dann anscheinend auch nicht gefunden werden. Tja, Schwester, fragen Sie mal mich, ob ich's verstehe.

»Wir geben keine Patientendaten heraus«, erklärt sie, offensichtlich bei ihrer Berufsehre gepackt. »Außerdem haben Sie uns ja auch keine Adresse angegeben«, ergänzt sie mit vorwurfsvollem Unterton. Dann bedeutet sie mir, ihr den Gang entlang zum Behandlungszimmer zu folgen.

Was hat es zu bedeuten, dass Eric nach mir gefragt hat? Hat der Männertraum ihn etwa doch wieder fallengelassen, und dann wollte er eben bei mir da weitermachen, wo er aufgehört hatte?

Bevor ich richtig darüber nachdenken kann, stürmt auch schon mein Arzt ins Zimmer. Er begrüßt mich freundlich, bittet mich, auf der Liege Platz zu nehmen, und nimmt mir die Schiene ab. Dann nimmt er vorsichtig meinen rechten Unterschenkel in die Hand. Wieder macht er diese Bewegungen wie vor einer Woche, aber sie tun kaum noch weh. Ich spüre nur noch ein leichtes Ziehen.

»Also, das sieht gut aus«, meint der Arzt und zeigt auf meine Krücken, die an der Wand lehnen. »Die brauchen Sie jetzt eigentlich nicht mehr. Die Schiene würde ich an Ihrer Stelle aber noch ein wenig dranlassen.«

»Dann kann ich wieder laufen?«

»Ja, aber lassen Sie es langsam angehen. Keine allzu weiten Strecken, und nichts Schweres tragen.«

»Also nicht weiterpilgern«, schlussfolgere ich. Ich bin enttäuscht, obwohl ich nichts anderes erwartet habe.

»Lieber nicht«, sagt der Arzt.

Ich bedanke mich bei ihm für die Behandlung, und er wünscht mir alles Gute, bevor er zu seinem nächsten Patienten eilt.

Ich lege die Schiene wieder um und verlasse das Behandlungszimmer. Es ist ein wenig seltsam ohne die Krücken, an die ich mich so gewöhnt hatte. Zwar fühlt es sich nicht gerade wie neugeboren an, aber doch wie ein neuer Anfang.

Ich komme gerade in die Eingangshalle, da öffnet sich die Schiebetür, und herein stolziert wiegenden Schrittes der Männertraum. Ich erstarre. Wenn ich mich bewege, wird sie mich sehen. *Bitte schau nicht zu mir herüber*, denke ich.

Doch natürlich entdeckt sie mich. Ihre Miene verfinstert sich, eine Furche schiebt sich zwischen ihre Augenbrauen, als ob ich ein Ärgernis für sie wäre. *Was willst du denn noch?*, denke ich. *Du hast doch schon gewonnen.*

Während sie, ohne ihren Schritt zu verlangsamen, auf den Fahrstuhl zuhält, fixiert sie mich mit ihren grünen Augen. Es ist einer dieser Momente, die viel länger dauern, als sie eigentlich sind. *Miststück*, schießt mir durch den Kopf, und gleichzeitig: *Du kannst ihn haben. Ihr habt euch gegenseitig verdient.*

In ihrem Blick liegt etwas, das ich nicht identifizieren kann. Trotz? Stolz? Neid? Nein, das kann nicht sein. Worauf sollte diese Frau neidisch sein?

Dann springt sie in einen sich gerade schließenden Fahrstuhl, und der Moment ist vorbei. Die Welt setzt sich wieder in Bewegung, und ich gehe mit zitternden Beinen durch die Schiebetür nach draußen. Dort bleibe ich stehen und atme tief durch.

Ich beginne zu überlegen: Eric kommt an dem Morgen ins Krankenhaus, an dem er mich abholen wollte. Ich habe ihn aber nicht wie verabredet vorher angerufen. Entweder wollte er zu dem Männertraum, oder er wollte zu mir. Nachdem ich vor ihm weggelaufen bin, hat er im Krankenhaus nach mir gesucht. Und jetzt dieser seltsame Blick des Männertraums. Hat

Eric sie etwa abgewiesen? Aber warum hat er sie dann überhaupt geküsst? Denn das hat er, daran gibt es nichts zu rütteln.

Es spielt keine Rolle, sage ich mir. Erstens brauche ich einen Mann, der charakterstark ist, und keinen bekehrten Aufreißer wie Eric, und zweitens brauche ich eigentlich überhaupt keinen Mann. So ist das nämlich. Von jetzt an gehe ich auf eigenen Beinen durchs Leben, denke ich in diesem Moment. Und kein noch so appetitlicher Typ wird mich davon abhalten.

Ich fühle mich befreit, überlege, was ich als Nächstes tun soll, und lasse meinen Blick schweifen. Da sehe ich auf der anderen Straßenseite einen tätowierten Mann, der eine Frau im Rollstuhl schiebt. Ich muss an Joe und Jeremy denken. Hoffentlich geht es ihnen gut. Wo die beiden wohl mittlerweile sind? Mit dem Fahrrad kommt man ja deutlich schneller voran als zu Fuß.

Ich schnappe unwillkürlich nach Luft, als mir eine Idee kommt. Dann mache ich kehrt und laufe wieder ins Krankenhaus. An der Rezeption sage ich, dass ich nochmal mit meinem Arzt sprechen muss.

Nach einigen Minuten im Wartezimmer kommt er vorbei. »Haben Sie etwas vergessen?«

»Kann ich mit meinem Fuß Fahrrad fahren?«

Bevor ich meinen Plan in die Tat umsetze, nutze ich meine neu gewonnene Freiheit noch für einen Besuch im *locutorio*. Ich weiß auch nicht genau, warum, vielleicht aus Gewohnheit. Und tatsächlich, ich habe Post, aber nicht von Raphael.

Liebste Didi,
keine Sorge, ich bin nicht gefressen worden. Ich habe bloß einfach nicht besonders oft Zugang zum Internet. Ja, ich denke manchmal an unsere wilden Studententage. Aber ich will sie nicht zurückhaben. Es waren schöne, unbeschwerte Zeiten, aber mit dem, was ich jetzt über die Welt weiß, käme es mir wie Verschwendung vor, wieder so zu leben. Denkst du nicht?
Weißt Du, ich wollte mich nie in Deine Beziehung einmischen. Ich habe mir aber ernste Sorgen gemacht, dass Du mit Marc unglücklich wirst. Zu Recht, wie sich herausgestellt hat. Aber es bringt keiner von uns beiden etwas, wegen dieser Geschichte länger eingeschnappt zu sein. Vielleicht hätten wir uns einfach weniger mit unseren Typen und mehr mit uns beschäftigen sollen. Ich meine, ich war ja selbst zu der Zeit fast nur mit Jonathan unterwegs. Vielleicht trage ich also eine Mitschuld daran, dass es mit uns so weit gekommen ist. Aber trotzdem danke für deine Entschuldigung. Ich bin ganz offiziell nicht länger böse, dass Du mich damals so links liegen gelassen hast. Auch wenn es mich echt verletzt hat. Aber das habe ich jetzt zum letzten Mal gesagt. Mach's einfach nicht nochmal.
Und – Trommelwirbel – ich komme nach Deutschland zurück! Das Hilfsprogramm hier in Kenia wird eingestellt, auch wenn die Leute nach wie vor Hilfe gebrauchen können. Das Problem ist, es gibt in Kenia theoretisch genug zu essen, aber hier im Norden kommt nichts an. Und die Regierung unternimmt nichts. Aber die Organisation, für die ich arbeite, hat Richtlinien, und die besagen, dass keine Hilfe mehr nötig ist. Oder zumindest woanders dringender gebraucht wird. Ich sage Dir, manchmal kotzt mich diese

Bürokratie echt an! Es geht immer noch um Menschen, nicht um Zahlen. So gesehen sind die Hilfsorganisationen, besonders die großen, manchmal genau so brutal wie die Faktoren, die die Krise verursachen, ob das jetzt ignorante Regierungen oder Naturkatastrophen oder was auch immer sind. Die gehen in ein Land rein, die Leute gewöhnen sich an die Hilfsleistungen, und – zack! – sind sie sie wieder los. Nur weil sich formal oder statistisch irgendwas geändert hat. Wahrscheinlich ist es trotzdem gut, dass ich hier weggehe. Ich merke, dass mich die Arbeit auffrisst. Und ich kann nicht ewig vor meinem Leben in Deutschland weglaufen. Sowas hast Du doch hoffentlich auch nicht vor, Didi, oder? Ich glaube, ich brauche Dich als Wiedereingliederungshilfe. Anfang Mai lande ich in Deutschland. Den genauen Termin weiß ich noch nicht. Ich würde mich wahnsinnig freuen, Dich endlich wiederzusehen!
Fühl Dich gedrückt!
Alex

Aufgeregt verfasse ich sofort eine Antwort:

Beste Alex,
was hab ich mich gefreut, als ich Deine Mail gelesen habe! (Nicht über den Teil mit den Hilfsorganisationen, aber über den Rest schon.)
Wahrscheinlich kommen wir etwa zeitgleich in Deutschland an. Keine Sorge, ich kehre wieder zurück. Und jetzt habe ich ja auch noch einen guten Grund mehr dazu.
Ehrlich gesagt, ich war kurz davor, früher zurückzukommen. Ich habe mir bei so einer blöden Aktion den Knöchel verstaucht und war im Krankenhaus. Jetzt hänge ich seit ei-

ner Woche in Burgos fest. Keine Ahnung, ob das vielleicht der Wille einer höheren Macht ist. Ja, ich weiß, so kennst du mich nicht. Und viel wahrscheinlicher ist es, dass einfach nur eine Mischung aus meiner Ungeschicktheit und meiner Blödheit schuld daran ist. Aber es zwingt mich, allein über mein Leben nachzudenken. Ich habe viel zu viel Zeit zum Nachdenken, wirklich. Was du schreibst, stimmt: Die wilde Zeit von damals wäre heute einfach nicht mehr dieselbe. Obwohl nur ein paar Jahre vergangen sind.

Weißt du, ich beneide dich darum, dass du einen Zweck für dein Leben gefunden hast. Auch wenn die Entwicklungsarbeit nicht immer leicht ist. Und es irgendwie danach klingt, als würdest du am liebsten damit aufhören. Wie dem auch sei: Für den Moment hat es dich erfüllt, und es hat die Welt ein kleines bisschen besser gemacht. Ich wäre glücklich, wenn mir etwas einfallen würde, mit dem es mir genauso geht. Aber wer weiß, vielleicht finde ich bis Santiago ja noch die Lösung all meiner Probleme.

Richtig, ich pilgere weiter. Mit dem Fahrrad. Der Arzt hat mir heute grünes Licht gegeben, solange ich es nicht übertreibe. Morgen miete ich mir ein Rad, und dann geht's los. Und wenn nicht, dann hab ich immer noch Dich! Mir ist wirklich ein Stein vom Herzen gefallen, als ich gelesen habe, dass Du mir verzeihst (von einer Mitschuld deinerseits will ich übrigens nichts hören – das war schäbig von mir, und ich mach's nicht wieder, versprochen).

Dicker Kuss, und lass Dich nicht unterkriegen!
Didi

16 Burgos – León

Schon Alex' Mail hat meine schlechte Laune deutlich gebessert. Doch als ich am nächsten Morgen auf das Fahrrad steige, überkommt mich zum ersten Mal seit über einer Woche wieder das besondere Hochgefühl, unterwegs zu sein. Gerade hat mir der Angestellte noch auseinandergesetzt, was ich alles darf und was nicht (ob ich wie Jeremy eine Anhängerkupplung anschweißen lassen darf, hat er nicht erwähnt, und ich habe nicht gefragt). Dann hat er mir noch einen Helm überreicht, ich habe meinen Rucksack in die Satteltaschen umgepackt, und los gehts! Nichts wie weg aus diesem Ort!

Jetzt bin ich wieder froh über meinen Puffer. Wenn ich die Tagesetappen zurücklege, die ich zu Fuß wandern wollte, würde ich es noch knapp schaffen, meinen Flug in Santiago zu erreichen. Aber mit dem Fahrrad sollte das locker zu machen sein.

Mein Mietgefährt hat 21 Gänge. Wenn ich etwas zu fest in die Pedale treten muss und meinen Knöchel spüre, schalte ich einfach einen Gang oder zwei runter. Fahre ich halt langsam, was soll's!

Am ersten Tag erreiche ich die einsame Herberge, in der ich zuletzt übernachtet habe. Ich halte sogar kurz an, um Antonio hallo zu sagen. Aber an der Tür hängt ein Zettel, dass die Herberge erst abends wieder öffnet. Wahrscheinlich ist er wieder auf einem seiner Handwerker-Einsätze. Doch der Gedanke an ihn und seine superleckeren, selbstangebauten Tomaten gibt mir Mut. Wenn er es geschafft hat, mit einem Bein im Knast und mit Morddrohungen an der Backe sein Leben auf die Reihe zu kriegen, kriege ich das ja wohl auch hin. Und mehr denn je bin ich überzeugt, dass die Antwort auf die Frage, wie genau mir das gelingen soll, vor mir auf dem Weg liegt. Mit dieser Motivation komme ich richtig gut voran, und so fahre ich weiter bis Hontanas.

In der dortigen Herberge sehe ich kein einziges bekanntes Gesicht, zum ersten Mal seit dem zweiten Tag auf dem Jakobsweg. Es fühlt sich seltsam an, fast so, als hätte ich gerade erst begonnen zu pilgern.

Allerdings kenne ich die Gepflogenheiten. Und so hole ich mir meinen Stempel, sichere mir einen guten Schlafplatz und esse abends mein Pilgermenü wie ein alter Hase. So muss es sein, wenn man den Weg zum zweiten Mal läuft.

Ich fahre durch die Meseta, die Hochebene zwischen Burgos und León. Die Hügel sind sanft, die Steigungen kaum merklich. Und wenn doch, schalte ich einfach einen Gang runter. Fast, als führe man durch Brandenburg, nur eben ein bisschen hügeliger. Und die Strommasten sind rustikaler, sie bestehen oft nur aus grob behauenen, schmalen Stämmen, über die einzelne Leitungen gelegt sind, was provisorisch und irgendwie gefährlich wirkt.

Die Landschaft soll laut Reiseführer karg sein, aber es ist Frühling, und alles blüht. Ich fahre kilometerweit durch Felder, an blühenden Sträuchern am Wegrand vorbei, unter knospenden Bäumen, von denen es allerdings wirklich nicht allzu viele gibt. Ab und zu säumen sie den Weg, schlanke, hochaufgeschossene Laubgewächse. Der Himmel über mir ist strahlend blau. Ich habe ja bereits festgestellt, dass das Wetter hier meine Stimmung stärker beeinflusst als sonst, aber im Moment denke ich, dass es auch in Strömen regnen könnte – es würde meiner guten Laune keinen Abbruch tun. Doch natürlich ist mir Sonnenschein lieber, und so blinzle ich grinsend in die helle Landschaft, lasse mich von den Sonnenstrahlen an der Nase kitzeln und genieße meine Entscheidung, weiterzupilgern.

Meinem Knöchel geht es gut. Nachmittags, nach der Etappe, schmerzt er manchmal ein bisschen, aber nicht schlimm. Und morgens ist er wieder fit. Viel schlimmer ist ab dem zweiten Tag mein Hintern. Vom stundenlangen Sitzen habe ich Schmerzen, und es fühlt sich an, als ob sich da irgendwas wundscheuert. Ich denke ernsthaft über die Anschaffung einer Radlerhose nach. Allerdings erblicke ich vorerst keinen Fachhandel für Radbekleidung. Und meine Fahrradpilger-Kollegen haben bestimmt keine abzugeben. Ganz davon abgesehen, dass ich mir Schöneres vorstellen kann, als eine gebrauchte, durchgeschwitzte Radlerhose zu tragen.

Außerdem bekomme ich höllischen Muskelkater in Armen und Beinen, was ich erst nicht verstehe. Mein Körper, zumindest meine Beine, müssten die Belastung doch gewohnt sein? Aber entweder sind meine Beine nach einer Woche Auszeit wieder zu ihrem üblichen Puddingstatus zurückgekehrt, oder die Belastung ist einfach eine andere als beim Laufen. Und mit den Armen stütze ich mich den ganzen Tag auf den Lenker, eigentlich klar, dass das auch die Muskeln beansprucht. Dazu kommen zunehmend Schmerzen in den Handgelenken, trotz Federgabel. Kurz, Fahrradpilgern hat so seine ganz eigenen Härten, auch wenn man natürlich viel schneller vorankommt. Vielleicht treffe ich ja bald wieder auf bekannte Gesichter?

An einer Stelle habe ich die Wahl, ob ich lieber auf einer Asphaltstraße oder auf einem landschaftlich schöneren, etwas längeren Weg fahren möchte. Ich wähle die Asphaltstraße. Das angenehme Fahrgefühl reizt mich, diese Schotterpisten und sonstigen unbefestigten Wege sind manchmal etwas nervig. Gelegentlich brausen Autos vorbei, aber das stört mich nicht. Es gibt mir im Gegenteil sogar das Gefühl, noch schneller voranzukommen, was ich genieße.

Der Wind bläst mir kühl und erfrischend ins Gesicht. Ich halte an, nehme meinen Helm ab und hänge ihn an den Lenker. Dann fahre ich ein Stückchen ohne Helm weiter. Nicht, weil ich lebensmüde bin, sondern weil das Gefühl des Windes in den Haaren so schön ist. Jeder Spanier würde wahrscheinlich über diesen Gedanken lachen, aber ich finde mich äußerst unvernünftig. Und ich genieße es. Wahrscheinlich war das mit Eric auch so eine Geschichte: Ich wusste, es ist unvernünftig, deshalb habe ich es so genossen. Und bin damit auf die Nase gefallen. Dann fällt mir ein, was passiert, wenn bei meiner aktuellen Unvernünftigkeit etwas schiefgeht, und ich halte an, um den Helm wieder anzuziehen. Mensch, Eric, du kannst einem aber auch jeden Spaß verderben!

Immer wieder komme ich durch Dörfer, in denen jedes Haus aus Lehmziegeln gebaut ist. Außerdem sehe ich Kirchen, Rathäuser oder Stadttore, die für mich irgendwie arabisch aussehen. Ich erinnere mich an den Helden Roland, der mit den Sarazenen, und an Raphael, der mir das erklärt hat. War nicht Spanien lange Zeit von Mauren besetzt? Dann haben die wohl die Architektur beeinflusst.

Ach, Raphael. Diese Aktion in Pamplona war schon echt daneben. Was er sich dabei bloß gedacht hat? Zwischendurch war ich echt davon überzeugt, dass er mich wirklich nur vor Eric warnen wollte. Womit er recht gehabt hätte.

Mittlerweile bin ich ziemlich sicher, dass er mich angraben wollte. Und sein Anruf hat diesem Verdacht neue Nahrung gegeben. Raphael ist schon echt in Ordnung, denke ich. Und zwar nicht nur als Reisebegleiter. Mehr als in Ordnung. Irgendwie fasziniert mich dieser Mensch, auch wenn ich mir nicht sicher bin, auf welche Weise? Ist er ein Freund? Ein potenzieller Liebhaber? Oder doch einfach nur ein Bekannter? Ich würde ihn gerne anrufen. Es nicht dem Zufall überlassen, ob wir uns treffen. Ich will wissen, was passiert, wenn ich ihn wiedersehe. Aber es geht nicht, die Nummer ist in meinem Handy, und das ist hinüber. Vielleicht ist sie auf der SIM-Karte gespeichert, dann könnte ich in der Herberge einen anderen Pilger fragen, ob ich mal kurz meine Karte in sein Handy einsetzen könnte, und komme so an die Nummer. Ganz schön umständlich, wenn es überhaupt klappt.

An dem Abend will ich Raphaels Namen googeln, um seine Nummer zu erfahren oder ihn wenigstens auf Facebook zu finden. Aber ich weiß ja nicht einmal, wie er mit Nachnamen heißt! Also tippe ich seinen Namen zusammen mit den Begriffen »katholische Theologie« und »Priester« ein, in der Hoffnung, ihn auf irgendeinem Bild oder einer Liste seines Studiengangs zu entdecken. Ohne Erfolg. Das Einzige, was ich finde, ist die Wikipedia-Seite zum Erzengel Raphael. Ich muss daran denken, wie wir uns zum ersten Mal unterhalten haben und er mir die Bedeutung seines Namens erklärt hat. Auf der Seite steht, dass Raphael auch der Engel ist, der »heilsame Beziehungen« ermöglicht. Irgendwie passt das, denke ich, und wünsche mir noch mehr, endlich wieder mit ihm sprechen zu können.

Trotz dieses Bedürfnisses, mit Raphael zu sprechen, fühle ich mich zum zweiten Mal auf der Reise wirklich frei. Ich spreche kaum mit anderen Pilgern, und sie lassen mich in Ruhe, sobald sie merken, dass ich kein Interesse an einer Unterhaltung habe.

Ich habe keine Ahnung, wo Eric steckt. Ab und zu male ich mir aus, wie es wäre, wenn ich ihn auf dem Weg überholen würde, einfach so, kommentar- und grußlos. Ob er mich überhaupt erkennen würde, so von hinten auf dem Rad? Und wenn ja, was würde er machen? Würde er mich bitten, anzuhalten? Das kann er sich abschminken! Würde er mir hinterherlaufen? Das würde mir gefallen, aber auch nur, weil ich dann immer noch nicht anhalten würde. Ohne mich umzuschauen, würde ich ihm winken. Und tschüss, Eric!

Nach drei Tagen erreiche ich León. Die Landschaft hat sich kaum verändert. Wenn überhaupt, ist sie weitläufiger und flacher geworden. Ich komme wirklich gut voran, schaffe locker zwei oder drei Wander-Tagesetappen mit meinem kaputten Fuß.

León ist eine größere Stadt, und als ich durch die Lagerhallen und Industriebetriebe in der Vorstadt fahre, beschließe ich, nur eine Nacht hierzubleiben.

Allerdings entdecke ich bei meiner Fahrt durch die Außenbezirke auch ein riesiges Sportartikel-Outlet, in dem ich endlich eine Radlerhose kaufe. Und Handschuhe, denn ich bekomme schon Schwielen an den Handballen.

An diesem Abend komme ich in der riesigen Herberge, die sauber, aber etwas gesichtslos ist, mit einem netten älteren Amerikaner namens Lewis ins Gespräch. Wir erzählen uns unsere Geschichten. Seine ist nicht besonders dramatisch: Er hat nach zwanzig Jahren als Sachbearbeiter bei einer Versicherung beschlossen, sich mal ein wenig Zeit für sich zu nehmen, und ist sehr glücklich mit dieser Entscheidung. Als ich meine Erlebnisse auf dem Jakobsweg schildere und erzähle, was dazu geführt hat, merke ich, dass es mir leichter fällt, über alles zu sprechen. So, als ob ich meine Erkenntnisse langsam akzeptiere. Das werte ich als gutes Zeichen.

Jedenfalls verstehen wir uns so gut, dass ich den Amerikaner frage, ob ich meine SIM-Karte in sein Handy einlegen könnte. Er hat auch so ein einfaches Handy wie ich.

»Sorry, dass es kein Smartphone ist. Ich habe das hier in Spanien am Flughafen gekauft. Ich mache gerade so eine Art digitale Pause«, sagt er.

»Hey, ich auch! Wie funktioniert das für dich?«

»Es war anfangs schon sehr ungewohnt, ehrlich gesagt. Ich hatte richtige Entzugserscheinungen.«

»Echt? Ich gar nicht.« Und es stimmt – ich habe kaum daran gedacht. Es fühlte sich einfach richtig an. Mir ist nur manchmal aufgefallen, wie viel die anderen Pilger an ihren Geräten hängen. Ob sie wohl merken, wie sehr sie daran gefesselt sind? Ich fühle mich jedenfalls gerade richtig befreit.

»Naja, ich habe ja meine Familie zu Hause. Die Kinder sind zwar schon aus dem Haus, aber schicken uns immer viele Sprachnachrichten. Und ich liebe meine Football-Tippspiel-App!«

Okay, ganz offensichtlich hat Lewis nicht das Problem, jedes Mal, wenn er Facebook öffnet, das glückliche Leben anderer Menschen vorgeführt zu bekommen, das er selbst nicht hat. Ehrlich gesagt glaube ich, dass ich das jetzt auch nicht mehr hätte, aber bevor ich losgegangen bin, ging es mir so. Das hat es mir leicht gemacht, darauf zu verzichten. »Das heißt, du wirst zu deinem Smartphone zurückkehren?«

»Oh, auf jeden Fall! Du etwa nicht? Aber vielleicht nutze ich es etwas bewusster. Hier, sieh mal – passt deine Karte da rein?«

Sie passt. Und siehe da, ich kriege tatsächlich Raphaels Telefonnummer raus! Ich bedanke mich herzlich und verlasse die Herberge, um Raphael sofort anzurufen. Er ist in den letzten Tagen immer wieder in meinen Gedanken aufgetaucht – jetzt habe ich es wirklich eilig, mit ihm zu sprechen.

Ich finde ein *locutorio*, setze mich in eine Kabine und wähle aufgeregt die Nummer. Es tutet lange.

»Ja?«, meldet sich dann eine Männerstimme.

»Raphael? Hier ist Didi …«

»Didi!«, sagt er fröhlich. »Das ist ja eine schöne Überraschung! Ich habe nochmal versucht, anzurufen, aber es ist nur die Mailbox drangegangen … Wie geht's dir?«

Ich erzähle ihm, wie es mir ergangen ist, seit ich ihn in Pamplona habe stehen lassen. »Jetzt bin ich gerade in León. Hör zu, ich wollte dir sagen … also die Sache in Pamplona …«

»Du hast vollkommen recht«, schneidet mir Raphael das Wort ab. »Das war total daneben. Ich entschuldige mich dafür. Ich habe lange nachgedacht. Über mich. Und ich, also, ich wollte dir erklären, was dazu geführt hat, dass ich mich so danebenbenommen habe.«

»Nein, ich wollte dir sagen, dass ich verstehe, warum du das getan hast. Oder vielleicht auch nicht. Wie dem auch sei …« Ich seufze. »Du hattest recht, Raphael.« Und dann erzähle ich ihm die ganze Geschichte mit Eric. Raphael brummt ab und zu zustimmend.

Als ich fertig bin, sagt er: »Ich weiß nicht, Didi. Manchmal ist nicht alles so, wie es scheint.«

Was soll das denn jetzt bedeuten? »Als Marc mich betrogen hat, war alles so, wie es schien, Raphael. Ich mache doch nicht denselben Fehler zweimal! Außerdem, woher der plötzliche Sinneswandel? In Pamplona hättest du dich noch beinahe mit Eric geprügelt!«

»Ich weiß.« Raphael klingt gequält. »Aber ich ... kann ich mit dir sprechen? Ich meine, persönlich? Übers Telefon ist es immer so, ähm, unpersönlich«, stottert Raphael. »Wann bist du in Santiago?«

»Ich find's gerade persönlich genug«, erwidere ich pampig. Warum können wir denn nicht jetzt darüber reden? Es sei denn ...

»Bitte«, beharrt Raphael. »Es ist mir wichtig, das von Angesicht zu Angesicht mit dir zu besprechen. Also, können wir uns in Santiago treffen?«

Das klingt ja beinahe, als ob Raphael mir einen Antrag machen wollte. Ich ertrage es eigentlich nicht gut, so auf die Folter gespannt zu werden. Aber irgendwie ist es auch aufregend. »Na gut. Da bin ich ja mal gespannt, was du mir zu sagen hast«, sage ich und lege einen flirtenden Unterton in meine Stimme. »Ich bin in etwa fünf Tagen dort. Ich ruf dich an.«

»Gut.« Raphael klingt erleichtert und lässt nicht durchblicken, ob er meinen Tonfall bemerkt hat. »Buen Camino, Didi. Und bis bald!«

»Bis bald«, erwidere ich und lege verwirrt auf. Was war denn das jetzt? Will mir Raphael wirklich seine Liebe gestehen? Dann war das die unbeholfenste Anbahnung, die ich seit Schulzeiten erlebt habe. Aber immerhin ist er in Liebesdingen vermutlich nicht sehr erfahren, denke ich, und vor meinem inneren Auge spult sich, ohne dass ich es will, ein nicht ganz jugendfreier Film ab. Aber was meinte er mit »Es ist nicht immer alles so, wie es aussieht«? Verwirrt mache ich mich zurück auf den Weg zur Herberge.

17 León – Santiago de Compostela

Das Gespräch mit Raphael geht mir den ganzen nächsten Tag nicht aus dem Kopf. Was wird mich in Santiago erwarten? Und was mache ich, wenn Raphael mir wirklich seine Liebe gesteht? Irgendwas empfinde ich für ihn, das ist nicht zu leugnen. Aber ist es Liebe, oder wenigstens eine kleine Verknalltheit? Oder eher Neugier, weil er so anders ist als alle Männer, die ich bisher kennengelernt habe? Vielleicht auch einfach nur Begierde? Es besteht allerdings die klitzekleine Möglichkeit, dass ich mir in den vielen Tagen, in denen wir uns jetzt nicht mehr gesehen haben, ein idealisiertes Bild von ihm ausgemalt habe – falls das bei einem derart gutaussehenden Mann überhaupt möglich ist.

So viele Fragen. Ich fahre die schmale Asphaltstraße ohne Markierungen entlang, die diesen Teil des Weges ausmacht. Links und rechts verläuft ein Geröllstreifen unfruchtbarer Erde, dahinter erhebt sich undurchdringliches, meterhohes Buschwerk. Ich bin irgendwie dankbar für den einfach zu befolgenden, sich gerade hinziehenden Weg und die langweilige Landschaft. So kann ich in Ruhe meinen Gedanken nachhängen, während ich gemächlich in die Pedale trete.

Einerseits ist es wahrscheinlich gut, dass ich Zeit zum Nachdenken habe. Andererseits habe ich manchmal das Gefühl, durchzudrehen! Ich würde mein emotionales Chaos so gerne mit jemandem besprechen. Aber nicht mit irgendeinem der Pilger hier, auch wenn ich da bestimmt jemanden finden würde, der mir zuhört.

Am liebsten wäre mir Alex, aber die ist ja noch in Afrika. Oder ist sie mittlerweile schon wieder in Deutschland? Ach, ich freue mich, sie bald schon wiederzusehen, aber im Moment hilft mir das nicht weiter. Wenn ich könnte, würde ich diese ganze Situation mit Eric und Raphael vertagen, bis ich mit ihr sprechen kann, aber das ist nun einmal wenig praktikabel.

Aus demselben Grund kann ich auch nicht mit meiner Mutter darüber sprechen. Aber mir ist klar, dass ich sie lange viel zu wenig in mein Leben miteinbezogen habe. Erstens verdient sie es, zu wissen, was mich beschäftigt, und zweitens glaube ich, dass sie insgeheim wirklich einsam ist. Als ich diesen Gedanken habe – es ist immer noch auf der langweiligen Asphaltstraße –, wird mir schwer ums Herz. Ich fasse den festen Entschluss, dafür zu sorgen, dass meine Mutter nicht mehr einsam ist. Und wenn es regelmäßige Besuche im Plattenbau bei Filterkaffee und Fertigtorte aus der Tiefkühltruhe bedeutet. Vielleicht backe ich auch selbst mal einen Kuchen für meine Mutter und mich, überlege ich. Diesen Gedanken male ich mir bestimmt eine Viertelstunde lang aus – was bei der vorbeiziehenden Landschaft echt leicht ist –, bis mir aufgeht, dass es darauf nicht ankommt. Sondern darauf, einfach da zu sein.

Am Tag darauf erreiche ich das Cruz de Ferro. Das ist ein Hochkreuz am Wegesrand, an dem Pilger Steine niederlegen, die sie von zu Hause mitgebracht haben. Diese Steine symbolisieren ihre Sorgen, ihr Leid, irgendetwas, das sie mit sich herumtragen und nun symbolisch auf dem Jakobsweg hinter sich lassen wollen. Als ich in einer der Herbergen das erste Mal davon gehört habe, dachte ich: Was für eine blöde Idee, was habe ich denn davon, wenn ich irgendwo einen Stein hinlege? Meine Probleme werde ich dadurch jedenfalls nicht los!

Jetzt bin ich nicht mehr so sicher und wünschte, ich hätte einen Stein dabei, der mich von meinem Dilemma erlöst. Ob der wohl auch für neu dazugekommene Probleme, sprich Eric und Raphael, gälte? Wobei die ja eigentlich nur das neueste Symptom eines alten Problems sind, nämlich meines miserablen Instinkts, was Männer angeht. Was mir wiederum auch erst auf dem Jakobsweg so richtig klargeworden ist. Genauso, wie mir erst hier, wo ich gründlich über die Beziehungen zu meiner Mutter und zu Alex nachdenke, wirklich auffällt, wie selbstbezogen ich die ganze Zeit war. Alles in allem könnte man sogar sagen, dass ich gar nicht mit Marc zusammen war, sondern mit der Vorstellung davon, wie mein Leben mit ihm aussehen könnte. Was natürlich gründlich in die Hose gehen musste.

Ich werde von meinen Gedanken abgelenkt, als ich näher komme und im Schatten unter einem Baum auf der anderen Straßenseite Joe und Jeremy mit ihrem Gespann entdecke.

»He!«, rufe ich. »Wie schön, euch hier zu treffen!«

»Hey, Diana!«, grüßen sie zurück.

»Ich dachte, ihr müsstet schon weit vor mir sein«, wundere ich mich.

»Na ja«, sagt Jeremy. »Wir mussten zwischendurch ein paar Tage Pause einlegen. Joe geht es ziemlich schlecht.«

Ich sehe genau hin, und es stimmt: Wie Joe da im Schatten seines Anhängers sitzt, sieht er noch ausgemergelter aus, als ich ihn in Erinnerung habe. Ich weiß nicht, was ich sagen soll.

»Ich dachte schon, mein letztes Stündlein hätte geschlagen«, ergreift Joe da mit schwacher Stimme das Wort. »Aber so leicht gebe ich nicht auf. Nicht vor Santiago.« Er lächelt schwach.

»Habt ihr so einen Sorgenstein mitgenommen?«, frage ich, um das Thema zu wechseln.

»Meine Sorgen fangen erst an, wenn Joe nicht mehr da ist«, sagt Jeremy sachlich, und die kalte Wucht dieser Feststellung trifft mich wie ein Vorschlaghammer. Ich schlucke.

»Und ich hab bald gar keine Sorgen mehr«, versucht Joe einen Witz zu machen, aber keiner von uns lacht.

Schweigend sehen wir den Menschen zu, die auf der anderen Straßenseite den niedrigen Hügel zum Kreuz besteigen, um dort ihre Steine abzulegen. Nicht wenige brechen in Tränen aus. Auch mir ist zum Heulen zumute. Ausnahmsweise mal nicht wegen mir selbst.

»Ich muss hier weg«, sagt Jeremy nach einer Weile. »All diese heulenden Leute ziehen mich runter. Kommst du mit, Diana?« Aber so was von. Nichts wie weg hier!

In gemächlichem Tempo fahren wir weiter, bis sich mal wieder mein Knöchel meldet. Ich bin nicht sicher, ob das wirklich so eine gute Idee ist, was ich hier mache. Vielleicht dachte der Arzt, er tut mir einen Gefallen, wenn er mich pilgern lässt? Andererseits werden schon keine bleibenden Schäden entstehen, der Knöchel funktioniert ja. Nur bei längerer Belastung tut er eben manchmal weh.

Davon abgesehen spornt Joes Schicksal mich an. Wenn man mit Krebs im Endstadium auf dem Jakobsweg rumgurken kann, dann ja wohl auch mit einem fast verheilten verstauchten Knöchel! Ich bin nicht sicher, ob das pietätlos ist. Joe fände das aber wahrscheinlich nicht.

Es geht ihm wirklich nicht gut. Er versucht, sich nichts anmerken zu lassen, aber ich sehe, wie ihm alles merklich schwerer fällt als noch vor zwei Wochen, als wir uns das letzte Mal gesehen haben. Er kann kaum noch alleine laufen, und er isst nicht mehr viel. Jeremy kümmert sich rührend um ihn, auch wenn jetzt nicht mehr zu übersehen ist, wie sehr er ebenfalls unter Joes Krankheit leidet.

Ich bewundere wieder einmal den Mut und die Stärke der beiden. Und ihre Liebe füreinander. Als wir am nächsten Tag aufbrechen, frage ich sie, ob ich sie alleine pilgern lassen soll. Damit sie ihre Zeit miteinander verbringen können.

Nein, erwidert Joe. Es sei schön, jemanden dabei zu haben, der nicht völlig vom Thema Tod besessen ist. Dennoch kommen wir immer wieder darauf zu sprechen, während wir durch die wieder zunehmend bergige Landschaft fahren. Dadurch kommen wir langsamer voran als vorher. Zum Glück ist es nicht besonders heiß, aber Jeremy kommt bei den Steigungen trotzdem ganz schön ins Schwitzen.

Um die beiden von Joes Krankheit abzulenken, erzähle ich ihnen, was mir in der Zwischenzeit passiert ist. Als sie das mit Eric und dem Männertraum hören, sind sie auf eine derart überzogene, dramatische Weise entsetzt, wie es vermutlich nur zwei schwule Männer sein können. Ich muss alles haarklein berichten. Natürlich sind sie auf meiner Seite und verfluchen die Krankenschwester (»Dieses Flittchen! Sie wusste genau, dass er zu dir gehört, Diana!«). Es tut gut, mit den beiden über sie zu lästern. Auch wenn eigentlich Eric der Arsch ist.

Die Zeit vergeht gleichzeitig langsam und schnell, und dann ist plötzlich der Abend vor unserer letzten Etappe. Morgen werden wir Santiago de Compostela erreichen. Als ich im Bett liege, fangen meine Gedanken an zu rattern.

Wie es wohl sein wird, nach Santiago zu kommen? Bestimmt werde ich stolz sein, auch wenn ich den Weg nicht wie vorhergesehen zurückgelegt habe. Eigentlich kann ich sogar noch stolzer sein – trotz Verletzung bin ich weitergepilgert! Ich muss aufpassen, dass ich damit nicht angebe, schließlich will ich kein unsympathischer Superpilger werden.

Ich habe weiterhin fleißig Stempel gesammelt, und weil ich über 200 Kilometer mit dem Fahrrad zurückgelegt habe, werde ich auch eine Pilgerurkunde erhalten. Ich weiß, dass es darauf eigentlich nicht ankommt, bin aber trotzdem irgendwie froh darüber, dass das so ist.

Ich habe echt ganz schön viel gelitten hier auf dem Jakobsweg. Und damit meine ich nicht die Blasen und den Muskelkater. Das war irgendwie klar. Nein, ich meine die schmerzlichen Selbsterkenntnisse und nicht zuletzt die Enttäuschung mit Eric. Aber ich habe eben auch viel erlebt und viel über mich selbst gelernt. Fast bin ich ein wenig traurig darüber, dass morgen schon die letzte Etappe ist.

Und ich bin ehrlich gesagt ein wenig enttäuscht, dass ich noch immer keine ultimative Lösung für meine Probleme habe. Wenigstens bin ich anscheinend über die Sache mit Marc hinweg. Jedenfalls denke ich kaum noch daran. Doch was ich mit meinem Studium anstellen soll oder was ich stattdessen machen könnte: keine Ahnung. Ob und wie ich es schaffe, das neugewonnene Vertrauen von Alex und meiner Mutter nicht wieder zu verspielen: mal sehen. Vielleicht ist genau das die wichtigste Lektion, die ich hier gelernt habe: Es kommt nicht darauf an, eine Lösung zu haben, sondern darauf, einfach immer wieder aufzustehen und weiterzugehen, auch wenn es noch so weh tut. Und man sollte nicht übermütig und leichtsinnig sein und immer schön auf den Weg achten.

Und wenn man ein Unwetter nahen sieht, rechtzeitig unterstellen!

Am nächsten Morgen merke ich, dass ich schlecht geschlafen habe. Ich bin gleichzeitig müde und aufgeregt. Ich hole Joe und Jeremy ab – seitdem wir vom Cruz de Ferro gemeinsam losgefahren sind, übernachten sie immer in einfachen Pensionen oder Hotels in einem Doppelzimmer, wegen Joe.

Den beiden scheint es genauso zu gehen wie mir. Obwohl Joe schwach und matt wirkt, fragt er Jeremy Löcher in den Bauch: Wie lange fahren wir bis Santiago? Wo kommen wir dort unter? Hast du an die Wasservorräte gedacht? Jeremy flattert wie ein aufgescheuchtes Huhn herum, was bei einem tätowierten, muskulösen 100-Kilo-Mann ziemlich witzig aussieht.

Wir verlassen das galizische Dorf Mélide, wo wir übernachtet haben, relativ spät. Die Sonne ist schon aufgegangen, und es scheint ein schöner Tag zu werden. An der Landstraße entlang reihen sich unscheinbare Häuschen, einige in gutem Zustand, andere halb verfallen. Mal wieder frage ich mich, wie es sein muss, hier zu leben. Auf der Straße ist noch nicht viel los, der Untergrund ist gut, und wir kommen schnell voran.

Nach nicht einmal einer halben Stunde gemütlichen Strampelns – mittlerweile befinden wir uns auf einem etwas idyllischeren Feldweg – erblicke ich vor mir ein Pilgerpärchen, das mir bekannt vorkommt. Als ich näher komme, entdecke ich auf einem der Rucksäcke das Stadtwappen von Bonn. Helmut ist ein ziemlicher Lokalpatriot und hat es mir erklärt, auch wenn ich die Geschichte mit dem Löwen und dem Kreuz nicht mehr zusammenkriege.

»Hallo, ihr beiden!«, rufe ich, und Marianne und Helmut drehen sich um.

Wir fünf bleiben mitten auf dem Weg stehen und begrüßen uns fröhlich. Genau wie wir sind Helmut und Marianne schon aufgeregt, bald nach Santiago zu kommen, auch wenn sie es zu Fuß erst morgen erreichen.

Als andere Pilger vorbeikommen, müssen wir Platz machen. Wir lassen sie freundlich grüßend vorbei und setzen uns dann selbst in Bewegung. Helmut läuft neben Joe und Jeremy her, während ich mein Fahrrad schiebe und mich mit Marianne unterhalte.

»Also, sag, Diana, wie ist es dir so auf dem Weg ergangen? Wir haben uns ja ganz aus den Augen verloren! Und warum bist du eigentlich mit dem Fahrrad unterwegs? Wolltest du mit Joe und Jeremy zusammen pilgern?«

So viele Fragen. Ich hole tief Luft. Und dann erzähle ich – schon wieder – die ganze Geschichte von meinem kaputten Knöchel, von Eric und dem Männertraum und von meiner Entscheidung, trotzdem weiterzupilgern.

Marianne hört schweigend zu. Dann sagt sie: »Also, wenn Eric wirklich was mit dieser Krankenschwester angefangen hat, dann hast du genau die richtige Entscheidung getroffen!«

»Na klar hat er das!«, erwidere ich.

»Und warum ist er dann zurückgekommen und hat nach dir gesucht?«

Wenn ich das wüsste. »Ist doch egal«, entgegne ich. »Ich brauche sowieso keinen Mann!« Und wenn, dann einen wie Raphael. Vermutlich.

»Jeder braucht jemanden«, wendet Marianne ein.

Ja, und ich habe Alex. Werde sie wieder haben. Und meine Mutter. Auf die beiden kommt es jetzt erstmal an. »Wie war das denn eigentlich bei dir und Helmut?«, frage ich, um das Thema zu wechseln. »Wart ihr immer ein Herz und eine Seele?«

»Na ja, er hat mich nie betrogen, falls du das meinst. Da bin ich ziemlich sicher, so ist er nicht.« Sie hält inne. Tja, das dachte ich auch von Eric. »Auch wenn es, na ja, eine Zeitlang ziemlich eintönig wurde, gewissermaßen. Besonders nach der Geburt unseres Sohnes. Da ist nicht viel passiert, wenn du verstehst.« Marianne kichert verlegen.

Diese Art zu reden ist so zutraulich und gleichzeitig so untypisch für Marianne, dass ich lächeln muss.

»Was wirst du jetzt mit deinem Leben tun? Ich meine, nachdem euer Sohn ... diese Lücke hinterlassen hat.«

»Die ist nicht zu füllen. Aber ich denke, ich werde wieder anfangen zu arbeiten. Vielleicht erstmal halbtags. Vor der Schwangerschaft war ich Arzthelferin. Es hat sich so einiges verändert in der Zwischenzeit, ich müsste mich fortbilden. Aber zu Hause kenne ich einige Ärzte recht gut, da würde mir bestimmt einer einen Job geben. Weißt du, ich habe eingesehen, dass ich nicht stehenbleiben kann. Ich muss mein Leben weiterleben, so schmerzlich das auch ist.«

»Genau das habe ich gestern auch gedacht. Abends, nachdem wir bei diesem Sorgenkreuz waren.«

»Ja, das hat mir auch sehr geholfen«, sagt Marianne.

Ich lächele sie unsicher an. Hätte es mir mit Stein mehr geholfen? Ich bin sicher, Raphael könnte mir jetzt etwas Tröstliches dazu sagen. Ach, da fällt mir ein, im nächsten *locutorio*, an dem wir vorbeikommen, muss ich ihm Bescheid sagen, dass ich heute ankomme.

Im nächsten Ort wollen die anderen Rast machen, um zu frühstücken. Ich seile mich kurz ab, um Raphael anzurufen.

Er will mir noch immer nicht verraten, worüber er mit mir sprechen will.

»Sag doch!«, bettele ich.

»Nein.«

»Bitte!«

»Wirklich nicht!«

»Och, bitte, bitte, Raphi!«

Er lacht. »Didi, manche Dinge muss man von Angesicht zu Angesicht besprechen.« Heute Abend soll ich ihn an der Westseite der Kathedrale von Santiago treffen.

»Das ist die, die auf den spanischen Centmünzen drauf ist«, erklärt Raphael. »Falls du es nicht findest.«

Ja, ja, meinetwegen. Ich platze bald vor Neugier. Das kann ich wirklich nicht gut vertragen, wenn man mich so hinhält. Ich beende das Gespräch so schnell, wie es die Höflichkeit erlaubt, als ob dadurch schneller Abend würde. Wenn er mir nicht sagen will, worum es geht, will ich lieber gar nicht mit ihm sprechen, als mich so auf die Folter spannen zu lassen.

In dem Café, wo die anderen frühstücken, bestelle ich ein *bocadillo* und einen *café con leche* und vertilge beides ungeduldig. Eine Unruhe hat mich befallen, die ich den anderen kaum verheimlichen kann. Kurz denke ich, dass ich Marianne nach ihrer Meinung zu Raphael hätte befragen sollen. Sie hätte mir ehrlich gesagt, was sie denkt, da bin ich sicher. Vielleicht ist das genau der Grund, warum ich es nicht getan habe. Vielleicht hätte sie gesagt, es sei selbstsüchtig, sich mit ihm einzulassen und ihn von seiner göttlichen Mission abzuhalten. Wenn er die überhaupt hat. Vielleicht ist es auch einfach meine Stimme, die das sagt und die sich nur in Marianne spiegelt?

Oh, ich werde noch verrückt! Warum kann Raphael nicht einfach sagen, was los ist? Und was, wenn die Sache mit Eric doch nicht so klar ist, wie sie scheint, wie Raphael angedeutet hat?

Selbst wenn ich das alles gegenüber Marianne zur Sprache bringen wollte, die Gelegenheit ist vorbei. Beim gemeinsamen Essen darüber zu reden wäre mir unangenehm. Also beteilige ich mich an den Planungen für den krönenden Abschluss des Weges. Joe, Jeremy und ich werden von hier aus wieder auf unseren Fahrrädern fahren. Aber wir tauschen mit Marianne und Helmut Nummern aus, um uns morgen ein letztes Mal in Santiago zu treffen. Ein Abschiedsessen, sozusagen. Ich schreibe alle ihre Nummern auf den zerknitterten Zettel, den ich seit Saint Jean Pied de Port mit mir herumtrage und auf dem auch Raphaels und Erics Nummern stehen.

Dann fahren wir weiter, und es geht zügig voran. Meine Ungeduld muss irgendwann grummelnd anerkennen, dass es einfach nicht schneller geht, als es geht. Nicht, weil Jeremy mit dem Anhänger mit Joe darin nicht schneller fahren kann. Nein, der Weg hat so eine Art, dir Geduld aufzuerlegen. Wenn zwanzig Kilometer vor dir liegen, oder wie viel auch immer, dann ist das eben so, und es führt kein Weg darum herum, sie zu gehen. Oder halt zu fahren. Und das braucht seine Zeit. Mit Ungeduld erreicht man da gar nichts, höchstens, dass man sich überanstrengt und dann am nächsten Tag überhaupt nicht mehr weiterkommt.

Nachdem ich mir das klargemacht habe, wird es besser, und ich beginne, mich richtig auf das Treffen mit Raphael zu freuen.

Schon seit Tagen ist es auf dem Weg immer voller geworden. Jetzt müssen wir regelrecht Schlangenlinien um die vielen Pilger fahren. Zum Glück ist der Weg, der sich unter Bäumen entlangzieht, breit genug.

Wir erreichen die Ausläufer von Santiago. Schließlich fahren wir durch einen höher gelegenen Vorort, links und rechts des Weges reihen sich weitläufige Gärten mit darin versteckten Häusern auf, und vor uns breitet sich Santiago de Compostela aus. Die Kathedrale sehe ich noch nicht, es sieht aus wie eine beliebige spanische Stadt. Aber hoch über den Weg spannen sich Stromkabel, und darüber haben Leute ihre Schuhe geworfen, die sie an den Schnürsenkeln zusammengebunden haben. Sind die den Rest der Strecke barfuß gegangen, oder was? Vielleicht in Badelatschen? So ganz verstehe ich diese Tradition nicht.

»Ich hoffe nur, dass jetzt gleich keine Treppen kommen, das wäre echt umständlich«, sagt Jeremy gerade.

Ich nehme meinen Blick von der Stromleitung und will zustimmen, da entdecke ich auf einem Meilenstein am Wegesrand sitzend … Eric!

18 Santiago de Compostela

Ich erstarre, aber weil ich nun mal auf einem Fahrrad sitze, rolle ich weiter Eric entgegen. Der steht auf.

»Didi! Bitte, halt an und hör mir zu!« Den Teufel werde ich tun. Ich trete in die Pedale.

»Bitte! Ich kann dir alles erklären!«

Mit einem Mal erkenne ich, warum dieser Satz so oft gesagt wird, dass er eigentlich nur noch ein Witz ist: Weil wir uns immer nach einer Erklärung sehnen, danach, dass es nicht so ist, wie es ist. Aber nicht mit mir. Eric zu sehen reißt die kaum verheilte Verletzung sofort wieder auf, und ich will nichts hören von seinen Rechtfertigungen. Ich weiß, was ich gesehen habe. Gleich bin ich an ihm vorbei.

»Ja, ich weiß, das klingt scheiße«, ruft Eric. »Aber es ist nicht so, wie du denkst!«

Stimmt, das klingt wirklich scheiße. Ich fahre weiter. Ich werde ihn einfach ignorieren.

Als ich an Eric vorbeifahre, fängt er an, neben dem Fahrrad herzujoggen. Ich beschleunige. Er auch.

»Gib mir ... zwei Minuten«, keucht er. »Danach ... lass ich dich ... in Ruhe!«

Entnervt mache ich eine Vollbremsung. »Kannst du mich nicht einfach mit meinen Freunden pilgern lassen?!«, schleudere ich ihm ins Gesicht und zeige auf Jeremy und Joe, die näherkommen.

Jeremy bremst vor uns und steigt vom Fahrrad. »Belästigt der Typ dich?«, fragt er und baut sich vor Eric auf. Jeremy ist schon eine andere Hausnummer als Raphael, und ich kann sehen, dass Eric Respekt vor ihm hat.

»Das ist Eric«, seufze ich. »Eric – Jeremy. Und Joe«, stelle ich die drei einander vor.

Jeremy hebt die Augenbrauen. »Du bist Eric? Ich glaube, du hast eine ganze Menge zu erklären, mein Freund.«

»Das versuche ich ja gerade«, sagt Eric verzweifelt. »Aber sie lässt mich nicht!«

Jeremy schaut mich an. »Okay, er hat dir aufgelauert wie ein Straßenräuber. Aber es scheint ihm ja echt wichtig zu sein.« Dann wirft er Eric einen prüfenden Blick zu. »Das ist es doch, nicht wahr?«

Eric nickt ernst. Ich blicke von ihm zu Jeremy und wieder zurück zu Eric. »Zwei Minuten!«, sage ich.

»Wir warten ein Stück weiter vorn«, sagt Jeremy und zwinkert mir zu.

Eric blickt den beiden hinterher, bis sie hinter der nächsten Ecke verschwinden.

»Interessantes Gespann. Wie hast du die denn kennengelernt?«

»Die Zeit läuft, Eric. Komm zur Sache.«

Er atmet tief durch. »Also, am Anfang konnte ich mir nicht erklären, warum du plötzlich verschwunden warst. Die Schwestern wollten mir auch nichts sagen. Ich dachte, du hättest vielleicht kalte Füße bekommen oder so.«

Ich lache verächtlich auf.

»Ich weiß mittlerweile, dass das nicht der Grund war. Du

hast beobachtet, wie mich die Krankenschwester geküsst hat. Aber ich habe sie doch sofort zurückgewiesen. Oder war dir das etwa nicht deutlich genug? Ich meine, was hätte ich denn tun sollen? Ihr eine runterhauen?«

»Da war ein Krankenwagen«, murmele ich. Soll ich das glauben? »Ich habe gesehen, dass ihr euch geküsst habt, und dann bist du fröhlich wegspaziert und sie hat dir hinterhergeschmachtet. Als ob ihr euch für ein Date verabredet hättet.«

»Ja, ich war froh«, entgegnet Eric. »Weil ich der Schwester gesagt habe, dass ich nicht will. Dass es eine andere gibt. Dich. Ich war froh, endlich mal etwas richtig gemacht zu haben.«

Ich bin immer noch nicht überzeugt. Er kann ja viel erzählen, wenn der Tag lang ist. »Woher wusstest du überhaupt, dass ich euch gesehen habe?«, frage ich.

»Raphael hat es mir erzählt.«

»Raphael?«

»Ja. Nachdem ich dich nicht finden konnte, bin ich weitergepilgert. Wütend auf mich selbst. Ich habe mir Vorwürfe gemacht. Wahrscheinlich bin ich zu sehr auf ihre flirtende Art eingegangen. Ich weiß auch nicht, warum. Alte Gewohnheit vielleicht ... Ich weiß, dass das keine Entschuldigung ist. Ich habe viel zu spät gemerkt, dass sie etwas vorhatte. Das lag zwar daran, dass ich nur Augen für dich hatte, aber trotzdem. Ich wusste zu dem Zeitpunkt noch nicht, dass du uns gesehen hattest, aber ich habe es befürchtet. Irgendwie dachte ich auch, dass es eine gerechte Strafe ist. Karma oder so. Jedenfalls habe ich ganz schön Strecke gemacht. Und irgendwann habe ich Raphael eingeholt. Er ... Naja, wir haben uns ausgesprochen. Wegen der Sache in Pamplona.«

»Was ist denn eigentlich los mit Raphael? Er will mir irgendwas sagen, aber nicht am Telefon.«

»Das soll er dir selbst erzählen«, erwidert Eric knapp. Verdammt! Haben die beiden jetzt etwa so eine Art Männerbund geschmiedet?

»Als ich ihn nach dir gefragt habe, hat er gesagt, dass er schon versucht hatte, dich anzurufen, dich aber nur einmal kurz erreicht und nichts verstanden hat. Klar, das kaputte Handy. Ich habe Raphael erzählt, wie wir beide uns kennengelernt haben. Dass ich einen Neuanfang in meinem Leben brauche. Und dass ich glaube, dass dieser Neuanfang nicht besser funktionieren könnte als mit dir. Dass ich dich unbedingt wiedersehen muss, ob nun auf dem Weg oder in Deutschland. Ich wusste ja nicht, wo du steckst.«

»Hast du ihm auch das mit dem Männertraum erzählt?«

»Mit wem?«

»Entschuldigung. Mit der Krankenschwester.«

Eric muss ein Grinsen unterdrücken. »Ja, habe ich. Mit ihm kann man echt gut reden, aber das weißt du ja. Er hat dann angeboten, mir dabei zu helfen, dass ich nochmal mit dir sprechen kann. Er wollte dich anrufen, wenn du wieder in Deutschland bist und ein neues Handy hast. Aber ich habe gehofft, dass du dich vorher nochmal bei ihm meldest. Was du ja zum Glück getan hast.«

Verdammt, die beiden stecken wirklich unter einer Decke! Dennoch kommt mir das seltsam vor. Warum sollte Raphael Eric dabei helfen, mit mir zu sprechen, wenn er doch selbst was von mir will? Oder ist das seine Vorstellung von Fair Play, irgend so ein seltsames Männerding? »Seid ihr jetzt beste Freunde, oder was?«

»Das vielleicht nicht unbedingt, aber wir sind bis Santiago miteinander gelaufen. Ich habe unglaublich viel von ihm gelernt.«

Ich muss lächeln. »Ja, das klingt nach Raphael.«

»Jedenfalls habe ich etwas für dich vorbereitet. Als Entschuldigung dafür, dass ich dir wehgetan habe, auch wenn ich das nicht gewollt habe.«

Jetzt hat er mich bei meiner Neugier gepackt. »Und was soll das sein?«, frage ich.

»Also, ich habe meine Beziehungen spielen lassen«, holt Eric mit gespieltem Stolz aus, »und ich würde gerne eine Abschlussfeier für dich ausrichten. Morgen Abend, in einem wunderschönen Lokal namens La Terraza Escondida. Der Küchenchef ist ein Freund von einem Freund. Wir bekommen den berühmten Terrassenraum für uns alleine. Das heißt, Raphael, du, ich und wen immer du einladen willst. Es gibt genug Platz.«

»Joe und Jeremy. Und Marianne und Helmut«, platze ich heraus, bevor ich überlegen kann, ob ich das überhaupt will. Es klingt verlockend. Und es ist eine nette Geste. Dennoch. »Ich muss mir das aber noch überlegen.«

»Klar«, nickt Eric. »Ruf mich einfach an, wenn du dich entschieden hast. Die Nummer hast du ja.«

»Okay«, sage ich und blicke in Erics hoffnungsvolle Augen. Es rührt mich, dass er sich so viel Mühe gibt. Wenn ich ihm nur vertrauen könnte! Das heißt, wenn ich *mir* nur vertrauen könnte, die richtige Entscheidung zu treffen.

»Bis dann«, sage ich, erhebe die Hand zu einem vagen Gruß und steige aufs Fahrrad.

»Bis dann«, höre ich Eric hinter mir sagen.

Bald komme ich an die Stelle, an der Joe und Jeremy auf mich warten. Jeremy gibt Joe gerade Wasser. Er ist so schwach, dass er es kaum selbst halten kann.

»Und, wie ist es gelaufen?«, fragt Jeremy. Auch Joe schaut neugierig aus seinem Anhänger.

»Er sagt, die Krankenschwester habe ihn geküsst, und nicht andersherum. Er hätte ihr dann gesagt, dass er mit mir zusammen sei. Oder gerne wäre, was weiß ich.«

»Und, glaubst du ihm?«

»Naja, da war ein Krankenwagen, der mir die Sicht versperrt hat, deswegen weiß ich nicht, was nach dem Kuss passiert ist.« Plötzlich fällt mir der Blick ein, den mir die Krankenschwester im Foyer des Krankenhauses zugeworfen hat. Ich erzähle es den beiden.

»Die ganze Zeit wusste ich nicht, was dieser Blick bedeuten sollte. Nichts Gutes, habe ich angenommen. Aber jetzt ... gut möglich, dass er sie tatsächlich abgewiesen hat und sie mich deshalb so böse angeguckt hat.«

»Was willst du jetzt tun?«, fragt Jeremy.

»Ich weiß es nicht«, seufze ich. »Er hat mich eingeladen. Er will eine Abschlussfeier für mich schmeißen. Ihr seid auch eingeladen.«

»Eine Party?«, fragt Joe da neugierig. »Sag ihm zu, Diana. Das Leben ist zu kurz für verpasste Gelegenheiten.«

Und damit ist es beschlossen. Wie könnte ich Joe das abschlagen? Da ist nur eine Sache.

»Es ist nur so, dass auch Raphael eingeladen ist«, gebe ich zu bedenken.

»Wer ist Raphael?«, fragt Jeremy.

Wie soll ich das erklären? »Also, ich kenne ihn seit meinem ersten Tag auf dem Jakobsweg. Wir verstehen uns wirklich gut. Ich glaube, er ist in mich verliebt. Aber er überlegt, katholischer Priester zu werden. Seit wir uns geküsst haben, bin ich mir wenigstens sicher, dass er nicht doch schwul ist.«

Jeremy und Joe wechseln einen Blick. »Hey, er kann immer noch bi sein.« Jeremy hebt anzüglich eine Augenbraue. Damit bringt er mich unwillkürlich zum Lachen.

»Das ist nicht witzig«, kichere ich.

»Also, du hast Angst, dass er eine Szene bei der Party macht«, stellt Joe fest.

»Ja. Nein. Ach, ich weiß auch nicht. Eigentlich ist er nicht der Typ dafür. Und es ist seltsam, dass Eric ihn selbst eingeladen hat. Ich kann mir nur vorstellen, dass sie jetzt so eine Art fairen Kampf um mein Herz veranstalten wollen. Machen Männer so etwas?«

»Es ist schon etwas ungewöhnlich«, gibt Jeremy zu. »Aber wer weiß? Dieser Eric wirkt jedenfalls, als ob er es ernst meint. Vielleicht glaubt er, dass er damit am besten fährt.«

»Wenn die Party Erics Versöhnungsangebot ist, würde das bedeuten, dass Raphael vermutlich später noch was mit mir vorhat«, sage ich. Joe und Jeremy gucken fragend.

»Ich bin heute Abend mit ihm verabredet. Er will mit mir reden, aber am Telefon wollte er mir partout nicht sagen, worum es geht.«

»Und was willst du?«, fragt Joe.

Ich stutze. »Ich weiß es nicht«, stelle ich fest. »Rational gesehen müsste ich wahrscheinlich sowohl Raphael als auch Eric in den Wind schießen. Oder zumindest warten, bis ich wieder in Deutschland bin, im Alltag angekommen. Hier ist es wie im Urlaub, da wirkt alles ein bisschen vielversprechender, als es ist. Aber gefühlsmäßig bin ich wie ein Fähnchen im Wind ... Ist das normal?«

»Was ist schon normal?«, erwidert Jeremy. »Normalerweise kann man seinen Gefühlen trauen, oder etwa nicht?«

»Ich arbeite daran ... aber ich weiß nicht, ob ich schon so

weit bin. Gerade im Moment beeindruckt es mich ziemlich, was Eric auf sich nimmt, um mir zu beweisen, wie ernst er es meint.«

»Didi, deine Männergeschichten sind wirklich komplizierter als bei jeder New Yorker Tunte, die wir kennen«, tadelt Jeremy gespielt.

»Ich weiß«, stöhne ich, und das meine ich leider ernst. »Was soll ich denn bloß tun?«

»Du musst es auf dich zukommen lassen, da hilft alles nichts«, erwidert Jeremy.

»Und dann lässt du dein Herz entscheiden«, pflichtet Joe ihm bei.

In Santiago de Compostela werden Jeremy und Joe wie immer in einem einfachen Hotel übernachten. Zur Feier meiner Ankunft nehme ich mir dort ebenfalls ein Zimmer.

Ich bin ein bisschen zu früh dran für das Treffen mit Raphael. Die Sonne geht gerade unter und taucht das Westportal der Kathedrale in ein goldenes Licht. Ich betrachte das 5-Cent-Stück in meiner Hand, und es ist natürlich kein Vergleich. Ich fühle mich klein und ehrfürchtig angesichts der monumentalen Wucht des Gebäudes. Links und rechts des Portals erheben sich zwei Türme, das Portal selbst ist mit einem Giebel verziert, in dem eine Figur steht. Vermutlich der Heilige Jakob. Die gesamte Fassade ist mit kleinen Spitzen und Steinmetzarbeiten üppig verziert. An vielen Stellen ist die Kathedrale von Moos oder Flechten überzogen, die sich vom warm leuchtenden Mauerwerk abheben.

Ich blicke auf die Uhr und beschließe, die Kathedrale einmal zu umrunden, um mir die Wartezeit zu vertreiben. Der Weg über die Plätze, die das Gebäude umgeben, ist länger, als ich dachte. Es ist ganz schön groß, wie es da inmitten der vom Alter gezeichneten und von der Sonne gewärmten Gebäude der Altstadt sitzt. Die Farbe der Steine reicht von fast weißen Sandfarben über Ocker bis hin zu einem schimmeligen Dunkelgrau. Ziegeldächer krönen die mediterranen Häuser. Trotz der Aufregung über das bevorstehende Treffen finde ich ihren Anblick gleichzeitig erhebend und beruhigend.

Als ich wieder das Westportal erreiche, sehe ich, wie Raphael gerade die Stufen heruntersteigt, die zur Eingangstür führen. Offensichtlich ist er auch schon länger da.

»Na, hast du in der Kirche gewartet?«

»Didi!«, begrüßt er mich freudig. »Ja, ich bin früher gekommen, um zu beten.«

Na schön, dann ist er jedenfalls schon mal nicht vom Glauben abgefallen. Was nicht unbedingt heißt, dass er Priester werden will. »Sollen wir um die Kathedrale herumgehen?«, schlage ich vor. »Auf der anderen Seite habe ich Bänke gesehen.«

»Gute Idee«, stimmt Raphael zu. Auf dem Weg um die Kirche herum erzähle ich ihm von Jeremy und Joe, um Zeit zu schinden. Dann finden wir eine Bank und setzen uns hin.

»Also«, beginne ich, »heute hatte ich eine überraschende Begegnung mit Eric. Ganz ehrlich, eine solche Durchtriebenheit hätte ich dir nicht zugetraut!«

Ich sage es halb im Scherz, doch Raphael wirkt erschrocken. »Ich hoffe, das war in Ordnung«, sagt er. »Er hat dir erzählt, dass wir lange miteinander gepilgert sind und uns ausgesprochen haben, ja?«

Ich nicke.

»Ich wollte wiedergutmachen, was ich angerichtet hatte«, erklärt Raphael. »Nachdem ich mit Eric gesprochen hatte, war ich von seiner Aufrichtigkeit überzeugt. Vor allem, nachdem du seine Geschichte am Telefon bestätigt hast. Aber ich hatte Angst, wenn ich dir am Telefon sage, dass du dich mit ihm treffen sollst, würdest du es nicht tun. Vor allem, nachdem ich dir erzählt habe, warum ich ihn dir überhaupt ausreden wollte.«

»Und warum wolltest du das?« Jetzt gleich wird er mir seine Liebe gestehen, ich kann es in seinen Augen sehen. Und ich weiß immer noch nicht, wie ich reagieren soll.

Raphael scheint in sich zusammenzusacken. »Ich ... also, ich habe dir ja erzählt, dass ich überlegt habe, Priester zu werden, nicht wahr? Ehrlich gesagt dachte ich, ich hätte mich bereits entschieden. Und ich weiß nicht, ob es die Aussicht auf ein lebenslanges Zölibat war, aber als ich dich getroffen habe, da ... war ich plötzlich bereit, diesen Plan über den Haufen zu werfen. Damit habe ich einfach nicht gerechnet. Ich war völlig besessen von dir. Konnte nachts kaum schlafen, wenn du im selben Raum warst. Hast du das gar nicht mitbekommen?«

Na ja, der Kuss hat mir einen Hinweis gegeben. Aber nicht in dieser Heftigkeit, nein. Raphael sieht so elend aus, dass ich ihn sofort in den Arm nehmen will. Ich lehne mich zu ihm hinüber, doch er weicht zurück. Offensichtlich ist er noch nicht fertig.

»Als ich dich und Eric in Pamplona zusammen gesehen habe, war ich eifersüchtig. Rasend eifersüchtig. Nachdem du uns dann in die Wüste geschickt hast, wurde ich wütend. Ich war enttäuscht. Ich dachte ... das klingt vielleicht krass, aber ich dachte, dass wir füreinander bestimmt sind.«

Ich weiß nicht, was ich dazu sagen soll, und beiße mir auf die Lippen.

»Ich weiß, ich weiß«, lenkt Raphael ein. »Sind wir nicht. Das habe ich mittlerweile auch eingesehen. Ich versuche nur, dir zu erklären, warum ich mich so verhalten habe.«

Moment mal. Da habe ich ja wohl noch ein Wörtchen mitzureden. »Was, wenn wir doch füreinander bestimmt sind?«, wende ich ein. »Ich finde dich nämlich auch ziemlich gut.«

Das nimmt Raphael den Wind aus den Segeln. »Was?«, fragt er entgeistert.

»Na ja, zugegeben, ›füreinander bestimmt‹ sind große Worte. Aber wir kommen doch wirklich gut miteinander klar, oder? Du hast mir so viel gegeben. Du verstehst mich.«

»Ja, schon aber ...«

»Wirklich, Raphael. Ich glaube, mit dir könnte es anders sein als in meinen vorigen Beziehungen. Mit dir könnte ich wirklich glücklich sein.« Während ich das sage, meldet sich eine leise Stimme in mir: Ist das dein Kopf, der da spricht, oder dein Herz?

Raphaels Gesicht ist ein Spiegel widerstreitender Gefühle, als ich das sage. Es mischen sich Trauer und Freude, kurz blickt er mich voller Begierde an, nur um direkt hinter einer Maske aus Scham zu versinken. Doch am Ende presst er die Lippen zusammen, als ob er eine Entscheidung träfe, und dann liegt in seinem Blick nur noch Güte.

»Du bist etwas – jemand – ganz Besonderes«, sagt er. »Und ich werde dich immer in meinem Herzen tragen. Aber ich bin nicht derjenige, den du als Partner brauchst. Selbstsüchtige Männer wie Marc sind natürlich eine Gefahr für dich, doch in Eric hast du, glaube ich, jemanden, der aufrichtig mit dir ist.«

»Ach, hast du dir das so überlegt?« Es macht mich wütend, dass Raphael sich anmaßt, mir zu sagen, welche Männer gut für mich sind und welche nicht. Auch wenn ich ihm mein Herz ausgeschüttet habe. Und er wahrscheinlich recht hat. Aber es ist irgendwie seltsam, dass mir der Mann, mit dem ich mir bis gerade eben noch eine Beziehung ausgemalt habe, jetzt Eric auf dem Silbertablett serviert.

»Ich spüre doch die Leidenschaft, die du für ihn empfindest«, entgegnet Raphael. »Das ist wichtig für dich, aber das Wesen der Leidenschaft ist es, dass sie nicht immer angenehm ist. Das musste ich selbst erfahren.«

»Was soll das denn jetzt heißen?«, frage ich.

»Na ja, du hast mich schon ziemlich durcheinandergebracht. So eine Szene wie in Pamplona? Das bin eigentlich nicht ich.«

»Es steht dir auch nicht, ehrlich gesagt.«

Raphael lächelt gequält. »Ich weiß. Aber das war mir zwischendurch nicht klar. Ich hätte einfach nicht damit gerechnet, dass eine Frau derartige Gefühle in mir weckt. Das kannte ich nicht.«

Als er das sagt, geht mir etwas auf: Eine solche Leidenschaft empfinde ich nicht für ihn. Aber es gibt jemanden, bei dem ich mich sehr wohl so fühle, als könne ich nicht mehr klar denken. Jemand, bei dem mein Herz schneller schlägt, auch wenn es mir nicht unbedingt gefällt: Eric.

»Und jetzt willst du mehr von diesen Gefühlen?«, frage ich vorsichtig.

»Im Gegenteil. Nach Pamplona habe ich auf meiner Pilgerschaft viel meditiert und zu Gott gebetet. Ich wusste nicht, wohin mit diesen Emotionen. Ich habe mich gefragt, was es für mein Leben bedeuten würde, wenn ich ihnen folge. Es war so still auf dem Weg, Diana, ich war ganz allein mit mir und Gott.«

Es ist seltsam, aber ich weiß sofort, was er meint. Auch wenn ich es nicht Gott nennen würde. Es ist diese Stille, die innere und äußere Ruhe, die einen überkommt, wenn man einfach einen Fuß vor den anderen setzt und die Gedanken laufen lässt, bis sie irgendwann erschöpft aufgeben. Ich habe das jetzt oft genug gespürt. »Und, zu welchem Schluss bist du gekommen?«

»Mein Glaube ist das Allerwichtigste für mich. Er ist das, was mir Kraft gibt. Und mit dir könnte ich ihn nicht so leben, wie ich mir das vorstelle. Versteh mich nicht falsch: Du bist eine im wahrsten Sinne des Wortes liebenswerte Frau, aufrichtig und humorvoll. Doch selbst mit dir an meiner Seite hätte ich das Gefühl, nicht das Leben zu leben, das mir entspricht. Das klingt vielleicht, als würde ich vor meinen Gefühlen weglaufen. Aber so ist es nicht. Ich weiß jetzt mit Sicherheit, was für mich das Wichtigste ist: Ein klarer Blick für Gottes Wunder, wenn ich auf seinen Wegen gehe. Die Verantwortung, sein Wort in die Welt zu tragen. Für die Menschen da zu sein und so die Welt zu einem besseren Ort zu machen.«

»Wow, das ... ähm.« Mir fehlen die Worte. Auch wenn das alles ziemlich religiös und befremdlich für mich ist, macht mich Raphaels Selbstlosigkeit sprachlos. Ich zweifle keine Sekunde daran, dass er das alles ernst meint und von Herzen fühlt. »Das ist total beeindruckend. Und dagegen kann ich wohl schlecht was sagen, oder? Aber das will ich auch gar nicht. Ich glaube, du wirst ein toller Priester. Das willst du doch, oder?«

Raphael nickt.

»Davon abgesehen«, sage ich halb im Scherz, »ist mir sowieso schleierhaft, wie du zu so einem positiven Bild von mir kommst.«

Raphael guckt mich mit hochgezogenen Augenbrauen an. »Du merkst das vielleicht nicht, weil du so sehr damit beschäftigt bist, dich mit deinen Fehlern und deiner Vergangenheit auseinanderzusetzen. Aber wenn es dir gelingt, das loszulassen und dir wieder zu vertrauen, wirst du dich mit anderen Augen sehen, und die Freude wird in dein Leben zurückkehren.«

»Ich weiß«, seufze ich. »Ich glaube, ich bin dem auch schon ein Stückchen nähergekommen. Nicht zuletzt dank dir.«

»Dann hat Gott uns zusammengeführt«, entgegnet Raphael ernst. »Denn die Begegnung mit dir hat mich zu meiner Entscheidung geführt. Wenn auch mit Umwegen. Und, wie fühlt es sich an, ein göttliches Werkzeug zu sein, Diana?« Er zwinkert.

»Du bist eine Knalltüte, echt«, sage ich und rempele ihn mit der Schulter an.

»Ich weiß.« Raphael grinst mich an. »Immer schon gewesen.«

»Und jetzt?«, frage ich.

»Jetzt kehre ich bald nach Deutschland zurück, in der Gewissheit, die letzte innere Prüfung bestanden zu haben.«

Okay, das ist jetzt eindeutig total pathetisch, aber wer bin ich, darüber zu urteilen? Ich freue mich für Raphael, auch wenn ich nach wie vor nicht verstehe, wie man auf so etwas Schönes wie Leidenschaft und noch einiges mehr verzichten kann, um Priester zu werden. Aber ich bin ja auch nicht katholisch, und nur mit sehr viel Phantasie überhaupt Christ zu nennen.

»In Ordnung, Raphael. Dann wünsche ich dir alles Gute für deinen Weg. Übrigens: Es fühlt sich irgendwie gut an, das mit dem göttlichen Werkzeug. Auch wenn ich nichts von Handwerk verstehe«, scherze ich, und Raphael lächelt. »Weißt du was? Ich glaube, ich werde Erics Angebot mit der Abschiedsfeier annehmen. Ich schätze mal, er hat dir davon erzählt. Du bist doch auch dabei?«

»Bin ich«, lächelt Raphael. »Oh, ehe ich es vergesse, ich hab etwas für dich.« Er kramt in seinen Taschen und zieht ein Lederbändchen mit einem T-förmigen Anhänger heraus. »Das ist ein Pilgerkreuz. Es beruht auf dem Buchstaben Tau des griechischen Alphabets und ist schon in der Bibel erwähnt. Seitdem wird es Reisenden als Schutz mitgegeben. Deine Pilgerschaft ist zwar zu Ende, aber es soll dich auf deinem weiteren Lebensweg beschützen.«

»Danke, Raphael, das ist lieb. Ich werde es in Ehren halten.«
»Gern geschehen. Sollen wir noch ein bisschen spazieren und vielleicht irgendwo zu Abend essen?«
»Machen wir. Ich muss nur auf dem Weg irgendwo ein *locutorio* finden, um Eric wegen morgen Bescheid zu sagen.«

An diesem Abend lasse ich mir noch einmal ganz genau erklären, was es mit dem Zölibat auf sich hat, und es ergibt auch irgendwie Sinn. Trotzdem, ich bleibe dabei: Für mich wäre das nichts. Raphael ist übrigens derselben Meinung. Das Priesteramt stünde mir ja sowieso nicht zu, und als Nonne würde er mich jetzt auch nicht gerade sehen. Da kriegen wir uns dann beinahe ein bisschen in die Haare, bis wir uns darauf einigen, nicht derselben Meinung zu sein. Bleibt nur noch die Frage, ob Eric der Richtige dafür ist, nicht im Zölibat zu leben.

Ich weiß es nicht. Vielleicht finde ich es morgen heraus. Raphael ist jedenfalls von Eric überzeugt, auch wenn er wahrscheinlich nicht der Erfahrenste in solchen Dingen ist. Ich weiß, dass ich mich zu nichts verpflichtet habe, als ich Erics Angebot angenommen habe (er hat sich übrigens sehr darüber gefreut und mir gesagt, ich würde es nicht bereuen), aber trotzdem ist mir mulmig. Ich weiß nicht genau, wieso. Eigentlich erwartet mich nur ein netter Abend mit allen, die ich auf dem Jakobsweg liebgewonnen habe.

Nach dem langen Tag schlafe ich schnell ein, aber ich träume schlecht. Wirre Fetzen ziehen vor meinem inneren Auge vorbei: Eine wüste, vor Hitze flimmernde Landschaft. Joe mit eingefallenen Augen. Eric, der mich flehend ansieht. Ein riesiges, beängstigendes Pilgerkreuz. Das Gefühl, dass etwas Furchtbares geschehen ist, lässt mich aus dem Schlaf schrecken. Mir ist heiß, und ich schwitze. Doch sobald ich merke, dass ich in einem Bett liege, falle ich wieder zurück in meinen Traum.

19 Santiago de Compostela

Als ich am nächsten Tag aufwache, steht die Sonne schon am Himmel und scheint in mein Fenster. So lange habe ich schon seit Wochen nicht mehr geschlafen, trotzdem fühle ich mich wie gerädert. Die seltsamen, beängstigenden Bilder meines Traums wollen mir nicht aus dem Kopf gehen. Was haben sie zu bedeuten? Haben sie überhaupt etwas zu bedeuten? Eigentlich messe ich meinen Träumen keine allzu große Bedeutung zu, aber dieser war so lebhaft und unheimlich, dass ich das beklemmende Gefühl nicht ganz abschütteln kann.

Emotional war das gestern auch ein sehr aufwühlender Tag. Wahrscheinlich hat mein Unterbewusstsein das mit Raphaels Schauergeschichten aus dem christlichen Mittelalter vermischt, beschließe ich und rolle mich aus dem Bett. Freu dich lieber, Diana! Du hast den Jakobsweg bewältigt! Du hast es geschafft, trotz aller Widrigkeiten.

Ich steige unter die Dusche, um einen klaren Kopf zu bekommen. Im Speisesaal treffe ich Joe und Jeremy. Sie wollen den Tag gerne zu zweit verbringen. Ich bespreche mit ihnen, dass wir uns am Abend treffen, um gemeinsam zur Feier zu gehen. Dann verlasse ich das Hotel, um mir meine Pilgerurkunde zu besorgen. Dazu muss ich ins Pilgerbüro in der Nähe der Kathedrale.

Dort angekommen, reihe ich mich in die Schlange ein. Unglaublich, wie viele Pilger hier anscheinend jeden Tag ankommen!

Während ich warte, falte ich meinen Pilgerausweis auseinander und betrachte die vielen bunten Stempel. Jetzt, da ich sie so vor mir sehe, kann ich nicht anders, als stolz auf mich zu sein. Trotz Verletzung und persönlicher Krisen habe ich es geschafft! Im Pilgerausweis ist jede Station aufgelistet, und ich weiß bei den meisten noch, wie ich mich an jenem Tag gefühlt habe. Der Ausweis ist nicht nur ein Stück Papier, sondern so viel mehr als das. Genau wie die Urkunde, die ich gleich bekommen werde. Diese Dokumente sind der Beweis für die Anstrengung, die ich unternommen habe. Und sie sind eine Erinnerung daran, was mich der Weg gelehrt hat.

Irgendwann bin ich an der Reihe. Der Angestellte im Pilgerbüro fragt mich auf Englisch, ob ich den Weg aus religiösen Gründen gegangen sei. Wahrheitsgemäß verneine ich.

»Dann kann ich ihnen keine Compostela« – so heißt die Pilgerurkunde – »ausstellen, Señora. Sie kriegen diese Urkunde hier, die bestätigt, dass Sie eine kulturelle Wallfahrt unternommen haben.«

Was? Das hat mir niemand gesagt, auch in meinem Reiseführer stand kein Wort davon. Oder habe ich es etwa überlesen?

»Okay«, sage ich enttäuscht. Tja, ich kann ja wohl schlecht erzählen, ich hätte plötzlich doch religiöse Gründe gehabt, nur um noch an die »richtige« Urkunde zu kommen. Hilflos sehe ich zu, wie der Angestellte meinen Namen einträgt und einen Stempel auf das Dokument knallt. Dann halte ich es in Händen, und der Nächste ist dran.

Als ich vor der Tür stehe, denke ich, wie lächerlich das Ganze ist. Warum will ich denn unbedingt die Compostela?

Ich bin ja nun wirklich nicht religiös. Außerdem habe ich ja noch den Pilgerausweis, der so viel mehr Bedeutung hat. Und letztlich kommt es sowieso nicht auf ein Stück Papier an, sondern auf die Erfahrung, die mir keiner mehr nehmen kann.

Ich schaue auf die Uhr. So lange hat die ganze Aktion auch wieder nicht gedauert, und es ist kaum zwölf. Ich nehme in einem Lokal in der Altstadt ein kleines Mittagessen zu mir: Tapas mit Oktopus nach galizischer Art. Lecker!

Um die Zeit bis zum Abend herumzubringen, beschließe ich, an einer Stadtführung teilzunehmen. Bei der Tourist-Info kriege ich ein relativ günstiges Angebot. Bevor die Führung losgeht, rufe ich von einem Münztelefon aus noch schnell Helmut auf dem Handy an, um ihn und Marianne zur Feier einzuladen. Ich erreiche ihn problemlos. Er erzählt mir, dass sie gestern gut Strecke gemacht hätten und jetzt schon kurz vor Santiago seien. Über meine Einladung freuen sie sich sehr und sagen selbstverständlich zu. Wir verabreden, uns direkt im Lokal zu treffen.

Außerdem rufe ich Raphael an und frage, ob er zum Stadtrundgang mitkommen will, denn das interessiert ihn bestimmt. Aber er sagt, er wolle sich mit einem Priester treffen, um über seine Zukunft als Geistlicher zu sprechen. So ganz scheint er den Schrecken noch nicht überwunden zu haben, dass er sich in mich verguckt hatte. Oder vielleicht macht man das auch einfach so, keine Ahnung.

Ich jedenfalls bin irgendwie erleichtert, dass Raphael mir gestern keine Avancen gemacht hat. Wenn ich ehrlich zu mir bin, kann ich mir das auch wirklich nicht so recht vorstellen, so eine Beziehung mit Raphael. Er ist zwar wirklich wunderschön, aber auf so eine vergeistigte Art. Diese rationale, abgeklärte Art ist für mich wahrscheinlich so attraktiv, weil ich ganz anders ticke. Weil ich emotionale Entscheidungen treffe, wenn sie sich richtig anfühlen oder ich mir das zumindest einrede. Und Raphael ist so etwas wie das Gras auf der anderen Seite des Zauns, das immer grüner ist. Marc war auch so jemand – auch wenn es sich dabei um einen völlig anderen Zaun handelte, sozusagen. Aber ich brauche jemanden auf meiner Seite des Zauns. Wie soll das sonst funktionieren?

Und ich brauche jemanden, zu dem ich mich körperlich hingezogen fühle. Natürlich muss ich mich auch mit ihm verstehen, wir müssen auf einer Wellenlänge sein, und er muss mich respektieren. Für all das würde Raphael stehen – wenn er sich denn nicht anders entschieden hätte. Zum Glück, denn wenn der Unterbau fehlt, bringt es nichts. Warum ich diese Sexphantasien von ihm hatte, verstehe ich allerdings bis heute nicht. Didi Lilienfeld, dein Unterbewusstsein hat einen Knall.

Meine Gedanken schweifen zu Eric – und zwar nicht zu dem Teil von ihm, mit dem ich mich gut verstehe, der mich respektiert und auf meiner Seite steht. Sondern zu der körperlichen Seite. Es sind schöne, warme Gefühle, die mich ergreifen und mir Gänsehaut machen – und Angst vor morgen. Wohin wird mich das alles führen? Ich versuche, mir einzureden, dass ich gerade nur eine physiologische Reaktion erlebe, Hormone, Körperchemie. Aber das ist Quatsch. Mein Herz ist eindeutig involviert; etwas, das ich nicht erklären kann. Diese Gedanken gehen nicht weg, bis die Stadtführung beginnt. Und dafür bin ich ein wenig dankbar, denn so schön sie sind, so quälend sind sie auch.

Die Stadtführerin erzählt in schwer verständlichem Englisch etwas von der Stadtgeschichte und wie Santiago zur Pilgerstadt wurde. Das meiste davon habe ich schon von Raphael gehört. Die Altstadt ist aber eine Wucht. Ich versenke mich in den Anblick der historischen Fassaden und stelle mir die Pilger vor, die im Laufe des letzten Jahrtausends hierhergekommen sind. Es muss damals noch anstrengender gewesen sein, diesen Weg zu laufen. Ohne High-Tech-Ausrüstung. Einfach von dort loslaufen, wo man gerade war, anstatt sich mit Bus, Bahn und Flieger nach St. Jean Pied de Port transportieren zu lassen. Ich kann nicht anders, als zu staunen, wozu die Religion die Leute in die Lage versetzt. Dieser ganze Ort hier zeugt von der Hingabe der Menschen an ihren Glauben.

Und irgendwann ist der Abend gekommen. Im Hotel mache ich mich ausgehfertig und bereue jetzt, keine Schminke mitgenommen zu haben. Auch wenn Eric mich ja nicht anders kennt.

Gemeinsam mit Joe und Jeremy mache ich mich auf den Weg. Die beiden sind wieder mit ihrem Gefährt unterwegs. Joe kann mittlerweile so gut wie gar nicht mehr laufen.

Pünktlich um acht sind wir an der Adresse, die Eric mir genannt hat. *La Terraza Escondida* ist ein gemütlich aussehendes Lokal in einer Seitengasse in der Altstadt. Die Wände bestehen innen aus unverputztem Naturstein, die Tische haben rotweiß karierte Tischdecken, und die vielen Gäste sind in ein warmes Licht getaucht. Ich kann allerdings weder eine Terrasse noch Eric oder sonst ein bekanntes Gesicht entdecken.

Ein Kellner kommt auf uns zu und fragt etwas auf Spanisch. Ich sage Erics Namen.

»Ah, ihr wollt zu Eric!«, sagt er dann auf Englisch, als ob er über einen alten Bekannten spreche. »Herzlich willkommen! Es ist direkt dort die Treppe hinauf. Könnt ihr nicht verfehlen!« Er weist auf einen Durchgang, der etwas versteckt neben den Toiletten liegt.

Wie geheißen steigen wir die schmale Treppe hinauf. Joe wird von Jeremy gestützt. Oben befindet sich eine Glastür, aus der sanftes Licht fällt.

Ich öffne die Tür zu einem geräumigen Zimmer, das dieselben unverputzten Wände hat wie das Erdgeschoss. In der Mitte steht ein großer, runder Tisch, der für sieben Leute gedeckt ist und in dessen Zentrum ein massiver Kerzenständer thront. Das letzte Licht des Tages fällt durch eine riesige Glasscheibe, die in die Decke eingelassen ist. In den Ecken des Zimmers stehen üppige Topfpflanzen, aus versteckten Lautsprechern rieselt leise spanische Gitarrenmusik. Am gegenüberliegenden Ende des Raumes befindet sich eine Schiebetür, durch die gerade Eric tritt.

»He, schön, dass ihr da seid! Kommt rein!«, begrüßt er uns lächelnd.

»Hallo! Ein schönes Restaurant hast du da ausgesucht«, lobe ich.

»Das Beste habt ihr noch gar nicht gesehen!«, erwidert Eric und weist auf die Tür, durch die er gerade gekommen ist. »Hier entlang, bitte.« Wir treten hindurch.

»Hier ist also diese Terrasse!«, rufe ich. »Ich hab mich schon gefragt, warum der Laden so heißt!«

»*La Terraza Escondida*«, grinst Eric, »bedeutet ›die versteckte Terrasse‹.«

»Ah. Wer Spanisch kann, ist klar im Vorteil«, erwidere ich und schaue mich um. »Wie schön es hier ist!«

Und das ist es: Nach links geht der Blick auf einen Park und erstreckt sich über den Baumkronen in die Ferne. Nach rechts kann man die Häuser der Altstadt und die Türme der Kathedrale sehen. Die Terrasse selbst ist über und über mit blühenden Pflanzen zugestellt. Es gibt eine Sitzgruppe und eine kleine Bar, hinter der Eric jetzt steht und fragt: »Was wollt ihr trinken?«

Joe trinkt Wasser, uns anderen empfiehlt Eric einen Weißwein aus der Region.

»Rotwein baut man hier wegen des eher rauen Klimas kaum an. Diese Rebsorte hier heißt Ribeiro.« Er gießt den Wein in Keramikschalen. »Man trinkt ihn hieraus. Ist wohl eine Tradition der Fischer, die ihn immer so getrunken haben.«

Der Wein ist einfach, aber gut. Die erfrischende Säure macht mich wach.

»Und was gibt es zu essen?«, frage ich Eric, während Joe und Jeremy die Aussicht bewundern.

»Das verrate ich noch nicht«, lächelt Eric. »Aber ich war heute Morgen mit Diego – das ist der Küchenchef, von dem ich erzählt habe – auf dem Markt einkaufen, und ich sage dir, das wird sowas von lecker! Die Qualität der Produkte hier ist unglaublich! Besonders die Meeresfrüchte ... oh, jetzt habe ich schon zu viel verraten.«

Ich muss grinsen. »Hast du denn auch selbst gekocht?«

»Ich habe mit Diego alles vorbereitet. Er legt gerade letzte Hand an, damit ich euch empfangen kann. Ich habe dermaßen viel gelernt von ihm! Die essen hier zum Teil Sachen, die man in Deutschland gar nicht kennt. Und dementsprechend haben sie auch andere Tricks drauf. Das hat heute wahnsinnig Spaß gemacht. Natürlich umso mehr, weil ich es für dich gemacht habe.« Wir schauen uns an. Eric lächelt.

Da klopft es. In der Terrassentür stehen Marianne und Helmut. Mit von der Sonne geröteten Gesichtern, aber glücklich strahlen sie mich an. Ich weiß genau, wie sie sich fühlen, lächle zurück und gehe zu ihnen, um sie zu begrüßen. Dann stelle ich ihnen Eric vor, der die beiden sogleich mit Wein versorgt.

Während wir uns über ihre letzte Etappe unterhalten, kommt auch Raphael.

Da wir nun alle versammelt sind, bringt Eric einen Toast aus.

»Liebe Didi, ich freue mich, dass ich dich und deine Freunde«, er weist in die Runde, »einladen durfte, mit mir den Abschluss dieses bedeutsamen Weges zu feiern. Ich weiß nicht von euch allen, wie der Weg für euch war, aber für mich war er jedenfalls ein einschneidendes Erlebnis. Er hat mir meine Unzulänglichkeiten aufgezeigt. Aber auch meine Stärken. Ich hoffe, dass jetzt ein neuer Abschnitt in meinem Leben anfängt und dass ich mein altes Leben hinter mir lassen kann!«

Ich schaue Eric an, wie er da vor meinen neuen Freunden steht und seine Seele offenbart. Plötzlich wird mir klar, was er mir damit zeigen will: nämlich dass er mich nicht für sich allein will, sondern bereit ist, mich mit meinen Freunden zu teilen. Etwas, an dem Marc nie Interesse hatte.

»Auf die neuen Anfänge«, sage ich mit fester Stimme und erhebe mein Glas.

»Auf die neuen Anfänge«, stimmen die anderen mit ein. Die Stimmung ist überhaupt nicht angespannt, wie ich gestern noch befürchtet hatte. Zwischen Raphael und mir ist alles geklärt, er und Eric verstehen sich super, und auch die anderen sind alle in gelöster Stimmung.

Wir begeben uns nach drinnen und nehmen am Tisch Platz. Von unten kommt ein Kellner mit einem Tablett. Eric erklärt:

»Es gibt natürlich nur regionale Spezialitäten. Als Amuse-Gueule gibt es, wie könnte es anders sein, Jakobsmuschel. Keine Sorge«, wendet sich Eric an Joe, »bei deiner Portion haben wir uns mit dem Würzen zurückgehalten. Ist auch gar nicht unbedingt nötig bei den hervorragenden Zutaten.« Wie gut, dass ich daran gedacht habe, Eric von Joes Krankheit zu erzählen. Er sagte, er würde dafür sorgen, dass es etwas gibt, was er gut verträgt. Anscheinend hat er seine Hausaufgaben gemacht.

Der Kellner platziert vor jedem von uns einen Löffel, auf dem das weißliche Fleisch der Muschel auf einem Bett aus roter Bete angerichtet ist. Dann schenkt er uns einen anderen Weißwein in die auf dem Tisch stehenden Gläser ein.

»Zum Essen trinken wir Albariño, der an deutschen Riesling erinnert. Guten Appetit!« Eric erhebt sein Glas.

Wir stoßen an, und ich trinke. Der Wein ist vorzüglich. Neugierig schiebe ich mir den Löffel mit der Vorspeise in den Mund. Zart und buttrig zergeht das Muschelfleisch auf der Zunge. Unter die erdige Süße der roten Beete mischt sich eine Schärfe wie von Meerrettich. Lecker!

Alle loben die Vorspeise, sind aber angesichts der kleinen Portion gespannt, was noch kommt. Die Kellner lassen uns nicht lange warten.

»Als Hauptgang haben wir *polbo á feira*, also Oktopus nach galizischer Art. Dazu gibt es *pimientos de padron*, das sind frittierte grüne Paprikaschoten, und Kartoffeln, nach galizischer Art mit Safran gekocht. Joe, für dich habe ich ein schönes Stück Wildlachs besorgt, um das dich die anderen beneiden werden!«

Während Joe sich bedankt, bin ich tatsächlich ein wenig enttäuscht, weil ich den galizischen Oktopus heute schon gegessen habe.

Als ich schließlich den ersten Bissen nehme, stellt sich heraus, dass meine Enttäuschung unbegründet war. Ich kann kaum glauben, dass das dasselbe Gericht ist! Die Stücke haben die perfekte Konsistenz, und die Schärfe ist genau richtig. Die Kartoffeln und die Paprika sind ebenso großartig und passen wunderbar. Mit vollem Mund stöhne ich: »Himmlisch!«

Ich sehe, wie sehr Eric sich freut, dass es mir schmeckt. Er wirkt fast erleichtert. Ich bewundere seine Leidenschaft für Essen und das Kochen. Man merkt es an der Art, wie er darüber redet. Marc hat nie so über seine Arbeit gesprochen. Das Fazit war meist, dass er gut bezahlt wird, damit er sich angenehme Dinge kaufen kann, die ihn für seine anstrengende Arbeit entschädigen.

Das Tischgespräch dreht sich – selbstverständlich – um unsere Erlebnisse auf dem Jakobsweg, um die seltsamsten Pilger, die unmöglichsten Unterkünfte, aber auch um die bewegendsten Geschichten. Der Wein fließt, die Stimmung ist gut. Ich merke, dass ich mich glücklich und gelöst fühle.

Mittlerweile ist es dunkel geworden. Ich stehe auf, um auf die Terrasse zu treten. Ich möchte dieses Gefühl des Glücks in Ruhe genießen.

Als ich an der Brüstung der Terrasse stehe und meinen Gedanken nachhänge, höre ich nach einer kurzen Weile jemanden aus der Tür treten und sich räuspern. Es ist Eric.

»Na?«, fragt er. »Ist alles in Ordnung?«

»Ja«, antworte ich. »Mehr als das. Das ist wirklich ein wunderschöner Ort, den du ausgesucht hast. Und das Essen erst! Vielen Dank!«

»Wie gesagt, es hat mir große Freude gemacht, das alles vorzubereiten.«

»Das merkt man. Sag mal, was ist für dich Leidenschaft, Eric?«

»Ähm … wenn man für etwas brennt?«

»Hm, das könnte man wahrscheinlich so sagen. Aber brennen ist ja eigentlich nichts Angenehmes.«

»Stimmt auch wieder.«

»Was ich sagen will: Ich glaube, für mich ist Leidenschaft die

Bereitschaft, für etwas zu leiden, das einem wichtig ist. Manchmal leidet man aus Liebe. Wir versuchen immer, das zu vermeiden, aber ohne geht es leider nicht.«

Eric sieht mich an. Langsam tritt er an mich heran.

»Tu mir nicht weh, Eric«, flüstere ich.

»Das werde ich nicht«, flüstert er zurück. Dann nimmt er sanft mein Gesicht in beide Hände, hebt es zu sich heran und küsst mich.

Es ist ein sanfter Kuss, mehr Versprechen als Verlangen. Bald löst sich Eric von mir.

»Das Dessert«, sagt er.

»Das ist alles, woran du denkst?«, frage ich ungläubig.

Eric grinst. »Berufskrankheit«, sagt er achselzuckend. »Warte hier.« Dann verschwindet er nach drinnen, um die anderen auf die Terrasse zu bitten. Ich bleibe draußen zurück, mit dem süßen Ziehen des Verlangens, das sich in mir ausbreitet.

Einer nach dem anderen treten meine Freunde durch die Tür nach draußen, nur Eric bleibt verschwunden.

Schließlich, als wir uns schon alle fragen, was jetzt kommt, erscheint er mit einem Servierwagen. Darauf befindet sich ein mit Puderzucker bestäubter Kuchen, auf dem eine Kreuzform ausgespart ist.

»Tarta de Santiago«, erklärt Eric, während er Stücke abschneidet und auf Tellern an uns verteilt. »Ein Mandelkuchen, der schon seit dem Mittelalter so hergestellt wird. Das Kreuz darauf ist das Jakobskreuz, das dem Kuchen seinen Namen gibt.«

Ich probiere ihn, er ist himmlisch. Der nussige Mandelgeschmack mischt sich mit genau der richtigen Süße und schwebt sanft meinen Gaumen entlang. Den anderen scheint er genauso gut zu schmecken.

Während wir noch den Kuchen genießen, kommt ein Kellner auf die Terrasse. Er schiebt einen weiteren Servierwagen. Darauf stehen eine Steingutschale, die mit einer Flüssigkeit gefüllt ist, in der nicht identifizierbare Stückchen schwimmen, und mehrere Steinguttassen.

»Das ist etwas ganz Besonderes«, erklärt Eric. »Eine *Queimada*, wörtlich ›die Verbrannte‹. Es ist ein Tresterbrand mit Zucker, Zitronen- und Orangenschalen sowie Kaffeebohnen. Es funktioniert so ähnlich wie in Deutschland die Feuerzangenbowle, nur dass noch eine Beschwörung namens *Conxuro* gesprochen wird, um böse Geister zu vertreiben. Da mein Galizisch nicht so gut ist, übernimmt das Miguel hier.«

Eric weist auf den Kellner. Der nickt, entzündet ein Streichholz und hält es über die Schale. Mit einem »Fumm« entzündet sich der Alkohol darin. Bald schlagen die Flammen fast einen halben Meter hoch. Währenddessen hebt Miguel an, auf theatralische Weise in einer Sprache, die wie ein vernuscheltes Spanisch – vielleicht Portugiesisch? – klingt, die Beschwörung vorzutragen. Es dauert ziemlich lange, und als Miguel endet, ist die Flamme auf dem Getränk schon von alleine erloschen. Er nimmt eine Kelle und beginnt auszuschenken.

Als er Joe eine Tasse hinhält, will Jeremy schon verneinen. Doch Joe blickt ihn an. »Man lebt nur einmal, Jerry. Es ist so ein schöner Abend. Lass mich noch einmal etwas Neues probieren.«

Jeremy zögert, nickt aber dann. »Auf das Leben«, sagt er und stößt mit ihm an.

Wir alle trinken das warme Getränk, das stark alkoholisch schmeckt. Mein Fall ist es nicht, aber wenn es böse Geister vertreibt ...

Nach und nach nehmen wir auf den Sitzmöbeln Platz und

lassen den Abend unter freiem Himmel ausklingen. Es ist Anfang Mai, daher wird es langsam kühl. Doch ich gehe so sehr in all dem hier auf, dass mir nicht kalt wird. Der Himmel ist sternenklar, und Raphael hebt zu einer langen Erklärung über den Ursprung des Namens Santiago de Compostela an, heiliger Jakob, Sternenfeld und so weiter. Ich kenne sie schon und höre nicht hin, sondern blicke versonnen zu den Sternen hinauf, die schon seit Jahrtausenden hier leuchten.

Immer wieder spüre ich Erics Blicke auf mir. Es ist angenehm. Manchmal erwidere ich sie, nur um mich dann wieder meinem Gesprächspartner zuzuwenden. Ich flirte mit ihm. Der Kuss von vorhin hat mich ganz aufgekratzt werden lassen. Ich fühle mich leicht. Begehrenswert. Schön.

Joe und Jeremy verabschieden sich als Erste und werden von allen herzlich gedrückt. Joe ist müde. Jeremy trägt ihn die Stufen herab und setzt ihn unten in den Anhänger. Es ist rührend.

Bald gehen auch Marianne und Helmut. Ihr Flieger geht bereits morgen Vormittag. Sie wünschen mir alles Gute und hoffen, dass man sich in Deutschland mal sieht.

»Danke für alles«, sage ich, als ich Marianne zum Abschied umarme. »Für deine ehrlichen Worte.«

»Ist doch selbstverständlich«, erwidert Marianne.

»Ist es nicht«, gebe ich zurück und löse mich von ihr. »Helmut! Lass dich drücken!«

Okay, vielleicht bin ich gerade ein wenig emotional und überschwänglich, aber zu sehen, wie unbeholfen und schüchtern der gemütliche Helmut wird, als ich ihm um den Hals falle, erdet mich, und ich muss lächeln. Vielleicht, nur vielleicht kullert dabei auch eine Träne meine Wangen hinunter.

»Macht's gut, ihr zwei«, sage ich, und wir alle winken uns

noch einmal zu, bevor die beiden auf der Treppe verschwinden.

Raphael, Eric und ich trinken noch ein letztes Glas Wein.

»Wisst ihr«, sage ich, nicht mehr ganz nüchtern, »es ist zwar unfair von euch gewesen, dass ihr euch hinter meinem Rücken gegen mich verschworen habt, aber es war gut so. Das war ein wirklich schöner Abend heute. Ich bin froh, dass ich euch kennengelernt habe.«

Irgendwann ist auch dieses Glas Wein leer, Eric räumt noch kurz ein paar Sachen zusammen, und dann stehen wir unten auf der Straße vor dem mittlerweile fast leeren Lokal. Gemeinsam spazieren wir aus der Sackgasse, in der es sich befindet, dann zeigt Raphael nach rechts.

»Ich muss da lang«, sagt er.

»Ich da«, sagen Eric und ich gemeinsam und zeigen nach links.

»Tja, dann ist die Stunde des Abschieds gekommen«, sagt Raphael bedeutungsschwer. »Macht es gut, ihr beiden!« Er umarmt mich, dann gibt er Eric die Hand. »Meldet euch mal! Ich würde mich freuen, euch wiederzusehen! In Deutschland oder auf dem Camino.«

So schön der Abend auch war, bei diesen ganzen Abschieden wird mir schwer ums Herz. Es ist schade, dass all diese intensiven Bekanntschaften jetzt schon wieder auseinandergehen. Die meisten, wenn nicht sogar alle werde ich mit Sicherheit nie wiedersehen. Vielleicht ist das sogar die Voraussetzung dafür, dass man sich gegenseitig so sehr sein Herz öffnet. Dass man mit diesen Menschen im »richtigen Leben« nichts zu tun hat. Dennoch, gerade im Moment wünsche ich mir, ich könnte sie alle mitnehmen in mein Leben in Deutschland.

Ich seufze, dann bedanke ich mich bei Raphael für die

schöne Zeit und die vielen klugen Worte. Es ist gut so, wie es ist. Eric und ich wünschen ihm alles Gute, dann gehen wir in die entgegengesetzte Richtung davon.

»Ich bring dich noch nach Hause«, sagt Eric.

»Danke«, sage ich und hake mich bei ihm unter. Es ist kalt geworden, und seine Wärme neben mir ist angenehm.

Wir reden nicht viel, während wir gemütlich in Richtung meines Hotels spazieren. Der Weg ist nicht weit, und bald stehen wir davor.

»Da wären wir«, sage ich.

»M-hm«, macht Eric. Ich löse mich von ihm und stelle mich ihm gegenüber. Wir halten uns an den Händen.

Erics Blick ist sanft. Ohne ein weiteres Wort nähert er sich mir. Ich lasse es geschehen. Ich will, dass es geschieht. Mir wird ganz leicht im Bauch.

Wieder beginnt der Kuss sanft, doch diesmal hört er nicht auf, als ich von einem wilden Verlangen für Eric ergriffen werde. Ich erinnere mich an den Kuss auf der Terrasse, und ich will, dass dieses Versprechen jetzt eingelöst wird. Ich will seine Hände auf mir spüren, will diesen Mann ganz haben.

»Komm mit rein«, murmele ich.

Eric zögert. »Wirklich?«, fragt er dann.

»Ja«, sage ich entschlossen. Über alles andere kann ich mir morgen Gedanken machen.

20 Santiago de Compostela

Ich blinzele. Die Sonne kitzelt mich an der Nase. Es ist hell und warm im Zimmer.

Ich rolle mich herum und stoße auf Eric. Lächelnd erinnere ich mich an die letzte Nacht. Ich atme seinen Geruch ein und schmiege mich an ihn. Eric brummt und rührt sich im Schlaf. So niedlich.

Ich muss wieder eingeschlafen sein, denn als ich die Augen erneut öffne, liegt Eric auf der Seite, stützt den Kopf auf eine Hand und betrachtet mich.

»Guten Morgen«, murmele ich.

»Morgen? Es ist fast Mittag!«, entgegnet Eric lächelnd.

»Na, macht ja nichts. Ich habe heute frei«, gähne ich.

»So? Und was hast du mit deinem freien Tag vor?«, fragt Eric.

»Das hier«, erwidere ich, setze mich auf und gebe Eric einen langen Kuss.

»Einverstanden«, bringt er durch meine Lippen heraus. Dann lieben wir uns erneut. Es ist langsamer, zärtlicher als beim ersten Mal. Vertrauter, nicht so gierig. Eric behandelt meinen Körper wie etwas Kostbares. Ich umklammere seinen kräftigen Rücken, als wir uns vereinen. Er sieht mich beinahe ungläubig an, als sei ich Zauberei. Etwas Magisches, das er faszinierend findet, aber nicht versteht.

Es ist wunderschön.

Danach schlafen wir wieder ein.

Plötzlich schrecke ich auf. Ein Klopfen ertönt an der Tür.

»Wer ist denn da?«, frage ich.

Erst höre ich nichts, dann gedämpft: »Jeremy.«

»Moment!«, rufe ich und blicke Eric erschrocken an. Der zuckt mit den Schultern und grinst. Na gut, was soll's, wir sind schließlich alle erwachsen.

Schnell ziehe ich die Hose und das T-Shirt von gestern an, die achtlos hingeworfen auf dem Boden liegen. Eric tut es mir gleich. Dann öffne ich die Tür, bereit dazu, erklären zu müssen, was Eric hier macht.

Ich weiß es in dem Moment, als ich Jeremy sehe. Seine Augen sind geschwollen und blutunterlaufen, und sein Blick ist leer. Wie ein Häuflein Elend steht er vor mir.

Joe ist tot.

Ich spüre, wie mir die Tränen in die Augen schießen.

»Komm her«, sage ich mit erstickter Stimme und nehme den großen, kräftigen Jeremy in die Arme. Als ich ihn zu mir heranziehe, beginnt er zu schluchzen wie ein kleines Kind.

»Was soll ich jetzt bloß tun?«, heult er.

»Scht«, mache ich und streiche ihm über den Rücken.

Ich spüre, wie Eric zu uns herantritt. Hilflos bleibt er neben uns stehen.

Ich weiß nicht, wie lange wir da so stehen. Irgendwann löst sich Jeremy von mir, und ich führe ihn herein und setze ihn auf den einzigen Stuhl in meinem Zimmer.

Erics Anwesenheit wird von Jeremy kommentarlos zur Kenntnis genommen. »Was soll ich denn jetzt machen?«, fragt er erneut.

Jede Antwort auf diese Frage wäre jetzt die falsche.

»Wie ist es passiert?«, fragt Eric.

»Mitten in der Nacht bin ich aufgewacht, weil Joe Krämpfe und Schmerzen hatte«, berichtet Jeremy stockend. »Die sind immer schlimmer geworden. Ich wollte einen Arzt holen, aber Joe hat mich davon abgehalten. Also habe ich ihm Schmerzmittel gegeben. Die starken. Da ist er ruhiger geworden.« Er hält inne und schluckt. »Er hat gesagt, ich wäre das Beste, was ihm je passiert ist. Aber dass ich den Weg von jetzt an ohne ihn gehen müsste.« Er schluchzt auf. »Und dass es ihm leidtut.« Jeremy vergräbt den Kopf in den Händen. »Dann ist er eingeschlafen. Und irgendwann hat er ... hat er einfach aufgehört zu atmen.«

Jeremy hebt den Kopf und sieht uns an. »Den ganzen Morgen habe ich bei ihm gesessen und mich gefragt, was ich jetzt tun soll. Ich weiß es wirklich nicht. Mein Kopf ist wie leergefegt. Ich kann an nichts anderes denken als an Joe. Unsere Zeit zusammen.«

»Was soll denn mit Joe passieren?«, frage ich vorsichtig. »Ich meine, willst du ihn in Amerika beerdigen oder hier?«

Seltsamerweise scheint diese Frage Jeremy zu beruhigen. »Er wollte eingeäschert werden. Und er mochte die Idee, dass seine Überreste hier auf dem Jakobsweg bleiben. Ich hab bloß keine Ahnung, wie man das organisiert. Und Spanisch spreche ich auch nicht.«

»Ich spreche Spanisch«, sagt Eric. »Ich helfe dir.«

Und das tut er. Es sind unendlich viele Formalitäten zu berücksichtigen. Jeremy weigert sich, zurück in das Zimmer zu gehen, in dem sein toter Partner liegt. Es ist, als habe er sich schon von seinem Körper verabschiedet.

Wir rufen einen Arzt, der den Tod feststellen soll. Während wir auf ihn warten, betrachte ich Joes Leichnam. Es heißt oft, Tote sähen friedlich aus. Joe nicht. Er sieht traurig aus. Nicht nur, dass sein Gesicht von der Krankheit ausgezehrt ist. Er wirkt verzweifelt darüber, dass er schon gehen musste. Ich kann mir kaum ausmalen, wie sich Jeremy gefühlt hat, als er den ganzen Morgen neben seinem toten Freund Wache gehalten hat.

Wir warten lange, bis der Notarzt kommt. Es ist ein kleiner, rundlicher Mann mit freundlichen, aber müden Augen. Er spricht uns sein Beileid aus, dann erst setzt er sich zu Joes Leichnam aufs Bett und fühlt den Puls. Schließlich nickt er, zückt ein Schreibbrett und beginnt, ein Formular auszufüllen.

Eric fragt den Arzt auf Spanisch, was wir tun müssen, um Joe einzuäschern. Ich stehe daneben und lasse die Sprache, die mir nicht mehr so fremd ist wie noch vor vier Wochen, die ich aber immer noch kaum verstehe, über mich hinwegrauschen.

Während der Arzt seine Sachen zusammenpackt, wendet sich Eric an mich. »Wir müssen ein Bestattungsinstitut beauftragen. Die werden Joe abholen und erledigen auch alle Formalitäten. Es muss nur seine Identität feststehen, und Jeremy muss einen Kontakt zum behandelnden Arzt in Amerika herstellen, der bestätigt, dass Joe unheilbar an Krebs erkrankt war. Damit die Todesursache geklärt ist.«

Ich nicke. »Ich spreche mit Jeremy.«

In meinem Zimmer sitzt Jeremy regungslos auf dem Stuhl und starrt die Wand an.

»Jeremy?«, frage ich.

»Ja«, sagt er tonlos, ohne die Augen von der Wand zu nehmen.

Ich knie mich vor ihn und versuche, seinen Blick zu finden. Sein Gesicht ist eine starre Maske des Leids.

»Der Arzt war da. Das Einfachste ist, ein Bestattungsinstitut zu beauftragen. Und wir brauchen eine Bescheinigung von Joes Arzt. Wir können das für dich erledigen. In Ordnung?«

»Meinetwegen«, sagt Jeremy. »Ist mir egal.«

Es bricht mir das Herz, ihn so zu sehen. Ich atme tief durch, dann stehe ich auf, um Eric Bescheid zu sagen.

Danach kehre ich in mein Zimmer zurück, um Jeremy Beistand zu leisten. Aber leider bin ich keine große Hilfe. Immer, wenn ich etwas sage, seufzt Jeremy nur oder gibt eine einsilbige Antwort und starrt weiter die Wand an.

Irgendwann gebe ich auf und bleibe stumm auf meinem Bett sitzen.

Nach einer ganzen Weile, ich habe das Gefühl für die Zeit verloren, klopft Eric an die Tür.

»Der Leichenwagen ist jetzt da. Jeremy, willst du dich von Joe verabschieden?«

»Das da oben ist nicht Joe«, erwidert Jeremy mit plötzlicher Heftigkeit. »Ich habe mich schon verabschiedet. Sie sollen ihn mitnehmen!«

»Jeremy«, sage ich so einfühlsam wie möglich, »bist du sicher, dass dir das später nicht leidtun wird?«

»Das muss ich ja wohl selber wissen!«, gibt er verärgert zurück. »Warum glaubt ihr, beurteilen zu können, wie ich mich fühle?!«

»Okay«, hebe ich abwehrend die Hände. Ich kann nur zu gut verstehen, dass jeder mit dem Tod anders umgeht. Ich versuche mich zu rechtfertigen: »Es ist nur ... es ist die letzte Gelegenheit, sein Gesicht zu sehen.«

Das lässt Jeremy zusammenfahren, als hätte er einen Schlag in die Magengrube erhalten. Sofort bereue ich meine Worte.

»Ich weiß«, murmelt Jeremy und vergräbt das Gesicht in

seinen Händen. »Ich kann es nicht. Ich kann ihn nicht anschauen.« Dann fangen seine Schultern an zu beben, als er geräuschlos weint.

Ich nicke Eric zu. Er erwidert mein Nicken und schließt die Tür von außen.

Während Eric mit den Bestattern spricht, fällt mir ein, dass ich Raphael anrufen sollte. Er und Jeremy kennen sich zwar kaum, aber von den wenigen Menschen, die ich in dieser Stadt kenne, ist Raphael der einzige, der in irgendeiner Weise dafür ausgebildet ist, seelischen Beistand zu leisten.

Es dauert eine Weile, bis ich Jeremy davon überzeugen kann, mit Raphael zu sprechen. Die Idee, sich ausgerechnet von einem angehenden katholischen Priester helfen zu lassen, ist für ihn nicht besonders überzeugend. Aber da Raphael gestern Abend nicht im Geringsten hat erkennen lassen, dass ihn Joes und Jeremys Verhältnis stört, sondern sich im Gegenteil angeregt mit den beiden unterhalten hat, stimmt Jeremy schließlich zu.

Ich leihe mir sein Handy, um Raphael anzurufen. Er ist bestürzt, als er von Joes Tod hört. Sofort erklärt er sich bereit, zu kommen.

Keine halbe Stunde später klopft er an die Tür meines Hotelzimmers. Ich öffne ihm und bitte ihn herein, dann lasse ich die beiden allein.

ICH SITZE MIT MEINER MUTTER AM KÜCHENTISCH. Es ist Sonntagnachmittag, und eigentlich müsste ich für morgen noch ein Referat über Newsletter-Marketing vorbereiten. Doch es ist unser wöchentliches Treffen, auf dem sie besteht, »weil wir uns sonst gar nicht mehr sehen«, seit ich letztes Jahr in meine WG mit Alex gezogen bin. Zwischen uns steht eine Platte mit Torte aus der Tiefkühltruhe.

Meine Mutter konzentriert sich darauf, in ihrer Kaffeetasse zu rühren. Etwas ist anders heute, und ich warte darauf, dass sie mit der Sprache herausrückt, was los ist. Sie hat mich zwar wie immer gefragt, ob in der Uni alles in Ordnung ist und ob ich schon wisse, was ich denn damit anfangen wolle, wenn ich irgendwann einmal fertig bin. Bei meinem Studium ist die grobe Richtung natürlich klar, aber »irgendwas mit Marketing« ist meiner Mutter nicht konkret genug. Das Konzept, dass man ohne genaue Vorstellung einer zukünftigen Arbeitsstelle studieren kann, ist ihr nicht begreiflich zu machen.

Genauso aussichtslos ist es, ihr etwas entlocken zu wollen, was sie nicht erzählen will. Also warte ich.

Sie nimmt einen Schluck aus der Kaffeetasse, dann sieht sie mich an.

»Dein Vater ist diese Woche gestorben«, sagt sie.

Ich halte ihren Blick, und es ist einer dieser Momente, die man schon in der Retrospektive sieht, noch während sie geschehen.

Das war es also, was sie mir nicht sagen wollte, denke ich. Warum macht sie so ein großes Ding daraus?

Denn es berührt mich nicht im Geringsten. Es sollte mich traurig machen, dass er tot ist. Immerhin ist er – war er – biologisch gesehen die Hälfte von mir. Ein Teil von mir ist gestorben, und nie wieder werde ich ihn vor mir sehen.

So sollte ich mich fühlen. Aber ich fühle nichts. Es ist mir egal. Es wird sich nichts an meinem Leben ändern.

Es hat geschmerzt, als er mich und Mama allein gelassen

hat. Das ist über zehn Jahre her, und ich habe diesen Schmerz in mir eingeschlossen, bis ich ihn nicht mehr gespürt habe, so wie sich Bindegewebe um einen Splitter bildet, den man nicht entfernt. Ich habe nicht vor, jetzt daran zu rühren.

Ich nicke. »In Ordnung«, sage ich.

»Das ist alles?«, fragt meine Mutter.

»Ja.«

»Willst du gar nicht wissen, woran er gestorben ist?«

»Macht das einen Unterschied?«

»Wahrscheinlich nicht«, seufzt sie. »Aber irgendwie habe ich das Gefühl, ich müsste es dir erzählen. Also: Es war ein Herzinfarkt.«

»Ah«, mache ich. »Das wundert mich nicht.«

»Mich auch nicht«, erwidert meine Mutter. »Seine neue Frau hat mich angerufen. Es war das erste Mal, dass wir miteinander gesprochen haben. Es war komisch – ich hätte nie gedacht, dass wir so ruhig und sachlich miteinander sprechen könnten. Sie wirkte ziemlich fertig. Anscheinend hat sie das Ganze ziemlich mitgenommen.«

»Woher hatte sie denn überhaupt deine Nummer?«

»Na, aus dem Telefonbuch«, erwidert meine Mutter mit größter Selbstverständlichkeit. »Dein Vater hat wohl öfter von dir gesprochen, aber deine Nummer hatte sie nicht.«

Stimmt, die habe ich mittlerweile tatsächlich gewechselt. Was nichts mit ihm zu tun hatte, sondern mit einem neuen Handyvertrag. Und im Telefonbuch stehe ich erst recht nicht. Soll es mich rühren, dass mein Vater von mir gesprochen hat? Mein Kopf sagt nein, aber in meiner Brust spüre ich eine plötzliche Enge.

»Er hatte wahrscheinlich Schuldgefühle«, sage ich. »Er hat mich ja auch manchmal angerufen, wollte sich mit mir treffen.«

»Das hast du mir nie erzählt.«

»Ja, weil ich fand, er hatte es nicht verdient, mich zu sehen. Er hat uns beide verlassen, nicht nur dich. Und wenn ich dich richtig verstanden habe, wollte er eigentlich eh keine Kinder, oder? Dann sollte er auch keine haben.«

Meine Mutter schaut mich nachdenklich an.

»Was?«, frage ich.

»Ach es ist nur ... ich glaube, er hat dich schon geliebt. Irgendwie.«

Ich halte inne. Ihre Worte treffen etwas in mir. Ich spüre einen vergangen geglaubten Schmerz, und das macht mich wütend. Dieser Mann hat kein Recht, solche Gefühle in mir auszulösen.

»Dann hätte er auch für mich da sein müssen, verdammt noch mal. Und nicht nur ab und zu mal anrufen. Er hat mir ja noch nicht mal Geburtstagskarten geschickt oder so.«

»Na ja ...«, macht meine Mutter gedehnt. »Da kam mal was. Nach ein paar Jahren.«

»Moment mal, hast du das etwa zurückgehalten?«

Meine Mutter blickt schuldbewusst auf ihre Kaffeetasse. »Ich war immer noch wütend auf ihn. Ich fand auch, er hatte kein Recht mehr auf dich. Das ... das war falsch von mir.«

Der Schmerz ist mittlerweile ein fester Klumpen in meinem Bauch. Und ich weiß nicht, wohin damit. »Nach ein paar Jahren, sagst du?«

»Ja. Es war tatsächlich eine Geburtstagskarte. Stand aber nichts Besonderes drin. Nur ›Herzlichen Glückwunsch‹ oder so.«

Jetzt bin ich es, die auf ihre Kaffeetasse starrt. Ich nehme den Kaffeelöffel und drehe ihn zwischen den Fingern hin und her. »Es hätte nichts geändert, Mama«, sage ich dann. Auch wenn ich mir da nicht so sicher bin. Aber ich *will*, dass es nichts geändert hätte.

»Ich weiß«, seufzt sie. »Kannst du mir verzeihen?«

In dem Moment fällt mir auf, dass sie mir gerade gesagt hat, dass sie nach Jahren noch wütend auf meinen Vater war. Ich habe das schon damals irgendwie gespürt, auch wenn sie immer versucht hat, das von mir fernzuhalten. »Und wie geht es dir mit seinem Tod?«, frage ich.

»Tja«, macht sie, »es berührt mich schon. Ich dachte, es würde mir egal sein. Oft genug habe ich mir sogar gewünscht, dass er stirbt.« Sie hat die Stimme vertraulich gesenkt und seufzt. »Aber jetzt bin ich irgendwie traurig. Denke an seine guten Seiten. Er konnte sehr liebenswürdig sein. Schon seltsam.«

Ich habe den Impuls, meiner Mutter zu sagen, sie solle froh sein, dass er tot ist. Dass dieses Kapitel jetzt abgeschlossen ist. Doch ich weiß genau, dass sie dann wütend werden würde. Ich spüre, dass ich ihr ihre Trauer lassen muss, so sehr ich auch finde, dass mein Vater das nicht verdient hat. Also nicke ich nur.

Und frage mich, was ich mit dem Gefühlsklumpen in meinem Bauch machen soll.

21 Finisterre

Zischend schließen sich die Türen des Busses. Ich blicke zu Jeremy, der melancholisch aus dem Fenster schaut. Eric drückt meine Hand.

Um uns herum schnattern die Pilger, die schnell noch Finisterre auf der Liste ihrer Reiseziele abhaken wollen, bevor sie wieder nach Hause zurückkehren. Sie haben vom dortigen Kap gehört und dass es wildromantisch sein soll, die Sonne im Atlantik versinken zu sehen, dort, wo die Menschen früher das Ende der Welt vermuteten. Sie haben keinen Grund, anzunehmen, dass wir nicht deswegen im Bus sitzen.

Sie wissen nicht, dass Jeremy Joes Asche in dem Tagesrucksack zwischen seinen Beinen transportiert.

Nachdem die Leute vom Bestattungsinstitut den Leichnam mithilfe von Joes Pass identifiziert und abgeholt hatten, haben wir darauf gewartet, dass Joes behandelnder Arzt in den USA dessen vorangegangene Krankheit bestätigte. Als der Arzt am übernächsten Tag endlich reagiert hat, ging es ziemlich schnell. Schon am Tag darauf war der Termin von Joes Einäscherung. Zum Glück waren die beiden verheiratet. Dadurch war es kein Problem, die Urne mit Joes Überresten vom Krematorium zu erhalten.

Jeremy ist bei dem Entschluss geblieben, dass er den Leichnam nicht mehr sehen wollte. Aber er, Eric und ich waren dabei, als sein einfacher Holzsarg den Flammen übergeben wurde. Jeremy weinte bitterlich, und auch Eric und ich konnten die Tränen nicht halten. Kurz musste ich daran denken, dass Eric mir an unserem ersten Abend sagte, er würde nicht glauben, dass er auf dem Jakobsweg weinen müsse. Ich bin froh, dass ich dem Impuls widerstanden habe, ihn damit aufzuziehen. Anstand, dein Name ist Diana. Außerdem habe ich ja selbst geheult wie ein Schlosshund. Den Rest des Tages verbrachten wir mit Jeremy in bleierner Trauer.

Raphael ist nicht mit uns unterwegs. Er hat angeboten, seinen Flug zu verschieben, um der Einäscherung und der Zeremonie heute Abend beizuwohnen, aber Jeremy hat dankend abgelehnt. Er sagte, es sei nicht nötig, dass Raphael seine Pläne für jemanden über den Haufen werfe, den er kaum gekannt hat. Er habe ihm außerdem bereits sehr bei der Bewältigung seiner Trauer geholfen. Auch wenn er, bildlich gesprochen, noch vor dem Berg seiner Trauer stünde, habe er von Raphael einige wichtige Werkzeuge erhalten, um ihn zu überwinden.

Zwischen Eric und mir herrscht die unausgesprochene Übereinkunft, dass wir Jeremy begleiten. Wir können ihn ja schlecht allein ans Meer fahren lassen, um die Asche zu verstreuen.

Seit der gemeinsamen Nacht im Hotel haben wir nicht mehr miteinander geschlafen. Mir ist in der momentanen Situation auch nicht danach. Und ich habe darauf bestanden, dass wir beide in unseren eigenen Zimmern übernachten. Ich will es langsam angehen lassen. Was auch immer »es« ist.

Aber wir haben Hand in Hand gearbeitet, um Joes Bestattung zu organisieren. Auch wenn der Anlass ein trauriger war, hat es sich gut angefühlt, zu helfen. Und wie wir uns abgesprochen und Aufgaben verteilt haben. Vielversprechend.

Ich breite meine Fleecejacke über mir aus – der Busfahrer hat die Klimaanlage bis zum Anschlag hochgedreht, obwohl draußen höchstens 25 Grad herrschen – und kuschele mich an Eric. Er versteht, dass ich Zeit brauche, um mich an den Gedanken zu gewöhnen, etwas Neues anzufangen. Und er lässt sie mir. Er macht das großartig. Erträgt meine kleinen neurotischen Anfälle von Unentschlossenheit.

Denn eigentlich will ich mit diesem Mann zusammen sein, der mir mehrfach bewiesen hat, was er bereit ist für mich zu tun. Wie sehr er mich mag. Und keine andere.

Ich freue mich auf zu Hause, und ich frage mich wirklich, wie es in meinem Leben weitergehen wird. Wenn ich es nicht vorbehaltlos schaffe, Eric zu vertrauen, ist der Grund dafür Marc und seine Unfähigkeit zu lieben. Ihm habe ich vertraut, jedenfalls eine Zeitlang. Zu lang. Und dafür kann Eric nichts, das ist ganz allein meine Schuld. Vielleicht liegen die Wurzeln meines Vertrauensproblems auch noch tiefer. Keine Ahnung, ich bin keine Psychologin. Wahrscheinlich ist es einfach so, dass ich mir selbst immer noch nicht so ganz vertraue. Aber das kommt wieder, da bin ich mir jetzt sicher. Ich muss nur einfach meinen Weg gehen. Die Wunde, die Marc hinterlassen hat, ist tief, auch wenn ich ihm das am liebsten gar nicht zugestehen würde. Es braucht Zeit, bis sie verheilt ist.

Und diese Zeit will ich am liebsten an der Seite dieses gutaussehenden Mannes auf dem Sitz neben mir verbringen. Und mir ausmalen, wie mein Leben in Deutschland werden könnte. Auf einmal erscheint mir die Tatsache, dass ich nicht weiß, was ich als Nächstes machen soll, eher wie ein Versprechen, wie eine Möglichkeit. Ich habe alle Freiheit, von vorne anzufangen.

Wir biegen auf den Busbahnhof ein, und ich lese das Schild, auf dem »Fisterra« steht, wie Finisterre offiziell auf Galizisch heißt. Jetzt wird es ernst. Ich war noch nie auf einer Beerdigung von jemandem, der ungefähr in meinem Alter war.

Ich blicke Jeremy an.

»Da sind wir. Bereit?«, frage ich.

»Nein«, erwidert er mit müdem Blick. »Hierfür kann man nicht bereit sein.«

Stimmt. Blöde Frage, Diana. Es ist nur so, ich mache so etwas auch zum ersten Mal, und ich weiß nicht, ob es überhaupt ein Protokoll dafür gibt. Also bin ich vermutlich ein wenig übertrieben fürsorglich. Jeremy wirkt aber auch so hilflos.

Wir steigen aus dem Bus, holen unsere Rucksäcke aus dem Kofferraum und tragen sie in das Hotel direkt gegenüber, das wir bereits von Santiago aus reserviert haben. Dann lässt sich Eric in der nahegelegenen Touristeninformation eine Karte der Umgebung aushändigen. Zu dritt beugen wir uns darüber und überlegen, was ein guter Ort für Joe wäre.

Wie wir erfahren haben, ist es in Spanien sogar ausdrücklich erlaubt, die Asche im Freien zu verstreuen – außer auf öffentlichen Wegen. Besonders Letzteres klang erstmal komisch, vor allem für uns Deutsche, die wir die sogenannte Friedhofspflicht ja irgendwie verinnerlicht haben. Aber es ist ja gar nicht so weit hergeholt, dass jemand gerne seine Asche auf dem Jakobsweg verstreut wissen würde, insbesondere, wenn er dort stirbt. Doch das haben wir nicht vor.

Finisterre liegt auf einer Halbinsel, die eine Bucht vom Atlantik abtrennt, auf der dem offenen Meer abgewandten Seite. Wir entscheiden uns dagegen, zum Leuchtturm am Kap zu gehen, da wir vermuten, dass dort zu viele Touristen sind. Wir brauchen Ruhe, um Joes in Würde zu gedenken.

Aus demselben Grund scheidet auch der Strand auf der dem Ozean zugewandten Seite der Halbinsel aus. Wir haben gehört, dass dort viele Pilger hingehen, um ihre Pilgerschaft zu beenden. Angeblich verbrennt man dort die Kleider, in denen man gewandert ist. Viele bleiben tage- oder sogar wochenlang am Strand und zelten dort. Vor einer Woche hätte ich noch gut verstanden, dass sie nicht in ihr altes Leben zurückwollen. Doch jetzt merke ich, dass ich mich darauf freue, nach Deutschland zurückzukehren. Und es ist ja auch nicht so, dass ich in mein altes Leben zurückkehre. Etwas hat sich verändert. Ich werde wirklich neu anfangen!

Doch was auch passiert, ich mache nichts mehr ohne Alex. Gestern hat sie mir geschrieben, dass sie wieder in Deutschland ist. Sie wird mich vom Flughafen abholen. Ich freue mich so, sie wiederzusehen!

Am Ende entscheiden Jeremy, Eric und ich uns dazu, an den steilen Klippen des Atlantiks entlangzuwandern, bis wir eine geeignete Stelle finden. Wir schultern unsere Rucksäcke und laufen los.

Die Straße führt aus dem kleinen Städtchen vorerst an der Bucht entlang. Bald haben wir es hinter uns gelassen. Am Himmel stehen einige weiße Wölkchen, es ist ein freundlicher Tag und angenehm warm. Der Wind weht kräftig, aber nicht zornig.

»Zum Glück weht der Wind in Richtung Meer«, bemerkt Eric. »Ich musste gerade an einen Film denken, den ich mal gesehen habe, da geht das, was wir vorhaben, ziemlich schief, weil der Wind falsch steht ...«

»Ich weiß, welchen Film du meinst«, schneidet Jeremy ihm das Wort ab. Wenigstens scheint Eric angesichts der Situation genauso unbeholfen zu sein wie ich. Nach einer Weile setzt Jeremy hinzu: »Ich frage mich die ganze Zeit: Wieso Joe? Wieso konnte es nicht mich treffen? Dann müsste ich all das hier nicht machen. Nicht so leiden. Und vor allem: Joe wäre noch am Leben.«

»Das fragst du dich, weil du ihn geliebt hast«, sagt Eric. »Du wünschst ihm das bessere Los, weil er dir wichtiger ist als du selbst. Beziehungsweise, weil sein Wohlergehen untrennbar mit deinem zusammenhängt.«

»Ja«, seufzt Jeremy. »Und jetzt fallen mir all die tausend kleinen Gelegenheiten ein, bei denen ich ihm das hätte zeigen können und es nicht getan habe. Warum nicht? Was hätte es mich denn gekostet?«

»Er war glücklich mit dir, Jeremy. Das konnten wir alle sehen«, wende ich ein. »Du hast ihm seinen letzten großen Wunsch erfüllt. Und tausend kleine, da bin ich mir sicher.«

Jeremy seufzt wieder, gibt aber keine Antwort. Stumm wandern wir weiter.

Die Landschaft des Kaps ist felsig, aber nicht besonders karg. Freundlich blühen Sträucher zwischen den Felsen, und wir passieren dichtes Buschwerk. Die Bucht glitzert idyllisch im Sonnenlicht. Die Landschaft wirkt ewig, unvergänglich, als ob sie immer so hier gewesen sei. Ich weiß, dass der Schein trügt, doch das Einzige, was mich an den Tod erinnert, wegen dem wir hier sind, ist das Hochkreuz, an dem wir vorbeilaufen.

Jeremy geht es mit Sicherheit anders. Schwerfällig schiebt er seinen großen Körper vorwärts. Ich betrachte ihn stumm von der Seite, wie er mit versteinertem Blick und zusammengepressten Lippen in die Gegend starrt. »Weißt du«, beginne ich, »ich muss daran denken, was Joe in diesem Restaurant in Burgos gesagt hat, als wir uns kennengelernt haben: ›Wenn ich auf dem Weg sterbe, komme ich sowieso in den Himmel.‹«

Nach wie vor bin ich mir unsicher, ob es so etwas wie einen Himmel überhaupt gibt. Genauso unsicher, wie Joe es vermutlich war. Doch ich wünsche es ihm von Herzen.

Jeremy blickt mich an. »Wenn jemand in den Himmel kommt, dann Joe«, sagt er, doch es klingt wenig überzeugt. Wahrscheinlich, weil er im tiefsten Inneren auch nicht an den Himmel glaubt. Jedenfalls nicht an die Version, die ihm die Kirche verkaufen will, die seine Lebensweise als Irrtum ansieht.

Bald taucht an der Spitze der Halbinsel der Leuchtturm auf. Er wirkt eher wie ein Haus, auf das man nachträglich eine Glaskuppel mit einem Signallicht darin gesetzt hat.

Wir lassen die Abzweigung dorthin links liegen und folgen der Straße um die Kurve. Jetzt sind wir auf der Ozeanseite der Halbinsel. Bei der nächsten Gelegenheit biegen wir von der Straße auf einen ungeteerten Weg ab. Bald befinden wir uns in einem Netz kleiner Pfade, die durch das Dickicht aus Buschwerk und hohem Gras führen. Plötzlich sind wir allein, fern der Autos und Pilger auf der Straße.

Wir halten uns links in Richtung Meer und suchen nach einer Öffnung im Dickicht, durch die wir Zugang zu den Klippen erhalten. Die Aufgabe beansprucht unsere Konzentration, und sogar Jeremy wirkt im Moment ganz bei der Sache.

Irgendwann finden wir eine Stelle, an der wir uns durch die Vegetation kämpfen können. Bald weicht sie schroffem Felsgestein, und der Ozean breitet sich azurblau vor uns aus. Wir halten inne.

Wir stehen auf einer Klippe, an der sich zehn Meter unter uns die Wellen brechen. Der Wind zupft an unseren Kleidern, bevor er hinaus aufs Meer flieht und sich gegen die Wellen stemmt, sie zu hohen Wogen auftürmt, die mit unerbittlicher, aber geduldiger Gewalt gegen den Fels schlagen, auf dem wir stehen.

Links und rechts erstreckt sich die Küstenlinie, dramatischer als auf der anderen Seite. Steil fällt das Land ins Wasser ab. Weit und breit ist außer uns keine Menschenseele. Der Ort ist perfekt für unser Vorhaben.

Ich blicke Jeremy an, der nickt und den Rucksack abstellt. Langsam und gründlich, mit der angemessenen Feierlichkeit holt er Joes Urne hervor. Jeremy hat sich für ein einfaches Modell entschieden, das habe sich Joe so gewünscht. Mit der Urne in den Händen lässt Jeremy seinen Blick zwischen uns hin- und herspringen. In seinen Augen liegt Angst.

»Du schaffst das, Jeremy«, sage ich. »Sag einfach, was du fühlst.«

Jeremy nickt. Dann wendet er sich dem Meer zu, tritt noch einen Schritt nach vorn. Kurz befürchte ich, er würde springen.

»Das ist das Ende, mein schöner Joe«, hebt Jeremy dann an. »Das Ende. Du hast gekämpft bis zuletzt, um eines zu finden, das sich richtig anfühlt. Ein würdevolles. Eines, von dem man erzählen kann. Dafür bin ich dir dankbar. Auch wenn es sich absolut nicht richtig anfühlt. Man sagt, jedem Ende wohnt ein neuer Anfang inne.« Jeremys Stimme bricht, und er muss einen Moment innehalten, bevor er fortfahren kann. »Es fällt mir im Moment schwer, daran zu glauben. Alle, die hier stehen, haben etwas auf diesem Weg zurückgelassen.« Jeremy dreht sich kurz um, um Eric und mich anzuschauen. »Sie haben etwas zurückgelassen, das sie belastet hat, das verhindert hat, dass sie sich so entfalten konnten, wie es ihrem Wesen entspricht. Bei mir ist es anders. Ich lasse genau das eine zurück, was mich mehr definiert, als ich es selber kann. Das bist du, Joe. Es muss ein Ende geben, bevor es einen neuen Anfang geben kann. Aber ich wollte nie, dass es endet. Schon gar nicht so. Und nicht so bald. Wie kann ich da neu anfangen?« Jeremy kämpft mit den Tränen. Auch ich spüre, wie sie in mir aufsteigen, und sehe keinen Grund, sie zurückzuhalten. Heiß laufen sie mir über die Wangen.

»Für mich ist die Welt hier zu Ende. Die Welt mit dir. So, wie es für die Menschen früher unvorstellbar war, dass die Welt über diesen Punkt hinaus weitergehen würde, so unvorstellbar ist es für mich, dass die Welt ohne dich weitergeht. Und doch weiß ich, dass es so ist. Ich muss nur einen Weg finden. Ich weiß, dass du das willst. Du hast es mir gesagt. Und damit ich beginnen kann, diesen Weg zu gehen, muss ich das hier tun, so sehr ich es auch hasse.« Mit diesen Worten öffnet Jeremy die Urne und dreht sich in den Wind.

»Mach es gut, Liebster«, flüstert er. Dann hebt er die Urne, hält sie auf Armeslänge von sich und kippt sie langsam. Graue Asche fällt heraus und wird sofort vom Wind erfasst, der sie in einer dünner werdenden Wolke aufs Meer hinausträgt. Es ist ein trauriger und doch schöner Moment. Diese Wolke ist nicht das, was von Joe übrigbleibt, sondern das, was er der Erde zurückgibt, um wieder in den Kreislauf des Lebens einzugehen. Was von ihm bleibt, ist in Jeremys Herzen. Und in Erics und meinem.

Wir stehen still da. Ich sehe, dass Jeremys Schultern beben, und gehe zu ihm, um den Arm um ihn zu legen. »Das war wunderschön«, sage ich. »Ein würdiger Abschied.«

Jeremy nickt nur, dann umarmt er mich fest. Eric tritt zu uns, und diesmal steht er nicht unschlüssig daneben, sondern umarmt uns beide. Gemeinsam trauern wir um diesen Mann, den zwei von uns nicht lange gekannt haben, der uns aber in der kurzen Zeit sehr ans Herz gewachsen ist.

Irgendwann lösen wir uns voneinander.

»Wahrscheinlich kann man eine gerade Linie über den Atlantik von hier bis nach New York ziehen«, bemerke ich. »Auf die Weise kann du Joe immer besuchen, wenn du in New York über das Meer schaust.«

»Es ist nett, dass du das sagt«, erwidert Jeremy. »Wahrscheinlich werde ich trotzdem ab und zu hierhin fahren. Aber ansonsten muss ich jetzt lernen, ohne Joe zu leben, so hart das ist.« Er blickt zwischen Eric und mir hin und her. »Ich bin euch unendlich dankbar für eure Hilfe. Ich weiß nicht, ob ich das ohne euch geschafft hätte. Aber ... könntet ihr mich noch eine Weile hier allein lassen? Ich wäre gern mit Joe allein. Vielleicht können wir uns später im Hotel treffen? Keine Sorge, ich tu mir nichts an«, versucht Jeremy einen Scherz zu machen, aber allein die Möglichkeit, dass er das tun könnte, verbietet uns zu lachen. Eric und ich schauen uns an.

»Klar«, sage ich dann. »Bis später.«

Wir umarmen ihn beide noch einmal, und dann schlagen wir uns durch das Dickicht zurück zum Weg.

22 Finisterre

Eric und ich entscheiden uns, einen anderen Weg zurück in die Stadt zu nehmen, vorbei an dem Strand am offenen Meer, wo die Pilger zelten sollen.

Auf dem Weg dorthin sprechen wir über Jeremy und darüber, dass wir beide hoffen, dass uns so etwas nie passiert, auch wenn wir wissen, dass es beinahe unvermeidlich ist, wenn man jemanden liebt. Einer stirbt immer zuerst, und der andere leidet. Oder beide sterben gleichzeitig bei einem Unfall oder einer Katastrophe. Es ist makaber, aber in diesem Moment sind wir uns einig, dass es fast besser wäre.

Ich erzähle Eric, was mir auf dem Herzen liegt und was ich bei der Beerdigung nicht sagen konnte: Nämlich, dass ich um Joe mehr trauere, oder jedenfalls heftiger, als um meinen Vater. »Ist das ungerecht?«, frage ich. »Schließlich hat er mich großgezogen.«

»Ich kannte ihn ja nicht«, sagt Eric. »Aber ich würde sagen, wenn du das so empfindest, hat es erstmal seine Berechtigung. Wahrscheinlich ist es am besten, das nicht gegeneinander aufzurechnen. Ich meine, wie kann man die Trauer um zwei verschiedene Menschen vergleichen?«

»Wahrscheinlich hast du recht«, seufze ich. »Es ist nur so – als meine Mutter mir vom Tod meines Vaters erzählt hat, haben wir uns über ihn unterhalten, und da habe ich sowas wie Trauer gefühlt. Ich dachte erst, es würde mir gar nichts ausmachen, aber ... Es gab ja auch schöne Momente, als ich ein Kind war. Aber da waren auch Wut und ein paar andere Dinge. In den letzten Jahren, bevor er uns verlassen hat, war er so ... Ich glaube, es ist die Enttäuschung, die mich so hart hat werden lassen. Dass dieser Mann uns einfach so gegen eine neue Frau eingetauscht hat. Doch am meisten hat mir wehgetan, wie sehr es meine Mutter mitgenommen hat. Ihr Leben ist nämlich durch die Scheidung kaputtgegangen, viel mehr als meins. Und als ich das verstanden hatte, war keine Trauer mehr um meinen Vater übrig. Da war ich nur noch froh, dass dieses Kapitel beendet war.«

Eric schaut mich an. In seinem Blick liegt Mitgefühl, aber nicht die klebrige Sorte, die sich immer anfühlt, als ob irgendwas mit einem selbst nicht stimmt. Es ist ein Ausdruck, der zeigt, dass er versteht und dass er nicht genau weiß, was er zu alldem sagen soll. Also legt er den Arm um mich. Und das ist viel besser als alle Worte.

Als wir den Strand erreichen, setzen wir uns auf eine Felsklippe, von der aus wir ihn überblicken können. Schweigend betrachten wir das Lager der Pilger. Einige Zelte stehen dem Anschein nach schon ziemlich lange dort.

»Weißt du, ich bin froh, dass ich morgen wieder zurückfliege«, sage ich. »Ich hab eine ganze Menge aufzuräumen in meinem Leben. Und anfangen werde ich bei meiner besten Freundin – Alex, ich hab dir ja von ihr erzählt.«

»M-hm«, macht Eric. »Was Deutschland angeht ... Ich fliege ja erst übermorgen, und ich will Jeremy noch ein wenig helfen, Joes Angelegenheiten zu regeln. Das Gefährt, seine Ausrüstung, all das ... Aber was ich eigentlich sagen wollte: Ich weiß jetzt, was ich will, wenn ich wieder zu Hause bin.«

»Ja?«, frage ich gespannt. Bis jetzt haben wir das Thema immer vermieden. Es war klar, dass wir beide eher früher als später nach Deutschland zurückkehren würden, trotzdem haben wir nie darüber gesprochen, wie es mit uns beiden weitergehen soll. Ich habe es nicht angesprochen, weil es mich zutiefst verunsichert, und Eric vermutlich aus Takt. Oder ist er etwa auch unsicher?

»Beruflich, meinte ich.« Eric muss meinen enttäuschten Gesichtsausdruck gesehen haben, denn er setzt schnell hinzu: »Ich will auf jeden Fall weiter mit dir zusammen sein. Aber vielleicht gibt es ja einen Weg, das zu verbinden. Hör dir meinen Vorschlag einfach mal an.«

»Okay«, stimme ich zurückhaltend, aber gespannt zu.

»Also: Die Idee hatte ich schon länger, aber den Entschluss habe ich gefasst, als ich mit Diego das Abschiedsessen für dich zubereitet habe. Es gibt hier in Spanien entlang des Jakobswegs so eine interessante und abwechslungsreiche Küche. Manche Gerichte sind in Deutschland so gut wie unbekannt. Deswegen würde ich gerne in Deutschland ein Restaurant mit Spezialitäten vom Jakobsweg eröffnen. Es sollte am Jakobsweg selbst liegen – der führt ja schließlich durch ganz Europa. Das Beste daran ist, dass man sich nicht auf die spanische Küche beschränken muss: Es gibt entlang der europäischen Jakobswege sicher unzählige spannende Gerichte. Man könnte sie sogar zu speziellen Menüs kombinieren!«, begeistert sich Eric.

»Schöne Idee«, stimme ich halbherzig zu. Ich sehe nicht so recht, was das mit mir zu tun hat, und befürchte, dass Eric mich aufgrund seiner Leidenschaft fürs Kochen vernachlässigen wird.

»Und da kommst du ins Spiel«, sagt er, als ob er meine Gedanken erraten hätte. »Ich kann zwar eine Küche führen, aber von Marketing verstehe ich nichts. Und ohne Gäste ist ein Restaurant nun einmal nicht viel wert. Deswegen würde ich dich gern fragen, ob du mit mir zusammenarbeiten willst. Du könntest dich auch um die Betreuung der Gäste kümmern.«

»Aber das muss man doch eigentlich lernen?«

»Das Wichtigste ist Freundlichkeit und Offenheit. Das hast du. Und wie du über Essen reden kannst? Da läuft jedem das Wasser im Mund zusammen! Den Rest kann ich dir beibringen.«

»Ich weiß nicht ...«

»Lass dich doch nicht so sehr davon zurückhalten, was du nicht kannst!«, hebt Eric an. »Früher haben die Leute ständig Sachen gemacht, von denen sie nichts verstanden. Sie haben es einfach so gut gemacht, wie sie konnten. Heutzutage gibt es im Internet Anleitungen für alles, und wir erwarten ständig beim ersten Mal perfekte Ergebnisse. Nein, ich will dieses Restaurant mit dir zusammen so gut machen, wie wir es können. Und ich bin überzeugt, das ist ziemlich gut!«

Eric versteht mich nicht. Ich zweifele nicht daran, dass wir zusammen wirklich gut wären. Meine Sorge gilt eher der Tatsache, dass ich mich dann wieder Hals über Kopf in eine Verbindlichkeit stürzen würde, von der ich nicht sicher bin, ob ich sie im Moment überhaupt ertrage.

Aber ich kann es mir sofort vorstellen. Vor meinem inneren Auge entstehen Bilder, wie ich lächelnd Gäste empfange, die das Essen loben, und wie Eric und ich nach getaner Arbeit bei einem Glas Wein sitzen, müde, aber glücklich.

Argh! Es klingt nach einer wirklich guten Idee, aber woher soll ich wissen, dass ich mir vertrauen kann? Selbst wenn mein Herz »ja« sagt ...

Plötzlich kommt mir Antonio mit seiner Herberge in den Sinn. Und mir fällt wieder ein, wie inspirierend ich seine Entscheidung fand: nicht einfach dort weiterzumachen, wo man aufgehört hat, sondern einen völlig neuen Weg zu beschreiten, selbst wenn er mühsam und ungewiss ist. Dass ich so wie er in der Einöde leben werde, kann ich mir nach alldem, was ich erlebt habe, allerdings nicht vorstellen. Genau darum geht es: Ich muss meinen eigenen Weg finden. Ist es so undenkbar, dass ich es schaffe, das gemeinsam mit Eric zu tun?

»Die Idee gefällt mir«, sage ich schließlich. »Ich weiß, dass wir ein gutes Team sind, und ich freue mich, dass du das auch so siehst. Aber ich kann das nicht sofort entscheiden.«

»Natürlich nicht«, erwidert Eric. »Dazu kommt ja auch, dass der Jakobsweg leider nicht durch Berlin führt. Ich würde für mein Restaurant überall hingehen, aber ich kann natürlich nicht verlangen, dass du das auch tust.«

Mist, daran habe ich ja noch gar nicht gedacht. Andererseits, was hält mich denn in Berlin? Marcs Freunde jedenfalls nicht. Es ist mir auch herzlich egal, wenn sie denken, dass ich den Schwanz einziehe und fliehe. Sollen sie doch. Anders sieht es mit meiner Mutter aus. Und mit Alex. Was sie denken, ist sehr wichtig – ich habe das viel zu lange ignoriert, und so weit soll es nie wieder kommen. Ich muss zwar meinen eigenen Weg gehen, aber ohne diese beiden Menschen verirre ich mich, das ist mir so klar wie noch nie in meinem Leben. Und ganz davon abgesehen: Ich weiß nicht, ob ich mich mit dem Gedanken anfreunden kann, meine Heimatstadt zu verlassen.

»Kann es denn nicht trotzdem in Berlin sein, dein Restaurant?«, frage ich hoffnungsvoll. »Da gibt es eine große Gastro-Szene.«

»Schwieriges Pflaster«, sagt Eric. »Außerdem ist es ja Teil des

Konzepts, dass es am Jakobsweg liegt. Aber wir können natürlich über alles reden.« Ich sehe, wie schwer es ihm fällt, bei seinem Traumrestaurant Kompromisse zu machen. Trotzdem ein gutes Zeichen, dass er mir zuliebe darüber nachdenkt. Gleichzeitig wird mir klar, dass es nicht um den Ort geht, sondern um die Menschen in meinem Leben. Nicht zuletzt um mich selbst.

Am liebsten würde ich Alex anrufen und sie um Rat fragen. Aber mir ist klar, dass ich das hier allein entscheiden muss, wenn auch nicht sofort. Dennoch, wenn wir wieder in Deutschland sind, muss Alex Eric kennenlernen. Ich bin neugierig, was sie von ihm hält. Natürlich bin ich stolz darauf, was für einen tollen Typen ich kennengelernt habe. Aber wahr ist auch, dass sie schon einmal richtiglag, als ich mich für den falschen Mann entschieden habe und es nicht wahrhaben wollte.

»Das klingt vielleicht blöd, aber du musst mich in Berlin besuchen, bevor ich eine Entscheidung treffen kann«, sage ich. »Nenn es einen Alltagstest. Der Jakobsweg ist schließlich eine Ausnahmesituation.«

»Das klingt überhaupt nicht blöd«, erwidert Eric. Dann weist er auf den Ozean, über dem mittlerweile die Sonne im Meer versinkt. Der Himmel ist in verschiedene Rot- und Rosatöne getaucht, und die untergehende Sonne strahlt die Wolken an, so dass sie wie Inseln aus flüssigem Gold wirken.

»Ich geh mit dir überallhin«, setzt er nach. »Sogar bis ans Ende der Welt.«

»Sei nicht kitschig«, erwidere ich trocken. »Der Moment ist viel zu schön dafür.«

Dann lehne ich mich an seine Schulter und betrachte das Schauspiel vor mir. »Erzähl mir lieber von der Zukunft.«

23 Berlin

Das Flugzeug setzt zum Landeanflug auf Berlin-Tegel an, und ich habe diesen Druck in den Ohren. Ich schlucke mehrfach. Erstaunlich sanft setzt die Maschine auf. Ich schaffe es vor Aufregung kaum noch, sitzenzubleiben. Dann ertönt das Signal, und alle Insassen des Fliegers – auch die paar Pilger, die ebenso wie ich in Madrid umgestiegen sind – springen wie von der Tarantel gestochen auf. So viel zum inneren Frieden, denke ich und weiß, dass ich keinen Deut besser bin. Wahrscheinlich haben sie auch Leute, die auf sie warten. Und das fühlt sich gut an.

Ungeduldig kämpfe ich mich durch die Gangway, nur um am Gepäckband auf meinen Rucksack warten zu müssen. Warum dauert das denn so lang? Kaum bin ich wieder in Deutschland, fällt alle mediterrane Gemütlichkeit von mir ab, und ich erwarte, dass alles perfekt funktioniert. Als mir das bewusst wird, zwinge ich mich, durchzuatmen. Aber es fällt mir schwer.

Und endlich ist es so weit: Die Schiebetüren gleiten beiseite und geben den Blick auf den Ankunftsbereich frei. Ich habe sie in Sekunden entdeckt. Ihr blonder Wuschelkopf hüpft aufgeregt hinter einem Anzug tragenden Chauffeur, der mit würdevollem Gesicht ein Schild mit dem Namen »Mr. Chang Deng« trägt. Dann wird er etwas unsanft beiseitegestoßen, Alex bricht hinter ihm hervor und stürmt auf mich zu. Als sie mich wild umarmt, fallen wir beinahe um.

»Ich hab dich so vermisst!«, murmele ich und spüre, wie mir einige Tränen auf die Wangen fließen.

»Ich dich auch«, seufzt Alex. Dann schaut sie mich an, und ich sehe, dass ihre sonst so funkelnden grünen Augen ebenfalls hinter einem Tränenschleier liegen.

Aber sie lächelt.

»Was jetzt?«, fragt sie. »Soll ich dich nach Hause fahren?«

»Ich hab ja eigentlich im Moment kein richtiges Zuhause«, erwidere ich achselzuckend. Dann fällt mir was ein. »Weißt du, worauf ich Lust habe? Currywurst!«

Alex' volle Lippen verziehen sich zu einem breiten Grinsen. »Keine fünf Minuten ist sie wieder da, und schon denkt sie ans Essen. Und ist so 'ne Bohnenstange dabei. Unverschämtheit!«

Mal ganz abgesehen davon, dass ich Alex manchmal um ihre Kurven beneide, wenn ich sehe, wie die Männer ihr hinterherschauen, weiß ich, dass sie genau dasselbe denkt wie ich: »Konoppke's Imbiß« unter der Hochbahn an der Haltestelle Eberswalder Straße. Unsere Stammcurrywurst seit Schultagen. Noch besser ist, dass Alex mit Nachnamen ebenfalls Konoppke heißt. Nicht verwandt und nicht verschwägert, leider, aber die ein oder andere Gratiswurst hat es uns schon eingebracht.

»Oh, aber ich muss vorher kurz meine Mutter anrufen. Leihst du mir dein Handy? ... Meins ist kaputtgegangen«, ergänze ich, als ich Alex' fragenden Blick sehe. »Lange Geschichte.«

Es tutet in der Leitung, dann erklingt die Stimme meiner Mutter. »Lilienfeld?«

»Mama, ich bin's, Didi. Ich bin gerade wieder in Deutschland gelandet.«

»Ach, da bin ich aber froh, dass das mit dem Flug gut geklappt hat! Deine Karte ist gestern angekommen. Klingt ja toll, musst mir unbedingt gleich davon erzählen!«

Meine Mutter. Die sich für mich freut, dass es mir gutgeht. Die ich belogen habe. In mir wallt eine Liebe auf, die mit Schuldbewusstsein und Wehmut gepaart ist und die ich anscheinend nur für meine Mutter reserviert habe. Heute Abend werde ich alles mit ihr in Ruhe besprechen. Aber erst …

»Hör mal, Mama, ist es in Ordnung, wenn ich erst etwas später zu dir komme? Alex hat mich vom Flughafen abgeholt, und wir wollen noch zu Konoppke.«

»Aber natürlich, Schatz.« Ich kann meine Mutter durchs Telefon lächeln hören. »Bis später, ich bin hier und warte.«

Ich weiß, dass das nicht als Spitze gemeint ist, und dennoch versetzt es mir einen Stich. Meine Mutter ist einsam. Es kann gar nicht anders sein. »Bis später, Mama.«

Eine gute halbe Stunde später stehen wir an den Tischen zwischen den grünlackierten Stahlpfeilern vor Konoppke, und die Hochbahn rattert über unseren Köpfen. Ein wenig habe ich ihn vermisst, den Lärm der Großstadt. Gleichzeitig bin ich mittlerweile an die Ruhe auf dem Jakobsweg gewöhnt.

»Und was willst du jetzt machen?«, frage ich Alex, während ich ein Stückchen Wurst auf meinem Holzpicker aufspieße.

»Ich weiß noch nicht so genau. Den Entwicklungshilfe-Sektor finde ich spannend. Und ich habe ja Erfahrung, nur nach Afrika muss ich nicht sofort wieder. Aber vielleicht finde ich einen Job, in dem ich von hier aus koordinieren kann. Oder ich mache etwas ganz anderes, keine Ahnung. Afrika war schon ziemlich desillusionierend.«

»Hm«, mache ich zustimmend. »Und wo wohnst du gerade?«

»Bei meinen Eltern«, sagt Alex. »Aber lange kann ich da nicht bleiben.«

»Wem sagst du das«, stöhne ich. Alex' Eltern sind immer noch zusammen und wohnen in der gleichen Wohnung wie früher, nicht weit von hier. Ich beneide sie darum, weiß aber, dass Alex manchmal unter ihrer gluckenden Mutter leidet.

»Ja, und bei dir?«, fragt Alex. »Erzähl mal von vorn. Da ist bestimmt einiges passiert!«

Und so beginne ich aufzuzählen. Mittlerweile habe ich mich mit den Fehlern meiner Vergangenheit ganz gut arrangiert – ich meine nicht nur Marc, sondern die Menge kleiner Fehlentscheidungen, die ich getroffen habe, weil ich mich nicht getraut habe, ehrlich mit mir selbst zu sein. Ja, ich habe sogar das Gefühl, etwas über mich gelernt zu haben. Und um solche Fehltritte in Zukunft zu vermeiden, muss ich mehr auf die wichtigen Leute in meinem Leben hören. Ich meine damit Alex, die lächelt, als ich das sage, aber auch meine Mutter.

Dann erzähle ich die ganzen Männergeschichten vom Jakobsweg. Außer Raphael und Eric muss ich auch Joe, Jeremy, Helmut und Marianne erwähnen, weil ohne sie vermutlich alles ganz anders gekommen wäre.

»Bleibt nur noch die Frage, ob ich mich durch mein Studium quälen oder wieder in meinen alten Beruf einsteigen soll«, sage ich. Mittlerweile haben wir unsere Cola leergetrunken und zur Feier des Tages jede noch einen Piccolo an der Theke geholt. »Oder ob ich mit Eric ein Restaurant aufmache.«

Ich halte inne, und die Worte verfehlen ihre Wirkung nicht. Mit großen Augen starrt Alex mich an. »Du willst ein Restaurant mit irgendeinem Kerl eröffnen, den du kaum kennst?«

»Ich kenne ihn ja. Also, ich glaube, dass ich ihn unterwegs

gut kennengelernt habe.« Ich erzähle kurz, wie selbstlos er Jeremy geholfen hat, wie gut wir zusammenpassen.

»Und du willst dich wirklich direkt wieder in die nächste Beziehung stürzen?«, fragt Alex.

»Eigentlich nicht«, seufze ich. »Ich meine, ich fand selbst, dass mir eine Pause ganz gut tun würde. Um zu mir selbst zu kommen. Aber ehrlich gesagt: So eine Pilgerreise ist wie Selbsterkenntnis im Schnelldurchlauf. Es ist echt unglaublich, was ich auf dem Jakobsweg alles über mich gelernt habe!«

»Und du meinst, das reicht?

»Na ja, dazu kommt noch, dass Eric echt ein toller Typ ist.«

»Aber ihr habt euch doch nur in einer Ausnahmesituation erlebt. Du hast keine Ahnung, ob es im Alltag funktionieren wird.«

»Weiß man das je?« Kurz wallt Ärger in mir auf. Warum ist Alex so hart zu mir? Aber sie hat recht, und ich zwinge mich, an meinen Vorsatz zu denken, auf sie zu hören. Also atme ich durch und sage: »Ja, ich weiß. Ich bin unsicher. Ich habe ihm auch gesagt, dass ich es langsam angehen lassen will. Und selbstverständlich will ich, dass du ihn kennenlernst. Mama auch.«

»Da kannst du aber Gift drauf nehmen, dass ich mir den ganz genau anschaue!«, sagt Alex gespielt streng. Dann grinst sie, und die Spannung ist verflogen. Aber ein leiser Zweifel bleibt doch: Was, wenn ich mich gerade wieder in etwas verrenne?

Ich proste ihr mit meinem Prosecco zu. Dann nehme ich einen Schluck und schaue über die Straße, die im schönsten Berliner Frühling daliegt. Die Bäume treiben Knospen, und darunter streiten sich Menschen mit ihren Hunden. Eine hübsche junge Frau läuft beschwingt auf dem Bürgersteig entlang und lächelt jeden an, der ihr entgegenkommt. Die Sonne wärmt die

Luft, und über allem rattert die Hochbahn. Wie schön es ist, wieder hier zu sein!

Etwas später setzt Alex mich in der Plattenbausiedlung meiner Mutter ab. Ich bin gleichzeitig aufgekratzt und nervös wegen dem, was mich erwartet.

»Komm doch noch mit rauf«, sage ich. Eigentlich ist es eine Bitte, kein Angebot.

»Gern, ich hab im Moment eh nichts vor. Die Jobsuche kann jedenfalls warten.«

Meine Mutter empfängt uns überschwänglich. »Didi-Kind! Alex! Kommt rein, kommt rein, ich habe eine Torte aufgetaut.«

Alex und ich grinsen uns an. »Hast du noch Zeit?«, frage ich.

»Für Doris' Tiefkühl-Torte? Immer!«, erwidert Alex.

Kurz darauf sitzen wir am Küchentisch, trinken Filterkaffee zur Torte, und meine Mutter raucht ihre Zigaretten. Ich muss alles nochmal erzählen, und ich habe meiner Mutter ja nur die halbe Wahrheit gesagt. Gut, dass Alex da ist, sonst hätte ich ihr jetzt vielleicht immer noch einiges verschwiegen.

Nachdem ich mit den allgemeinen Eindrücken, der Landschaft, dem Wetter und dem Essen fertig bin, beginne ich so behutsam wie möglich mit dem Thema Männer.

»Es wird dich freuen zu hören«, beginne ich, »dass ich mit dem Kapitel ›Marc‹ endgültig abgeschlossen habe.«

»Gut so«, sagt meine Mutter. »Hat ja auch lang genug gedauert.«

Das habe ich verdient. »Es ist nur so, ich habe ... jemand Neuen kennengelernt.«

»So schnell?«, fragt meine Mutter ungläubig.

»Du hast eine schöne Tochter, Doris«, grinst Alex. »Außerdem ist, nach allem, was ich so höre, der Jakobsweg die reinste Partnerbörse.«

Dieses Biest! Mir einfach so in den Rücken zu fallen! »Möglicherweise gab es da zwei Männer«, winde ich mich. »Aber einer davon wird Priester!«, ergänze ich schnell und merke zu spät, dass es das nur noch pikanter macht.

Meine Mutter starrt mich an. Dann gluckst sie. Alex stimmt ein, und bald kann auch ich nicht mehr anders, als zu kichern. Und dann muss ich alle Details der Geschichte erzählen. Als ich von Erics Kochkünsten erzähle, wobei meine Mutter große Augen bekommt, lasse ich ein Detail weg: nämlich den Plan mit dem Restaurant. Diesmal lässt Alex es mir durchgehen.

Irgendwann ist der Kaffee ausgetrunken. Alex streckt sich und sagt, dass sie jetzt mal losmüsse, sie würde mit ihren Eltern zu Abend essen.

Wir verabschieden sie, dann räumen meine Mutter und ich die restliche Torte in den Kühlschrank und setzen uns ins Wohnzimmer.

Meine Mutter zündet sich eine Zigarette an, bläst den Rauch durch die Nase aus und schaut mich nachdenklich an. »Auch wenn ich jetzt wie eine typische Mutter klinge«, sagt sie, »hast du dir überlegt, wie es weitergehen soll? Also mal abgesehen davon, dass du diesen Eric gut findest?«

»Darüber wollte ich mit dir reden«, erwidere ich. »Ich … weiß, dass ich mich beschissen verhalten habe. Ich hätte wegen Marc auf dich hören sollen, oder wenigstens hätte ich mich öfter bei dir melden sollen. Aber ich wollte das einfach durchziehen, und es war anstrengend, immer Gegenwind zu bekommen.«

Es ist seltsam, so offen mit meiner Mutter zu reden. Normalerweise haben wir ein komplexes System von Dingen, die ungesagt bleiben, und trotzdem weiß jeder, woran er ist. Aber ich glaube, jetzt gerade ist es gut, mal alles auf den Tisch zu packen.

»Verstehe«, sagt meine Mutter nur. Anscheinend ist sie nicht sauer.

»Wie es jetzt weitergehen soll: Es gibt da eine Sache, die ich dir noch nicht erzählt habe: Eric will ein Restaurant eröffnen. Mit mir zusammen. Und er will es nicht in Berlin machen.« Gespannt warte ich auf die Reaktion.

Meine Mutter denkt nach. »Warum denn nicht in Berlin?«, fragt sie dann beinahe beleidigt.

Kurz muss ich lächeln, weil ihr Lokalpatriotismus das Erste ist, woran sie denkt. Ich erkläre ihr, dass das Restaurant am Jakobsweg liegen soll.

»Dieser Eric ist ein ganz Ausgefuchster, wie?«, fragt meine Mutter. Mir gefällt ihr Ton nicht.

»Mama, du solltest ihn kennenlernen. Ich weiß, dass ich mich in der Vergangenheit nicht unbedingt durch einen guten Männergeschmack ausgezeichnet habe. Gerade darum will ich, dass du mit ihm sprichst.«

»Und dann bist du sofort wieder weg.«

»Bin ich nicht. Also, irgendwie schon, aber ich kann doch sowieso nicht bei dir wohnen bleiben, oder? Ich muss mein eigenes Leben leben. Aber ich verspreche dir, dass ich dich nie mehr so sitzenlasse!«

Meine Mutter seufzt. »Du hast ja recht. Es ist nur ... ich hab mich so gefreut, dass du wieder da bist.«

»Ich freu mich auch, Mama. Danke, dass du mich hier aufgenommen und ertragen hast, dass ich den ganzen Tag nur rumgehangen hab. War ja für dich sicher auch kein Spaß.«

»Nun ja ... aber du warst hier, wenn ich nach Hause gekommen bin. Das war schön. Und wir haben geredet. Sonst mach ich ja nach Feierabend nicht viel. Meine Kolleginnen, gut, mit denen gehe ich manchmal zum Kegeln, aber so richtig was Tolles ist das auch nicht.«

Bedrückt schaue ich meine Mutter an. So offen hat sie mir gegenüber noch nie zugegeben, dass sie einsam ist.

»Jetzt guck doch nicht so, Kindchen«, beschwichtigt sie mich. »Ich komm schon zurecht. Um ehrlich zu sein: Was du da gemacht hast, mit dem Jakobsweg, das fand ich gut. Ich hab mir überlegt, ich sollte auch mal verreisen.«

»Du willst pilgern gehen?« Nur mit Mühe gelingt es mir, den ungläubigen Tonfall aus meiner Stimme herauszuhalten. Meine Mutter auf dem Jakobsweg, das ist ungefähr so wie Grillwurst mit Erdbeermarmelade. Beides toll, passt aber einfach nicht zusammen.

»Das nun nicht gerade. Aber mal raus hier. Vielleicht neue Leute treffen.«

»Das klingt gut! Oder du machst einfach mal was anderes hier in Berlin. Man muss ja nicht unbedingt weit weg fahren.«

»Ja, darüber hab ich auch schon nachgedacht. Hast du eigentlich Erfahrung im Online-Dating?«

Ob ich *was* habe?! »Äh ... nein, nicht so richtig.« Ich platze mal lieber nicht mit meiner Meinung zu dem Thema heraus. Vielleicht bin ich altmodisch, aber irgendwie kam mir Online-Dating immer wie eine Verlegenheitslösung vor. Andererseits, wenn einem im Alltag einfach keine tauglichen Exemplare über den Weg laufen ... »Hast du das etwa vor?«

»Naja ... so ein Mann ist ja jetzt nicht die Lösung aller Probleme. Aber vielleicht wär's mal wieder schön, einen kennenzulernen«, sagt meine Mutter, und ich meine, sie wird ein bisschen rot.

»Und du glaubst, im Internet findest du einen?«

»Bei mir im Supermarkt einkaufen tun die jedenfalls nicht«, gibt meine Mutter trocken zurück. »Obwohl in der Brigitte steht, der Supermarkt sei ein guter Ort zum Kennenlernen. Damit meinen die aber sicher nicht die Kassiererinnen!«

Ich lache. »Nur blöd, dass die Männer auf deinem Online-Profil nicht sehen können, wie witzig du bist.« Ich kann mir nicht helfen, ich bin stolz auf meine Mutter. In ihrem Alter und nach allem, was sie erlebt hat, immer noch der Meinung zu sein, dass das Leben noch etwas zu bieten haben müsse, das nötigt mir Respekt ab. Vor allem, wenn man bedenkt, wie sehr mir meine Krise zu schaffen gemacht hat. Kurz muss ich an Marianne denken, die mir vorgeworfen hat, ein Luxusproblem zu haben. Jetzt denke ich, wenn ich auch nur ein wenig von dem Lebensmut meiner Mutter geerbt habe, komme ich schon irgendwie klar. Was auch immer das Leben für mich noch bereithält.

»Also, ich finde das eine tolle Idee. Und ich helfe dir gern, ein Profil aufzusetzen. Oder überhaupt erstmal die richtige Partnerbörse zu finden«, sage ich. »Das wird aufregend!«

»Na, mal sehen.« Meine Mutter drückt ihre Zigarette aus. »Und Eric, wann landet der?«

»Übermorgen«, sage ich und spüre wieder dieses vertraute, sehnsüchtige Ziehen. Sein Flug geht nach Düsseldorf, wo er zuletzt gearbeitet hat. Ich hoffe, er kommt mich bald besuchen.

Die nächsten Tage vergehen damit, dass ich versuche, mir einen Nebenjob zu suchen. Es macht irgendwie Spaß, sich durch die Kleinanzeigen im Internet zu blättern. Und in den Anzeigenblättchen, die meine Mutter aus dem Briefkasten holt und auf dem Küchentisch ablegt – hat sie das vorher eigentlich auch schon gemacht? Ich kann mich nicht erinnern. Jedenfalls gibt es die seltsamsten Jobangebote: Nachtportier zum Beispiel, oder als sogenannter Walking Act. Das ist anscheinend das Fachwort für jemanden, der in einem albernen Kostüm in der Fußgängerzone rumläuft und Flyer verteilt. Messehostess wäre wahrscheinlich noch am besten bezahlt, aber ich habe keine Lust, mich von irgendwelchen Vertrieblern begaffen zu lassen, oder Schlimmeres. Aber im Großen und Ganzen sind diese Kleinanzeigen ein Sprungbrett für Träumereien: Was werde ich als Nächstes machen? Wohin wird mich mein Leben führen?

Das neue Semester geht erst im Herbst wieder los, und vorher hat es keinen Sinn, in der Uni wieder einzusteigen. Falls ich das überhaupt machen sollte. Einen richtigen Job zu suchen ist ebenfalls zwecklos, solange ich noch überlege, ob ich mich auf Erics Vorschlag einlasse. Dasselbe gilt für eine eigene Wohnung.

Ich rufe bei einigen Angeboten an, doch auch wenn es nur darum geht, ein wenig Geld zu verdienen und wieder auf die Beine zu kommen, ist nicht das Richtige dabei. Entweder zu schlecht bezahlt oder entwürdigend, oder man sagt mir schlichtweg, ich sei überqualifiziert. Ich hänge also ein wenig in der Luft, doch die Stimmung ist ganz anders als vor meiner Pilgerreise. Plötzlich erscheint die Zukunft aufregend. Probleme wirken wie Abenteuer, und ich habe richtig Lust, auf den Baustellen in meinem Leben aufzuräumen.

Zwei Tage nach meiner Rückkehr klingelt nachmittags mein Telefon – ich habe das billigste Handy gekauft, das ich finden konnte, und meine SIM-Karte eingelegt. Es ist Eric!

Aufgeregt hebe ich ab. »Wie geht's dir? Hattest du einen guten Flug?«

Eric lacht durchs Telefon. »Ja, aber jetzt sitze ich in meiner kleinen Wohnung in Düsseldorf und sehne mich nach dir.«

»Ich hab auch Sehnsucht. Kannst du nach Berlin kommen?«

»Auf jeden Fall. Wie wär's morgen?«

»So schnell? Das wäre super!«

»Alles klar. Ich setze mich morgen früh direkt in einen Zug zu dir.«

»Aber sei gewarnt: Dich erwartet ein Abendessen mit meiner Mutter!« Und es wäre schön, wenn Alex auch Zeit hat, überlege ich.

»Nichts wird mich davon abhalten, dich wiederzusehen!«, sagt Eric gespielt theatralisch.

Ich lache, dann fällt mir etwas ein, und ich werde ernst. »Wie geht es Jeremy?«

Eric seufzt. »Nicht gut. Er hat kaum geredet. Ich habe alles für ihn geregelt. Er hat so niedergeschlagen gewirkt, dass ich ihm vor meinem Abflug das Versprechen abgenommen habe, dass er sich nichts antut.«

»Und wo ist er jetzt?«

»Am Strand von Finisterre, soweit ich weiß. Er hat gesagt, er müsse noch eine Weile dortbleiben. Könne sich noch nicht von dem Weg trennen. Ich hoffe nur, dass er nicht für immer dableibt.«

Ich muss wieder an Antonio denken. Der ist nach seiner Pilgerschaft ja irgendwie auch auf dem Weg geblieben, und das hat seinem Leben einen neuen Sinn gegeben. Andererseits hat er ihn nicht mit dem Tod verbunden, sondern mit einem Neuanfang. »Gib Jeremy ein bisschen Zeit, das alles zu verarbeiten. Aber wir sollten ihn demnächst mal anrufen«, schlage ich vor.

Wir reden noch eine Weile über Jeremy, dann über meine

Mutter und Alex, über Berlin und Düsseldorf, bevor wir irgendwann auflegen.

Wir haben lange gesprochen, und es ist bereits Abend. Morgen werde ich Eric wieder in die Arme schließen! Ich bin aufgeregt und voller Vorfreude.

Doch da gibt es etwas, das ich vorher erledigen muss.

24 Berlin

Ich tippe eine kurze Nachricht. Keine zehn Minuten später kommt die Antwort. Ich streife mir eine Jacke über und rufe meiner Mutter, die im Wohnzimmer fernsieht, zu, dass ich nochmal rausgehe. Ich will nicht erzählen, warum, will mir ihre bedeutungsschweren Blicke ersparen. Denn das hier ist nur eine Formalität.

Trotzdem bin ich aufgeregt. Nein, ich kann es kaum erwarten. Im Fahrstuhl nach unten trommele ich mit den Fingern ungeduldig auf der Tür. Es wird nicht besser, als ich zwischen den Plattenbauten zur Bushaltestelle laufe. Und dort warten muss.

Als ich aus der U-Bahn-Station die Treppe hochgehe, um die letzten Meter zu Marcs Loft zu laufen, atme ich tief durch. Er hat bereits alles zusammengepackt, was er noch von mir finden konnte, schreibt er. Er scheint es also auch nicht erwarten zu können. Das könnte verletzend sein, ist es aber nicht. Im Gegenteil – wir sind uns einig, ist doch schön.

Ich biege in die baumbestandene Straße ein. Luxuriöse Altbauten mischen sich mit modernen Apartmentkomplexen. An Marcs Adresse angekommen, drücke ich den Knopf neben seinem Namen und betrachte mich in der spiegelnden Messingplatte, in der die Klingeln eingelassen sind. Die Tür wird aufgesummt, und ich nehme die Stufen des weiß hallenden Treppenhauses in den ersten Stock, wo Marcs Wohnung liegt.

Er steht in der Tür. Als er mich sieht, öffnet er wortlos und bittet mich mit einer höflichen Geste hinein. Auch ich bringe gerade so ein »Hallo« zustande.

»Willst du was trinken? Wasser? Kaffee? Wein?« Wie so oft sind seine Manieren perfekt. Aber ich bin nicht auf einen Höflichkeitsbesuch hier.

»Nein, danke. Ich hab's ein bisschen ...« Ich halte inne, denn es kommt mir nicht richtig vor, ihn derart abzuservieren. »Wie geht's dir eigentlich?«

»Ach, gut. Man schlägt sich so durch.« Kurz scheint es mir, als würde hinter Marcs glatten Zügen Verletzlichkeit durchschimmern.

»Tja ...« Nicht mehr mein Problem, Marc.

»Und dir?« Marc wirkt nur mäßig interessiert.

»Ach, gut, danke.« Ich habe keine Lust, ihm zu erzählen, wie gut es mir geht.

Gerade will ich auf meine Sachen zu sprechen kommen, die ich abholen möchte, da höre ich, wie sich ein Schlüssel im Schloss der Wohnungstür dreht. Während ich mich noch frage, was das zu bedeuten hat, höre ich auch schon das Klackern von Pfennigabsätzen auf dem Parkettboden. Dann erklingt die Stimme, die ich in unangenehmer Erinnerung habe: »Schahatz, ich bin zu Hause!«

Ich blicke von der Zimmertür zurück in Marcs peinlich berührtes Gesicht. Dann schaue ich wieder in Richtung Tür, wo just in diesem Moment, blondiert und aufgebrezelt wie damals – Sarah hereinkommt.

»Oh«, macht sie.

»'n Abend!«, grüße ich fröhlich.

Soll ich jetzt schockiert sein oder wütend darüber, dass Marc mich anscheinend schon ersetzt hat? Ich horche kurz in mich hinein, aber da ist nichts. Nicht einmal Überraschung, denn ich wusste ja schon, dass die beiden was miteinander hatten. Ehrlich gesagt bin ich einfach nur ein wenig gelangweilt.

Abwartend blicke ich Marc an.

Der windet sich. »Ja, Sarah kennst du ja schon …«

»Ich lass euch mal lieber allein«, flötet die und stöckelt aus dem Raum.

»Ja, also …«, beginnt Marc.

»Schon gut, Marc. Spar es dir. Es interessiert mich nicht.« Und das meine ich auch so. Marc sieht schon wieder verletzt aus. Als ob er enttäuscht ist, dass ich keine Szene mache.

»Wo sind meine Sachen?«, frage ich.

Marc deutet auf das Gästezimmer. Ich gehe an ihm vorbei und lasse dabei meinen Blick durch das große, offene Wohn- und Esszimmer schweifen, in dem ich Jahre meines Lebens verbracht habe. Ich werde es nie wiedersehen, und das fühlt sich gut an. Diese ganze Wohnung ist zu groß, zu elegant, zu kalt für mich. Das bin nicht ich. Vielleicht wollte ich mal so sein, aber nicht mehr.

In dem kleinen Gästezimmer stehen vier Umzugskartons und eine Reisetasche. »Das ist alles?«, frage ich. Marc brummt zustimmend hinter mir.

Es ist so wenig, denke ich im ersten Moment. Andererseits: Was habe ich schon besessen? Meine Kleider, meine Uni-Unterlagen, ein paar Bücher, Dokumente, Bilder und Erinnerungsstücke. Die Wohnung mit ihrer gesamten Einrichtung gehört Marc. Und irgendwie fühlt es sich auch gut an, mein neues Leben mit so wenig Ballast zu beginnen.

Na gut. Ich habe keine Lust, die Wohnung zu durchsuchen

und zu gucken, ob Marc irgendwas vergessen hat. »Ich brauche ein letztes Mal den Mini. Den Schlüssel werfe ich dann in den Briefkasten. Ach so, und hier sind schon mal die Wohnungsschlüssel.« Mit den Worten drücke ich sie ihm in die Hand.

»Okay ... lass mich dir tragen helfen«, sagt Marc.

»Das schaffe ich schon, danke.«

Und in der Tat: Auch wenn ich die Rückbank umklappen und die Kartons ein bisschen quetschen musste, habe ich wenig später alles in dem teuren Kleinwagen in der hauseigenen Tiefgarage verstaut. Ich strecke mich und spüre das vertraute Pulsieren meiner Muskeln nach der körperlichen Anstrengung. Wäre ja verrückt, wenn ich durch die Pilgerwanderung am Ende noch eine Sportskanone werde!

Als ich auf die Straße einbiege, lasse ich die Fenster runter und atme die frische Frühlingsluft ein. Selten habe ich mich so befreit gefühlt.

Ich schlafe nicht gut in dieser Nacht. Ich habe auf dem Heimweg noch eine Flasche Sekt gekauft, um mit meiner Mutter darauf anzustoßen, dass ich Marc endgültig los bin. Sie hat mich umarmt und beglückwünscht und mit mir herzlich über die Geschichte gelacht. Alles war so, wie es sein sollte.

Doch als ich jetzt im Bett liege, kommen die Zweifel wieder: Will Eric wirklich was von mir, oder sind wir nur der besonderen Magie des Jakobswegs erlegen? (Ich weiß, ich klinge jetzt fast wie Jutta, die Esoterikerin vom Abend meiner ersten Etappe. Aber nach dem, was ich erlebt habe, benutze ich diese Worte ganz unironisch.) Und soll ich mich wirklich Hals über Kopf in eine gemeinsame Zukunft mit ihm stürzen?

Den ganzen nächsten Tag über gehen mir diese Fragen im Kopf herum. Ich zähle die Stunden bis zu Eris Ankunft.

Dann stehe ich am Gleis des Spandauer Bahnhofs und kann an gar nichts mehr denken. Ich spüre mein Herz wie wild in meiner Brust klopfen.

Irgendwann fährt der ICE ein, und Menschen wuseln über den Bahnsteig. Ich spähe aufgeregt, und da sehe ich auch schon Erics braunen Schopf! Lachend laufe ich auf ihn zu. Er sieht mich, lässt seine Reisetasche fallen und breitet die Arme aus. Ich springe hinein, so dass ich beinahe die Blumen zerdrücke, die er in der einen Hand hält.

»Hallo!«, murmele ich zwischen den Küssen. Und: »Sind die für mich?«

»Wo denkst du hin? Für deine Mutter!«

Ich muss grinsen. »Guter Mann!« Wenn er so weitermacht, wie er anfängt, dann kann eigentlich gar nichts schiefgehen.

Während ich Eric aus dem Bahnhof zum Bus in die Siedlung führe, erzähle ich ihm, dass wir heute zur Feier des Tages essen gehen werden. Außerdem wird Alex mit dabei sein. Mit beidem zeigt sich Eric einverstanden.

»Aber du darfst nichts gegen das Restaurant sagen. Es ist das Lieblingsrestaurant meiner Mutter. Es wirbt mit dem Slogan ›Cevapcici und Jägerschnitzel mit Stil‹.«

»Ich bin ja nicht beruflich dort.«

»Es ist für seine großen Portionen bekannt«, versuche ich Eric aus der Reserve zu locken.

»Gut, ich habe schon Hunger«, gibt er seelenruhig zurück.

»Okay, Test bestanden«, nicke ich.

Als wir aus dem Bus steigen, blickt Eric sich staunend zwischen den Plattenbauklötzen um. »Hier bist du aufgewachsen?«

»Nein, in Prenzlauer Berg. Aber nachdem mein Vater uns verlassen hatte, mussten wir uns eine neue Wohnung suchen, und hier war es bezahlbar.«

Eric nickt. »Mein Vater hätte uns auch verlassen sollen, denke ich manchmal.«

»Wie meinst du das?«

»Naja, wahrscheinlich hätten wir auch umziehen müssen. Oder auch nicht, keine Ahnung. Ich bin in einem Einfamilienhaus großgeworden, eigentlich beinahe eine Villa. Mein Vater war – ist – im Management eines großen Chemiekonzerns. Wir hatten es echt schön zu Hause, großer Garten, nette Gegend. Nur war mein Vater nie zu Hause. Und wie ich später erfahren habe, lag das nicht nur an seiner Arbeit. Er hatte Affären, eine nach der anderen. Meine Mutter hat immer stillgehalten. Aber ich bin sicher, sie wusste es.«

»Und sie lebt immer noch mit ihm zusammen?«

»Nein, nachdem wir aus dem Haus waren, mein Bruder und ich, hat sie die Scheidung eingereicht. Hat eine große Abfindung bekommen, wenigstens da war mein Vater anständig. Aber diese Jahre an seiner Seite, während er sich um alles gekümmert hat, nur nicht um sie, die gibt ihr keiner mehr wieder. Das hat sie verbittern lassen.«

»Das tut mir leid«, sage ich. »Da kann ich ja beinahe froh sein, dass mein Vater so früh abgehauen ist.«

Eric lächelt schief. »Das wollte ich nicht damit sagen. Scheidungen sind doch immer blöd für die Kinder. Noch ein Grund, warum man es sich gut überlegen sollte, mit wem man den Rest seines Lebens verbringen will.«

Beim letzten Satz blickt er mir direkt in die Augen, und mein Herzschlag beschleunigt sich.

Als wir das Haus meiner Mutter erreichen, fahren wir mit dem Fahrstuhl nach oben. Ich schließe die Tür auf und rufe: »Wir sind da!«

Meine Mutter kommt aus dem Wohnzimmer. Ich beobachte sie genau. Sie lächelt angetan. Kein Wunder, Eric ist ja auch ein echter Hingucker. Und anscheinend hat meine Mutter auch gegen seine Augen nichts einzuwenden. Oder gegen sonst irgendeinen Körperteil.

»Doris«, sagt sie und streckt ihm förmlich die Hand hin.

»Eric«, erwidert er und gibt ihr die Blumen in die Hand. »Freut mich sehr, Sie kennenzulernen.«

»Oh, danke!«, freut sich meine Mutter. »Sag doch du zu mir.«

Wir setzen uns in die Küche. Es gibt Kaffee und Kuchen – diesmal selbstgebackenen, und zwar von mir eigenhändig. Immerhin das habe ich aus meiner Zeit mit Marc mitgenommen – wenn auch aus den falschen Gründen. Aber jetzt fühlt es sich richtig an. Es gibt einen Rhabarber-Crumble, dessen Rezept ich von einem wahnsinnig angesagten Food-Blog habe – was Eric wohl davon hält? Schließlich ist er Profi ...

»Und du bist also auch den Jakobsweg gelaufen? Wieso ... also, wie habt ihr euch denn kennengelernt?« Meine Mutter bremst kurz vor der Frage, die auf dem Jakobsweg immer alle stellen, nochmal ab. Sie scheint deutlich aufgeregter zu sein als Eric, was ich jetzt mal als gutes Zeichen werte.

»Beim Essen«, beantwortet Eric die Frage. »Deine Tochter sieht nämlich nicht nur wahnsinnig gut aus, sie hat auch einen ziemlich feinen Gaumen.« Das Kompliment verfehlt seine Wirkung bei uns beiden nicht, und wir lächeln verlegen.

»Also, von mir hat sie das nicht«, stellt meine Mutter fest. »Jedenfalls nicht den Gaumen. Bin ja keine große Köchin. Wir gehen übrigens später schön essen, hat sie das schon erzählt?«

»Hat sie«, bestätigt Eric und zwinkert mir unmerklich zu. »Sag mal, ist da Anis drin?« Er zeigt mit der Gabel auf seinen Teller.

»Ja, ich habe die Samen in der Pfanne angeröstet.«

»Raffiniert! Ich finde ja, Rhabarber wird noch besser, wenn man ihm geschmacklich etwas an die Seite stellt. Er hat so eine komplexe Säure ...«

»Nicht wahr? Da steckt unglaublich viel drin, Erdbeere, Tomate, Zitrone ... Ich bin auch ganz begeistert von dem Rezept!« Wir grinsen uns an, während meine Mutter nur ungläubig zu uns hinüberstarrt.

Es wird etwas später, bis wir uns auf den Weg ins Restaurant machen, denn wir verquatschen uns ziemlich. Eric isst insgesamt drei Stücke von dem Kuchen und entschuldigt sich zwischendurch, dass er im Zug kein richtiges Mittagessen hatte. Ich frage mich zwar, wie er gleich schon wieder etwas essen will, aber er versichert mir, das sei kein Problem. Unser Ziel befindet sich in einem schönen historischen Bau mitten in der Spandauer Altstadt. Eric, meine Mutter und ich entschließen uns, einen kleinen Spaziergang dorthin zu machen.

»Nicht weit von hier ist die berühmte Spandauer Zitadelle«, erzähle ich im Fremdenführer-Modus, dann halte ich inne und muss lachen.

»Was denn?«, fragt Eric.

»Ach, ich musste nur gerade an die Zitadelle in St. Jean Pied de Port denken. Ich habe Raphael kennengelernt, als ich sie besichtigt habe. Aber hier war ich noch nie in der Zitadelle. Und jetzt verkaufe ich sie dir als was ganz Tolles, das man unbedingt gesehen haben muss. Das ist der Unterschied zwischen zu Hause und unterwegs, schätze ich. Was im Urlaub besonders ist, wird alltäglich, wenn man es vor der Nase hat.«

»Warum gehen wir nicht morgen da hin?«, schlägt Eric vor. Wenn ich ehrlich bin, stehe ich gar nicht so auf Zitadellen, aber es ist aufmerksam von ihm, das vorzuschlagen.

Als wir am Lokal ankommen, wartet Alex schon davor. Sie sieht hübsch aus in ihrem bunten Schal, den sie sich gegen die Kühle des Abends um die Schultern geschlungen hat. Wahrscheinlich hat sie den aus Afrika mitgebracht.

»Hallo Didi, hallo Doris! Und du musst Eric sein«, sagt sie. »Ich bin Alex – eigentlich Alexandra, aber so nennt mich niemand.«

»Ja, ich habe schon viel von dir gehört«, sagt Eric.

»Nur Gutes, hoffe ich.« Alex kichert. Ich glaube, sie mag ihn.

»Wollen wir nicht reingehen? Ich hab Hunger«, platzt meine Mutter ungeduldig dazwischen.

»Ja, Mama«, stöhne ich.

Bald sitzen wir um einen weißgedeckten Tisch, die Wände sind in Pastellfarben gehalten und das Licht weich. Die Atmosphäre ist zwar etwas beliebig, aber das kümmert uns nicht. Das Gespräch dreht sich ungezwungen um unsere Erlebnisse auf dem Jakobsweg.

Irgendwann kommt die nette Kellnerin mit unserer Bestellung. Auf den Tellern türmen sich Kroketten neben Schnitzel, Hacksteak und Forelle Müllerin.

»Ah, das sieht gut aus!«, freut sich meine Mutter. Dann wendet sie sich an Eric: »Und du machst sowas also beruflich, ja?«

»Naja, schon, aber bisher war ich immer in den großen Küchen von Sternehotels. Und da macht der Beruf keinen Spaß«, sagt Eric und beginnt zu erzählen. Den Sex und die Drogen lässt er wohlweislich weg, aber ansonsten ist es genau die Geschichte, die ich schon kenne: sein Knochenjob, der Hörsturz, die Entscheidung zu pilgern und schließlich die Idee mit dem eigenen Restaurant.

»Und ehrlich gesagt, ich kann mir niemanden sonst vorstellen, mit dem ich das lieber machen würde als mit Didi.«

»Ich finde, das klingt nach einer richtig guten Idee«, sagt Alex. Ich lächele ihr dankbar zu, weil ich weiß, dass sie das sagt, um meiner Mutter ihre Bedenken zu nehmen. Vielleicht auch mir, sie kennt ja meine Zweifel. Offensichtlich hat sie sich ihr Urteil über Eric bereits gebildet, und zwar ein gutes. Darüber bin ich heilfroh. Und schließlich war sie selbst nie jemand, der viel zurückschaut, sondern hat sich immer in neue Abenteuer gestürzt. So schlecht ist ihr das ja nicht bekommen. Es ist gut, dass sie mir Mut macht, denn ich weiß genau: Diesmal muss die Entscheidung die richtige sein. Diesmal will ich es durchziehen.

»Also, ich weiß ja nicht«, sagt meine Mutter wie aufs Stichwort. »Ich verstehe immer noch nicht, warum ihr das Restaurant nicht hier machen könnt. Dann müsstest du nicht dafür umziehen. Und hier hast du ja auch gewisse Sicherheiten.«

»Mama, ich bin dir wahnsinnig dankbar für alles, was du für mich getan hast«, sage ich. »Aber ich muss auf eigenen Beinen stehen.«

»Heutzutage ist es ja nichts Ungewöhnliches, für einen Job umzuziehen«, ergänzt Alex. »Eric wird das ja auch tun, so oder so.«

»Schon«, gibt meine Mutter zu und wirft Eric einen Blick zu. »Aber es ist nicht leicht, sich in einer neuen Stadt einzugewöhnen.«

»Ich finde, das Wichtigste ist, ob Didi es will«, sagt Eric. »Bis jetzt hat sie mir ja noch nicht zugesagt.«

Als ich in seine erwartungsvollen blauen Augen sehe, weiß ich genau, ich könnte noch wochenlang, ach was, Monate überlegen, ob dieser Schritt der richtige ist. Doch wie ich hier so sitze, umgeben von den Menschen, die mir im Leben am meisten bedeuten, spüre ich es tief in mir.

»Ich will«, sage ich feierlich. Eric strahlt mich glücklich an.

»Ein Toast!«, ruft Alex. »Auf gutes Gelingen für euer Restaurant, wo auch immer es sein möge! Und auf euch!«

Ich blicke meine Mutter an. Sie lächelt tapfer und nickt zustimmend.

Am Ende des Abends stehen Eric und ich auf dem Balkon der Wohnung meiner Mutter im neunten Stock. Er ist das Beste an der Wohnung, im Grunde sogar das Einzige, was richtig gut ist. Vor uns breiten sich die Lichter der Stadt aus. Es ist kühl, und ich kuschele mich an Eric. Meine Wangenmuskeln schmerzen ein wenig, weil wir so viel gelacht haben heute Abend. Eric, Alex und meine Mutter verstehen sich prima.

»Ich bin so froh, dass du nicht lockergelassen hast«, vertraue ich Eric an.

»Dann wäre ich ja schön blöd gewesen. Und ich hätte diesen Ausblick verpasst. Die Welt liegt uns zu Füßen, Didi.«

»Wenn du nicht bald aufhörst mit deinem Kitsch, überlege ich mir das mit dem Restaurant nochmal.« Aber es steckt ein wahrer Kern darin: Alles erscheint gerade möglich.

»Ich meine es ernst«, sagt Eric.

»Ich weiß.«

Epilog
Leipzig

Ich stelle die Blumenvase auf den langen Tisch in der Mitte des Raumes. Dann richte ich mich auf und betrachte mein Werk. Perfekt. Vor dem Fenster rumpelt eine Trambahn vorbei. Bald müssten die ersten Gäste eintreffen.

In der Küche höre ich Eric mit Töpfen und Pfannen klappern. Ich lächele und lasse meinen Blick erneut über die gedeckte Tafel schweifen, dann über die Wände. Sie sind mit Fotos und Mitbringseln vom Jakobsweg geschmückt. Hinter der Bar hängen unsere Urkunden, meine aus Holz geschnitzte Jakobsmuschel von Antonio und das Pilgerkreuz, das Raphael mir geschenkt hat. All diese Mitbringsel und die Geschichten, die hinter ihnen stehen, haben mir seither geholfen, meinen Weg weiterzugehen. Besonders, wenn es mal anstrengend und stressig wurde und ich nicht mehr wusste, wo mir der Kopf steht.

Heute ist es ein Jahr her, dass Eric und ich unser Restaurant eröffnet haben. Es heißt »El Camino« und befindet sich direkt am Jakobsweg, genau wie es geplant war. Es ist ein Montag, unser Ruhetag, doch heute wollen wir mit unseren Freunden und Stammgästen das Jubiläum feiern. Den ganzen Tag haben wir es vorbereitet. Erst habe ich Eric in der Küche mit der Vorbereitung geholfen, dann die große Tafel, unseren ganzen Stolz, hergerichtet.

Auch unsere Freunde von der Pilgerreise im letzten Jahr haben wir eingeladen. Ich freue mich wahnsinnig, Raphael, Helmut und Marianne endlich wiederzusehen. Jeremy lässt sich entschuldigen, er hat einen neuen Job und muss viel arbeiten. Aber er schreibt, dass es ihm gut geht. Manchmal wird er noch traurig, wenn ihn etwas an Joe erinnert, aber dann denkt er an dessen Wunsch, dass er sein Leben weiterleben soll. Nach Joes Tod hat er mehrere Wochen am Strand von Finisterre gezeltet. Eric und ich haben in dieser Zeit mehrfach mit ihm gesprochen. Eine Zeitlang sah es so aus, als ob er sich nicht von seinem Verlust erholen und als Gestrandeter in der dortigen Hippie-Gemeinschaft leben würde, die wir ja auch gesehen hatten. Zum Glück fasste er bald den Entschluss, nicht mehr in seinem Schmerz zu ertrinken und Joes letzten Wunsch zu erfüllen.

Raphael ist jetzt beinahe fertiger Priester. Er muss einen zweijährigen Kurs machen, der bald beendet ist. Ich bin gespannt, was er so berichtet.

Marianne hat am Telefon erzählt, dass sie tatsächlich wieder als Arzthelferin arbeitet und dass das ihr und Helmut sehr guttut.

Aber am meisten freue ich mich auf Alex, auch wenn wir uns jede Woche sehen. Es ist fast unheimlich, wie gut sich alles gefügt hat, nachdem ich vom Jakobsweg zurückgekommen bin. Ein paar Wochen nach meiner Rückkehr hat Alex einen Job bei einer Entwicklungshilfeorganisation gefunden – in Leipzig. Sie sagte, dass sie dort die Möglichkeit habe, all das besser zu machen, was sie gestört hat, als sie in Afrika war. Es tat ihr wirklich leid, dass sie Berlin schon wieder verlassen würde, aber das Jobangebot war so gut, dass sie es einfach machen musste.

Als ich Eric davon erzählt habe, hat er gefragt, ob ich mir vorstellen könnte, in Leipzig zu leben. Ich dachte an meine

Mutter und dass es eigentlich gar nicht so weit weg von Berlin ist. Also meinte ich, im Grunde schon, aber warum? Da sagte Eric, Leipzig wäre als Standort für das Restaurant ziemlich gut: ausreichend groß, nicht zu teuer, aufstrebend. Und der Jakobsweg führt mittendurch! Er verläuft hier entlang der Via Regia, einer alten Handelsroute.

Leider habe ich wenig Zeit, meine Mutter in Berlin zu besuchen. Aber sooft es geht, opfere ich meinen freien Montag, schließlich habe ich ihr versprochen, mehr Zeit mit ihr zu verbringen. Es geht ihr gut, glaube ich. Sie freut sich, mich glücklich zu sehen. Sie hat jetzt ein Profil bei einer Partnerbörse, wenn auch noch keine Dates. Und regelmäßig kommt sie zu Besuch, isst bei uns zu Abend und nimmt kein Blatt vor den Mund, wenn sie ein Gericht, das Eric ihr vollmundig anpreist, seltsam findet. Eric erträgt es tapfer.

Mit dem Restaurant bin ich auch mein ungeliebtes Business-Studium auf elegante Weise losgeworden. Denn was ist besser als Praxiserfahrung? Ich habe mich allerdings vergewissert, dass ich das Studium gegebenenfalls wieder aufnehmen könnte. Ich habe es schließlich bereits bezahlt! Und vielleicht finde ich ja irgendwann Zeit, doch noch den Abschluss zu machen.

Aber im Moment habe ich keinen Kopf dafür, denn es läuft echt gut. Mit Eric und mit dem Restaurant. Das Konzept ist ungewöhnlich genug, um in einer Stadt wie Leipzig aufzufallen. Es hat mir unglaublich Spaß gemacht, einen Marketingplan zu entwerfen und umzusetzen. Und wie man an den vielen Gästen sieht, hat es auch funktioniert. Dass sich ein Restaurant so schnell so gut trägt, ist ungewöhnlich, hat Eric mir erklärt.

Seine Kochkunst ist aber auch unvergleichlich. Er stellt wirklich außergewöhnliche Menüs zusammen. Unser Bestseller ist momentan ein Drei-Gänge-Menü, das wir »Heimkehr« genannt haben: Es beginnt mit einer galizischen *sopa de castañas*, einer Kastaniensuppe, deren Rezept Eric aus Santiago mitgebracht hat. Die gerösteten Kastanien werden karamellisiert, bevor sie in einem Weißwein-Fond mit Sahne, Muskat, Zimt und Orangenabrieb gekocht und schaumig püriert werden. Da sie so mächtig ist, servieren wir nur eine kleine Portion im Glas, mit Chiliflocken und einigen Würfeln Serrano-Schinken garniert.

Weiter geht es mit Txogitxu – anscheinend spricht man es »tschojitschu« aus, wie mir unser Fleischhändler erklärt hat. Es handelt sich dabei um eine spezielle baskische Rindersorte. Die werden besonders alt geschlachtet, und dann wird das Fleisch auch noch lange abgehangen. Roh umgibt das Fleisch eine wachsartige, gelbe Schicht aus Fett – doch wenn man darüber streicht, schmilzt sie sofort und duftet nach Milch und Heu. Das Fleisch ist dunkelrot und fein marmoriert. Eric und ich waren beide skeptisch, ob so ein altes Tier nicht zäh ist. Doch dann haben wir es probiert: Es ist wahnsinnig aromatisch und unglaublich zart! Wir mussten es unbedingt auf die Karte setzen, auch wenn es ziemlich teuer ist. Aber es hat sich gelohnt: Unter Leipzigs Restaurantkennern hat sich herumgesprochen, dass es hier etwas richtig Besonderes gibt. Zu dem Steak gibt es nur Butter, Salz, gute *patatas fritas* – frittierte Kartoffeln – und eine milde Aioli. Mehr braucht es auch nicht.

Das Menü heißt »Heimkehr«, weil es von Galizien über das Baskenland am Ende nach Leipzig geht: Zum Nachtisch gibt es eine Leipziger Lerche, die traditionelle Pastete aus Mürbeteig, mit Marzipan und Marmelade gefüllt und mit einem Kreuz verziert. Wir garnieren sie nur mit ein wenig Puderzucker und Minze.

Viele, die bei uns essen, kommen bald wieder, und wir haben eine Menge Stammgäste. Von den vielen Gästen, die den Jakobsweg noch nicht gelaufen waren, haben mittlerweile einige den *Camino Frances* absolviert – manche sagen, wir hätten sie dazu inspiriert, was uns irgendwie stolz macht. Und man kann ja auch direkt vor unserer Haustür loslaufen, auch wenn das kaum einer macht.

Natürlich mussten wir einen Kredit aufnehmen. Aber wenn es so weitergeht, haben wir den in absehbarer Zeit abbezahlt. Außerdem läuft noch die Klage gegen Erics alten Arbeitgeber, weil der ihn kurz vor Ende seiner Probezeit wegen eines Hörsturzes rausgeschmissen hat. Es wird nicht einfach, damit durchzukommen, aber wir sind guter Hoffnung. Falls Eric eine Entschädigung erhält, sind wir noch schneller schuldenfrei.

Und wie gesagt, das Restaurant läuft echt gut. Es ist harte Arbeit. Wir fangen morgens um acht mit den Vorbereitungen des Tages an; manchmal, wenn Eric auf den Markt muss, noch früher. Abends kommen wir selten vor ein Uhr ins Bett. Aber es lohnt sich, nicht nur, weil wir unsere eigenen Chefs sind und genau wissen, dass alle Mühe uns selbst zugute kommt. In Leipzig sind wir schon fast so etwas wie eine Institution, und nicht nur aus der Region kommen Gäste, sondern oft aus ganz Deutschland oder sogar aus dem Ausland. Wir haben keinen Michelin-Stern oder so etwas – so schnell geht das nicht –, aber darauf kommt es Eric auch nicht an. Er will gute, ehrliche Küche mit einem gewissen Etwas machen. Und ich denke, das merken die Leute.

Eric tritt aus der Küche und drückt mir einen Kuss in den Nacken. Er riecht nach Fett und Zwiebeldunst.

»Puh«, mache ich. »Du gehst wohl besser schnell duschen. Unsere Gäste kommen gleich!« Habe ich erwähnt, dass unsere Wohnung direkt über dem Restaurant liegt? Es ist perfekt!

Eric nickt und verschwindet nach oben.

Ich öffne einen Weißwein und schenke mir ein Glas ein, während ich warte.

Wieder rumpelt eine Tram vorbei. So, denke ich, fühlt sich das Glück an.

– ENDE –

Danksagung

Der Weg zum ersten Buch ist aufregend. Streckenweise. Vor allem ist er aber lang und mühselig, und das Glück liegt auch hier eher am Wegesrand. Wenigstens hatte ich im Großen und Ganzen weniger Selbstzweifel als Didi. Vielleicht ist es ganz gut, dass das Leben kein Roman ist.

Danken möchte ich all jenen, die mich auf meinem Weg begleitet haben: meinen Eltern, meinen Testleserinnen Regina und Birgitt, meiner Autorenkollegin Elke Reinauer und allen Pilgerinnen und Pilgern, deren Geschichten mich inspiriert haben (ihr wisst, wer ihr seid). Und natürlich all den Buchprofis, die sich darum gekümmert haben, dass aus meinem Manuskript das Buch geworden ist, dass du jetzt in Händen hältst – allen voran meinen Agentinnen Stefanie Kruschandl, Antje Hartmann und Lisbeth Körbelin sowie meinen Lektorinnen Bettina Steinhage und Wibke Sawatzki.

Mein letzter und wichtigster Dank gilt dir. Ich freue mich sehr, dass meine Geschichte dich eine Zeitlang begleiten durfte. Gehen wir noch ein Stückchen zusammen?

Die Community für alle, die Bücher lieben

★ In der Lesejury kannst du Bücher lesen und rezensieren, die noch nicht erschienen sind

★ Gemeinsam mit anderen buchbegeisterten Menschen in Leserunden diskutieren

★ Autoren persönlich kennenlernen

★ An exklusiven Gewinnspielen und Aktionen teilnehmen

★ Bonuspunkte sammeln und diese gegen tolle Prämien eintauschen

Jetzt kostenlos registrieren: www.lesejury.de

Folge uns auf Instagram & Facebook:
www.instagram.com/lesejury
www.facebook.com/lesejury